U0097118

古代歷史文化研究輯刊

十三編

王 明 蓀 主編

第3冊

漢代宗室王侯犯罪研究

彭海濤 著

國家圖書館出版品預行編目資料

漢代宗室王侯犯罪研究／彭海濤 著 -- 初版 -- 新北市：花木蘭文化出版社，2015〔民 104〕

目 2+230 面；19×26 公分

(古代歷史文化研究輯刊 十三編；第 3 冊)

ISBN 978-986-404-013-1（精裝）

1. 犯罪學 2. 漢代

618 103026944

古代歷史文化研究輯刊

十三編 第 三 冊 ISBN：978-986-404-013-1

漢代宗室王侯犯罪研究

作　　者 彭海濤

主　　編 王明蓀

總 編 輯 杜潔祥

副總編輯 楊嘉樂

編　　輯 許郁翎

出　　版 花木蘭文化出版社

社　　長 高小娟

聯絡地址 235 新北市中和區中安街七二號十三樓

電話：02-2923-1455／傳真：02-2923-1452

網　　址 http://www.huamulan.tw 信箱 hml 810518@gmail.com

印　　刷 普羅文化出版廣告事業

初　　版 2015 年 3 月

定　　價 十三編 27 冊（精裝）台幣 52,000 元

漢代宗室王侯犯罪研究

彭海濤　著

作者簡介

彭海濤，1982 年 5 月生，男，北京市人。2012 年 6 月畢業於首都師範大學，獲歷史學博士學位，研究方向爲秦漢史。現就職於中國出版集團中版數字傳媒公司。曾發表論文爲《漢代宗室犯罪的調查與審理》、《漢代政府對宗室的褒賞與懲罰》、《黑水城所出八件佛經殘片定名及復原》。

提　　要

本書以漢代宗室王侯的犯罪問題爲主要研究對象，兼論漢代政府對宗室王侯的管理與約束。爲此，本書共分四章。

第一章主要對漢代宗室王侯的犯罪進行歸納分類研究。即按照罪行的不同性質，將其劃分爲政治犯罪、倫理犯罪、刑事犯罪三大類，在此基礎上，對每一項罪行的基本情況進行介紹，並試圖對其社會危害性進行評估。

第二章則對漢代宗室王侯的訴訟程序進行分析整理，突出審理宗室王侯犯罪案件的程序性特點：如國家機構對宗室王侯犯罪案件的介入、宗室王侯享有的法律特權、皇權對訴訟程序的影響等。

第三章中將集合圖表，來分析漢代宗室王侯犯罪的時代特徵，並尋找宗室王侯獲罪的政治、社會因素。此外，本章還會重點討論宗室王侯中存在的亂倫行爲，將其漢代宗室王侯犯罪中一個特殊現象，嘗試對其產生及消失的原因進行分析。最後，本章中還將前代諸侯、王族、公族的犯罪情況與作爲比較對象，以闡述在統一帝國建立之後，漢代宗室王侯犯罪所表現出的新特徵。

第四章則是總結了漢代政府對宗室王侯的思想控制方法，這其中包括了教育、官吏監督、獎勵、策戒、賜謚五種方式，它們對於預防宗室王侯的犯罪，乃至對其進行控制和規訓，都起到了舉足輕重的作用。

目次

緒　論

一、選題意義及研究對象

宗室，作爲一國之君的同姓血親，其特權由皇權衍生而來，依附皇權而存在，是家天下的一個重要標誌。由於與皇帝在血緣上的親密關係，宗室成員無疑對於整個帝國有著特殊意義。正是由於和皇權的緊密聯繫，宗室的命運也與帝國的政治局勢息息相關。雖然宗室作爲一個整體應該和皇帝休戚與共，但在現實中，宗室的一些行爲卻可能會和皇帝產生利益衝突，對社會秩序造成破壞，此類行爲被朝廷視作犯罪行爲。漢代宗室王侯的犯罪是一個非常值得關注的現象。其造成的危害，犯罪類型的多樣化以及帝國對這些罪行的處罰都是前代未曾出現過的。至少在「刑不上大夫」的先秦時期，宗室的犯罪從來沒有成爲一個亟需解決的難題。因此，漢代宗室王侯犯罪都具體有哪些類型，漢代政府如何處理宗室王侯犯罪案件，宗室王侯的犯罪具有哪些時代特徵等等問題都足以引起我們的思考。

春秋戰國時期，是我國社會發生劇烈變革的時代，自秦滅六國之後，帝國的新秩序開始逐漸形成。對於是否延續分封宗室的政策出現了激烈的爭論。秦始皇因擔心天下再度陷於混戰而拒絕分封，但失去宗室成員支持的強秦在天下揭竿而起時又顯得如此脆弱。自劉邦受諸侯擁戴而稱帝之後，就開始了每一位開國之君都要進行的思索：前代何以覆滅，本朝如何長存。劉邦自認爲找到了一個維持帝國的最好方法，即恢復分封宗室，使其能夠成爲帝國的屏藩、皇權的有力維護者。自此以後，始皇帝確立的宗室不予分封的政策被終結了，而劉邦的方式則成爲了執政者的不二選擇。兩千年的帝制時代，無論是統一帝國還是割據政權，在建國伊始都要分封宗室。但是，漢代的宗室政策不單沒有收到預期效果，反而引發了很多問題。宗室王侯中出現了擾亂帝國秩序的人，他們不僅違法犯罪，有時甚至威脅到了帝國的安全，對宗室王侯的犯罪進行預防、審查、裁決也佔據了極多的法律資源。可以說，自宗室受封爲王侯之日起，其犯罪問題就開始成爲了帝國的困擾。但是，這種困擾恐怕又是必須要付出的代價。因爲宗室分封幾乎是不可能廢黜的，秦代二世而亡，而周季八百的鮮明對照使得開國之君必然傾向於保留宗室分封，即使它並不代表土地的賜予，而只對應著名號和俸祿。但無論如何，在皇位世襲的時代，這必然會賦予皇族中的每個成員一定地位和權益。既然宗室分封不可能取消，那麼如何發揮其積極作用，又限制其對帝國的危害呢？漢代宗室王侯的犯罪案件推動著漢代的執政者們不斷探索，尋找更爲有效的方法來控制和管理宗室，令其即發揮拱衛皇室、維護大宗利益的作用，又不至於尾大不掉，喧賓奪主。對漢代宗室王侯犯罪進行研究，可從一個新的角度切入來瞭解漢代政府對宗室王侯的控制和管理。實際上，在經歷了西漢時期「小者淫荒越法，大者睽孤橫逆」〔註1〕之後，隨著漢景帝、漢武帝等政治家的努力，宗室王侯的犯罪問題逐漸得到控制，不單犯罪數量逐漸降低，且自七國之亂後宗室王侯未對帝國產生過眞正威脅。這不得不說是一巨大成就。秦始皇擔心因分封而引起「天下共苦戰鬥不休」〔註2〕的現象並沒有出現。漢代的經驗基本被後世汲取，確保了宗室分封制度伴隨帝制走過了兩千年的歷史。因此，借助對漢代宗室王侯犯罪的研究，可以更好的瞭解漢代宗室政策的變化，以及宗室在漢帝國政治地位的變遷。

本文的研究對象爲漢代宗室王侯。王莽攝政之時，曾借平帝之名下達過一個詔書：「蓋聞帝王以德撫民，其次親親以相及也。昔堯睦九族，舜惇敘之。惟宗室子皆太祖高皇帝子孫及兄弟吳頃、楚元之後」〔註3〕。詔書將宗室明確界定爲高帝劉邦及其兄弟劉仲、劉交的子孫。不過，並非具有宗室身份者便有權擁有王國和爵位，隨著血緣的疏遠，雖然某些宗室自認在帝國負有超過他人的義務和權力，但其實地位與普通士民無異。宗室王侯是指擁有王爵或侯爵，佔有一定政治經濟特權的群體。

〔註1〕班固：《漢書》卷14《諸侯王表》，中華書局，1962年版，第395頁。
〔註2〕司馬遷：《史記》卷6《秦始皇本紀》，中華書局，1959年，第239頁。
〔註3〕《漢書》卷12《平帝紀》，第358頁。

二、前人研究綜述

漢代的宗室分封一直受到學界關注，人們檢討由漢初宗室封地過大而造成的諸多問題。同時也將關注點置於漢代諸侯王作爲地方行政機構與中央的關係，將其納入政治制度的考察範圍。如張維華先生在《西漢一代之諸侯王國》一文中詳細描述了西漢諸侯王國的變遷，諸侯王國官屬及其職掌的變化，更考證了西漢朝廷限制諸侯王勢力的相關法律，包括左官之律、阿黨之法、附益之法等。他在文中指出，分封制度與中央集權相互矛盾又相互結合的演變，是貫穿中國歷史的一條線。兩千年的帝制時代，這種矛盾一直存在，它是中國走向統一或分裂的大問題。張先生認爲西漢一代分封制的轉變非常關鍵，即在這一時期內確定了分封制度不影響中央集權的準則〔註 4〕。嚴耕望先生在其著作《秦漢地方行政制度》中，認爲西漢政權通過不斷打擊削弱諸侯王的力量而達到中央集權，嚴先生將這一政策的執行分爲四個階段：一是高祖時期封建異姓諸侯王以取得天下，安定政局；二是分封同姓替代異姓諸王；三是文景時期分封皇子，以親製疏；第四步是文景時期尤其是七國之亂後的削藩政策〔註 5〕。安作璋、熊鐵基二位先生的《秦漢官制史稿》中提到了漢代法令對諸侯王的限制問題，如諸侯王不得竊用天子儀制、諸侯王無虎符不得擅自發兵、諸侯王不得擅爵人、赦死罪、諸侯王不能收納亡人等等〔註 6〕。徐世虹先生主編的《中國法制通史》卷二《戰國秦漢卷》在講述漢代司法機構的特殊管轄權時也提到了漢法對於諸侯王及王子侯的管轄責任〔註 7〕。柳春藩先生在其著作《秦漢封國食邑賜爵制》中比較關注漢代封君的經濟實力，其中對漢代王、侯的經濟地位都有著獨到的分析。如指出西漢初期的諸侯王不僅徵收大量山川園池市井之稅，藏諸私府，還直接進行鑄錢、冶鐵、煮鹽等經濟活動。由於諸侯王經濟實力的強大，造成了中央政府與地方王國的對立，書中對於東西漢列侯的分封情況和經濟特權也進行了討論，這其中也當然包括了王子侯〔註 8〕。李開元在其《漢帝國的建立與劉邦集團——軍功受益階層研究》一書中對漢代諸侯王國的起源，諸侯王身份的變化以及諸侯王國的演

〔註 4〕張維華：《漢史論集》，齊魯書社，1980 年版，第 185～244 頁。

〔註 5〕嚴耕望：《中國地方行政制度史甲部——秦漢地方行政制度》，上海古籍出版社，2007 年版，11～32 頁。

〔註 6〕安作璋、熊鐵基：《秦漢官制史稿》，齊魯書社。2007 年版，第 725～733 頁。

〔註 7〕徐世虹主編：《中國法制通史》第二卷，法律出版社，1999 年版，第 551 頁。

〔註 8〕柳春藩：《秦漢封國食邑賜爵制》，遼寧人民出版社，1984 年版，第 33～67 頁。

進進行了探討，並指出在景帝之後諸侯王國出現了郡縣化的趨勢〔註 9〕。董平均在《出土秦律漢律所見封君食邑制度研究》中利用簡牘材料，討論了漢代諸侯王及其王國的興衰，並對漢代王國分封制度的淵源進行了考述。對於漢代諸侯王的犯罪問題，前人的研究中也有所涉及。如清儒趙翼便在《廿二史札記》中注意到西漢諸侯王較多出現的淫亂行爲。瞿同祖先生的《中國法律與中國社會》曾提到貴族的法律特權，有助於人們更好地理解宗室犯罪案件。除此以外，余行邁在《西漢詔獄探析》一文中，對漢代的詔獄進行了詳細的考證，其中便分析了詔獄在處理諸侯王以及宗親大臣的犯罪案件時所發揮的作用〔註 10〕。陳蘇鎮的《漢初王國制度考述》也對漢初王國的制度及其法律地位進行了考證，對涉及諸侯王國的漢律也進行了分析歸納〔註 11〕。宋傑師在《漢代的廷尉獄》一文中也提到了廷尉對於重大案件的涉嫌人犯的管轄〔註 12〕，其中就涉及到了宗室諸侯，呂紅梅的《西漢時期同姓諸侯王犯罪》對於漢代同姓諸侯王的犯罪類型及所受刑罰進行了歸納〔註 13〕。除以上著述之外，諸侯王的問題更被許多論文提及。對諸侯王國的制度，與中央的關係，以及一些諸侯王犯罪的個案進行了具體考證和探討，在此不逐一詳述。但是，由於史料的匱乏，對漢代宗室王侯犯罪進行考察的工作還比較欠缺。而且，將漢代的宗室王侯看做一個整體，並對這一人群的犯罪現象進行深入分析，學界中還鮮有人涉及。鑒於此，梳理並分析漢代宗室王侯的犯罪行爲，並對其犯罪的時代特徵進行論述，便具有了一定的學術意義。

三、研究方法及論文結構

近年來出土的秦漢簡帛爲法律史的研究提供了豐富的史料，對於漢代宗室王侯犯罪的研究，也需借鑒出土文獻。此外，各地發掘的漢代諸侯王、王子侯的陵墓也爲我們瞭解墓主人的生前狀況起到了一定的幫助，尤其根據其葬制和陪葬物品的變化，可以更深一步地瞭解漢代政府對宗室王侯中犯罪者的處罰。當然，借助統計分析的方法，能夠對一些文字表面上無法展現的史

〔註 9〕李開元：《漢帝國的建立與劉邦集團——軍功受益階層研究》，2003 年版，87～100 頁。

〔註 10〕余行邁：《西漢詔獄探析》，《雲南師範大學學報》，1986 年第 3 期。

〔註 11〕陳蘇鎮：《漢初王國制度考述》，《中國史研究》，2004 年第 3 期。

〔註 12〕宋傑：《漢代的廷尉獄》，《史學月刊》，2008 年第 1 期。

〔註 13〕呂紅梅：《西漢時期同姓諸侯王犯罪》，《山西高等學校社會科學學報》，2006 年第 10 期。

實進行挖掘。最後，針對漢代宗室王侯中出現的血親相姦的現象，本文將採用人類學的一些理論和觀點來進行分析，以期能夠更好地理解這一在漢代宗室群體中出現的神秘現象。

爲了能夠對漢代宗室王侯犯罪問題展開較爲清晰的論述，本文分爲四章。第一章主要對漢代宗室王侯的犯罪進行歸納分類，按照罪行的不同性質，劃分爲政治犯罪、倫理犯罪、刑事犯罪三大類，並對這三種罪行的危害進行評估。第二章則是對漢代宗室王侯的訴訟程序進行了分析整理，但此處並不是對漢代的基本訴訟程序進行總結，而是突出宗室王侯犯罪案件特點，重點介紹在訴訟程序中受到的皇權的干擾。此外，從訴訟的提起到案件的審理，直至議罪、定刑，在所有的訴訟環節中宗室王侯所享受的法律特權，也是本文重要的關注點。第三章將通過更多的圖表和數字，來分析漢代宗室王侯犯罪的時代特徵，並且找出犯罪變化背後所隱藏的政治原因。此外，本文還將討論漢代宗室王侯中出現的亂倫行爲，並嘗試對其產生及消失的原因進行分析。最後，本章中會對比漢代宗室王侯與前代諸侯、王族、公族的犯罪情況，以闡述漢代宗室王侯犯罪所產生的新特徵。第四章則是總結了漢代政府對宗室王侯的思想控制方法，這其中包括了教育、官吏監督、獎勵、策戒、賜謚五種方式，它們對於預防宗室王侯的犯罪，乃至對其進行控制和規訓，都起到了舉足輕重的作用。

當然，由於作者的學術水平所限，許多問題可能淺嘗輒止，未能進行深入研究，且第三章的時代特徵分析中，沒有加入與後世宗室王侯犯罪的比較，是一個非常大的遺憾，希望在以後的研究工作中，能夠對此進行彌補。

第一章　漢代宗室王侯犯罪類型

爲了深入探討漢代宗室王侯犯罪的問題，首先須對漢代宗室王侯犯罪的大致情況進行瞭解。作爲皇帝的親族，宗室王侯的犯罪不僅僅是法律問題，同樣反映了當時政治局勢的變動，社會習俗的轉化，甚至對漢代家族倫理的構建也有顯著的影響。對宗室王侯的犯罪行爲進行考察，可從一側面瞭解漢代皇族的生存狀態。因此，本章首先對漢代宗室王侯犯罪的類型進行一番梳理，以期對這一特殊人群犯罪的情況有一初步瞭解。

第一節　政治犯罪

政治犯罪對於國家安全，甚至對皇帝本人的人身安全，都有極大的危害。這些犯罪行爲包括了直接的軍事行動，也有利用巫術的詛咒行爲，以及其他擾亂政府統治秩序的罪行。皇帝爲了維護自己的統治，對政治犯罪會進行嚴厲的打擊，這類犯罪有時牽連過廣，還會興起大獄。

一、「反」與「謀反」

從字面理解，「反」所指的是已經採取了實際的反叛行動，而「謀反」則還處於策劃階段。漢律中就已經強調罪行的預謀和罪行的已行的區別。如《二年律令・賊律》：

謀賊殺、傷人，未殺，黥爲城旦舂。〔註 1〕

〔註 1〕張家山二四七號漢墓竹簡整理小組：《張家山漢墓竹簡（第二四七號墓）》，文物出版社，2006 年，第 11 頁。

賊殺人，及與謀者，皆棄市。未殺，黥為城旦舂。〔註2〕

可以依照這一區別，將漢代意圖推翻皇帝統治或叛亂的罪行分為「反」與「謀反」兩種。據《二年律令·賊律》：

以城邑亭障反，降諸侯，及守乘城亭障，諸侯人來攻盜，不堅守而棄去之若降之，及謀反者，皆要斬。其父母、妻子、同產，無少長皆棄市。〔註3〕

看來，「以城邑亭障反」及「謀反」者都要受到同樣嚴厲的處罰。「反」與「謀反」，都指的是圖謀或實施推翻皇帝的嚴重犯罪。因此，謀反與反實際上是一事的兩個階段，謀反是處於預謀與準備階段。反，則是以軍事手段實施的階段。

史書中亦將有叛亂意圖，但未舉兵的稱為謀反：

太僕亡走漢，告梁王與扈輒謀反。〔註4〕

戊與吳王合謀反，其相張尚、太傅趙夷吾諫，不聽。〔註5〕

此時吳楚尚未起兵，只是商議起兵謀反之事，因此史書記為謀反。當然，認定謀反罪行需要充足的證據來證明，即所謂的「反形」。如（淮南王劉）安……謀反形已定。〔註6〕在淮南王之前，有三位異姓諸侯王也曾因為「反形」而被定罪：

太僕亡走漢，告梁王與扈輒謀反。……有司治反形已具，請論如法。獨梁王所欲殺大臣十餘人，文吏窮本之，謀反端頗見。〔註7〕

赫至，上變，言布謀反有端，可先未發誅也。〔註8〕

辟陽侯歸（審食其），具言綰反有端矣。二月，使樊噲、周勃將兵擊燕王綰。赦燕吏民與反者。立皇子建為燕王。〔註9〕

可見，三位異姓諸侯王的「反形」經過驗證之後，造反的罪名便被確定下來，皇帝會立刻採取相應的懲罰措施。更有甚者，賁赫在告發英布的謀反情況之

〔註 2〕《張家山漢墓竹簡（第二四七號墓）》，第 11 頁。
〔註 3〕《張家山漢墓竹簡（第二四七號墓）》，第 7 頁。
〔註 4〕《史記》卷 30《魏豹彭越列傳》，第 2594 頁。
〔註 5〕《史記》卷 20《楚元王世家》，第 1988 頁。
〔註 6〕《史記》卷 118《淮南衡山列傳》，第 3094 頁。
〔註 7〕《史記》卷 30《魏豹彭越列傳》，第 2594 頁。
〔註 8〕《史記》卷 31《黥布列傳》，第 2603 頁。
〔註 9〕《史記》卷 8《高祖本紀》，第 39 頁。

後，便勸諫劉邦不經司法調查誅殺英布。如果未見「反行」，便按照謀反來處置，則會引起臣下的質疑。如欒布為彭越辯護時，則強調「反行未現」，沒有足夠的證據說明彭越的造反行為，如果加以處罰，必然會引起功臣的懷疑。「今陛下一征兵於梁，彭王病不行，而陛下疑以為反，反形未見，以苛小案誅滅之，臣恐功臣人人自危也」〔註10〕。

以下幾種證據通常可以被視為「反形」。一為私作皇帝、官員印璽。一為私造車馬兵器。一為造作圖讖。據《漢書・景十三王傳》記載：

> 建亦頗聞淮南、衡山陰謀，恐一日發，為所併，遂作兵器。作治黃屋蓋。刻皇帝璽，鑄將軍、都尉金銀印。作漢使節二十，綬千餘。具置軍官品員，及拜爵封侯之賞。具天下之輿地及軍陳圖。……積數歲，事發覺，漢遣丞相長史與江都相雜案，索得兵器璽綬節反具，有司請捕誅建。〔註11〕

據《史記・淮南衡山列傳》：

> 王心以為上無太子，天下有變，諸侯並爭，愈益治器械攻戰具。……臣端所見其書節印圖及他逆無道事驗明白，甚大逆無道，當伏其法。〔註12〕

又據《後漢書・光武十王傳》：

> 男子燕廣告（楚王）英與漁陽王平、顏忠等造作圖書，有逆謀，事下案驗。有司奏英招聚姦猾，造作圖讖，擅相官秩，置諸侯王公將軍二千石，大逆不道，請誅之。〔註13〕

「反」所指的則是明目張膽的起兵造反。漢高帝時期，起兵造反的功臣諸侯並不在少數，他們擁有足夠雄厚的軍事實力，而且，在漢朝初建之時政治局勢又比較動蕩，諸侯和劉邦之間毫無互信可言，劉邦的猜忌極易於導致他們採取軍事反叛行動。如燕王臧荼、趙相陳豨，淮南王英布：

> 燕王臧荼反，攻下代地。〔註14〕
>
> 趙相國陳豨反代地。〔註15〕

〔註10〕《史記》卷100《季布欒布列傳》，第2734頁。
〔註11〕《漢書》卷53《景十三王傳》，第2416頁。
〔註12〕《史記》卷118《淮南衡山列傳》，第3082頁。
〔註13〕《後漢書》卷42《光武十王傳》，中華書局，1965年，第1429頁。
〔註14〕《史記》卷8《高祖本紀》，第381頁。
〔註15〕《史記》卷8《高祖本紀》，第387頁。

淮南王黥布反，東並荊王劉賈地，北渡淮，楚王交走入薛。

〔註 16〕
異姓諸侯時時懷有功高震主的擔心，不得不在皇帝疑忌之下戰戰兢兢度日，一旦有風吹草動，已經極爲敏感的異姓諸侯便只好被迫起兵作亂。而宗室王侯似乎並不需要有此類憂懼。其起兵造反具有更加複雜的原因，如濟北王劉興居因對漢文帝心懷不滿，趁他出征討伐匈奴時起兵造反。這是漢代第一位起兵造反的同姓諸侯王。據史書記載「濟北王反，漢誅殺之，地入於漢」。〔註 17〕再比如赫赫有名的七國之亂，其導火線是由於同姓諸侯王對於封地被皇帝削減的怨恨。謀反與「反」的明顯區別可體現在罪行判定的程序上，謀反罪行的確定，需要相關部門進行調查，尋找證據，確定「反形」。而舉兵造反，則無需有司進行調查了。謀反與反，嚴重的威脅了皇帝對國家的統治。因此，皇帝一般不會姑息此類罪行，謀反的宗室本人一定會受到嚴懲，甚至會掀起大獄，牽連多人。西漢時期的七國之亂，淮南衡山謀反案，江都王謀反案，東漢時期的楚王英案，阜陵質王案，均成爲了當時持續多年，牽連極廣的要案。

總體來說，敢於犯下謀反罪行的宗室王侯畢竟不多。且謀反罪的主犯，一般是諸侯王，王子侯則多是處於被裹挾的情況之下參與了諸侯王的謀反，或者說，作爲諸侯王謀反的從犯出現在歷史舞臺上。

若將漢初景帝三年時七國之亂中王子侯參與謀反的情況加以梳理，就可以看到一些端倪。吳楚七國之亂中，齊地的諸侯中多有響應叛亂者，即「膠東、膠西、菑川、濟南王皆發兵應吳楚」。上述諸王均爲齊悼惠王之子，而作爲他們子侄輩的管侯戎奴，瓜丘侯偃（《漢書》作氏兵侯），營侯廣也均起兵造反〔註 18〕，可以說：大多數諸侯王的起兵造反，很大程度上帶動了劉戎奴等人加入到這場反對漢朝中央政府的叛亂中來。此外，東漢時期的白牛侯劉嵩因爲受到了楚王英謀反的牽連，受到了除國的處罰，在楚王謀反這一案件中，同樣也是楚王英爲主犯，而劉嵩則是因「辭語相連」而受罰。

隨著宗室王侯的權力逐漸受到削弱，並在七國之亂後失去了治民之權，謀反案件便逐漸減少了。不過到了武帝年間，發生了這樣一件引人注意的案

〔註 16〕《史記》卷 8《高祖本紀》，第 389 頁。
〔註 17〕《史記》卷 52《齊悼惠王世家》，第 2005。
〔註 18〕《史記》卷 19《惠景間侯者年表》，第 997～998 頁。

件：爰戚侯劉當因爲與他的兄長劉廖謀反而自殺。〔註 19〕這是漢代中很少見的王子侯孤立造反的案件。而且不得不提的是，在劉當因謀反自殺的同年，安檀侯劉福也因爲祝詛而死於獄中〔註 20〕，鄗侯劉舟亦於徵和四年（公元前92 年）因祝詛而被腰斬〔註 21〕，而劉當，劉福，劉舟三人均爲趙敬肅王劉彭祖的兒子。至於這之間是否有些微妙的聯繫，礙於史料的局限，無法做過多的猜測。

到了西漢末年，又出現了宗室叛亂的事件，翟義爲了反對王莽的統治，擁立嚴鄉侯劉信爲天子，舉兵討伐王莽，在這次針對王莽的軍事叛亂中，嚴鄉侯劉信成爲了叛軍的旗幟，而東平王劉匡則成爲了協助者。不過，作爲王子侯的劉信是東平王的父親，且在叛軍中，他是以天子的名義凌駕於東平王劉匡之上的。

除了王侯之外，其他宗室子弟亦有參與謀反者。如燕刺王劉旦兩次謀反時，其同謀者中有便有宗室子弟，甚至公主。漢昭帝初登基時，燕王劉旦因自己年長卻無緣繼位，憤恨之餘，產生謀反之意。霍光秉政時，爲安撫劉旦，「褒賜燕王錢三千萬，益封萬三千戶」〔註 22〕。而劉旦卻狂妄無禮，口出大言，認爲自己本應做皇帝，所以昭帝和霍光沒有資格賞賜他。於是，他與「與宗室中山哀王子劉長、齊孝王孫劉澤等結謀，詐言以武帝時受詔，得職吏事，修武備，備非常」〔註 23〕。並且和劉澤傳播謠言，稱漢昭帝不是漢武帝的兒子，而是霍光所立，天下郡國應群起討伐云云。劉澤受到燕王指使，在臨淄籌備起兵。燕王也招撫流亡，整治軍備。但他們的謀反行爲被同樣身爲宗室的瓶侯劉成發覺，於是上報給了青州刺史，最終劉澤被殺。而燕王劉旦雖然也有謀反的情實，卻因爲「有詔勿治」而逃過一劫。不過劉旦並未因此次朝廷對他的寬容而有所收斂，此後他又與他的姐姐鄂邑蓋長公主、以及和霍光有矛盾的上官桀父子交通聯絡，「謀令長公主置酒請光，伏兵格殺之，因廢帝，迎立燕王爲天子」〔註 24〕。結果圖謀不成，被人告發，燕王和蓋長公主只能自殺謝罪。

〔註 19〕《漢書》卷 15《王子侯表》，第 478 頁。
〔註 20〕《漢書》卷 15《王子侯表》，第 478 頁。
〔註 21〕《漢書》卷 15《王子侯表》，第 478 頁。
〔註 22〕《漢書》63《武五子傳》，第 2751。
〔註 23〕《漢書》63《武五子傳》，第 2752。
〔註 24〕《漢書》68《霍光傳》，第 2936 頁。

二、祝詛、妖言、造作圖讖

徐世虹先生認爲：「凡違背經術意蘊，假託神怪，以迷信、天象即圖讖蠱惑人心，批評時政，甚至詛咒皇帝，都屬於左道」。〔註25〕因此，我們將祝詛、妖言、造作圖讖等三項合併來進行討論。

漢代人們崇奉鬼神，從祭祀天地山川等國家重大禮儀活動，到人們的日常生活。鬼神觀念深入人心，從漢代留存至今的畫像石也可佐證這一事實。漢代巫風大行，漢高祖劉邦甚至在立國之初便建立了「巫官」體系。民間亦有一批人從事巫術活動，這就是民間的巫覡。漢代的宮廷鬥爭，政治傾軋常常會有這些巫師的參與。武帝之時最著名的巫蠱之禍，即是由於巫覡巫術所引發的大案，它對西漢中期政局的影響，是難以估算的。

王公貴族出於自身政治利益的考慮，也常常利用祝詛這一行爲來滿足私欲。據《尚書・無逸》：「民否則厥心違怨，否則厥口詛祝。」孔穎達疏云：「詛祝，謂告神明令加殃咎也；以言告神謂之祝，請神加殃謂之詛。」〔註 26〕武帝之時，巫風大盛，也正在此時，利用巫術詛咒皇帝，甚至「求爲天子」的現象開始出現。如西漢時的廣陵王劉胥，在昭宣之際，多次「迎女巫李女須，使下神祝詛」〔註 27〕，事發自殺。劉胥利用巫術犯罪的行爲使得自己受到了處罰，同時也連累了兒子劉曾。當時已經被封爲平曲侯的劉曾便「坐父祝詛上」〔註 28〕，而被免除了爵位。武帝時期的江都王劉建，爲人淫亂暴虐，屢犯大罪，由於畏懼遭人舉報而受到處罰，於是命人祝詛皇帝。武帝晚年多疑，再加上當時宮廷之中，乃至整個社會都陷入了一種對於巫術的恐慌之中，如天漢二年，漢武帝下令「止禁巫祠道中者」，並且大肆搜索巫蠱〔註29〕，於是釀成了父子相殘的巫蠱之禍，太子劉據因祝詛而被殺，巫蠱案中，被牽連的宗室還有漢武帝的親生女兒諸邑公主、陽石公主，她們是衛皇后的女兒，也就是太子的同母姐妹，兩人都死在了獄中〔註 30〕。此後不久，宗室丞相澎侯劉屈氂也因爲巫蠱祝詛的罪行，而被腰斬。如史書所記：

〔註25〕徐世虹：《中國法制通史》第二卷，第488頁。

〔註26〕《十三經注疏・尚書正義》，（漢）孔安國傳，（唐）孔穎達疏，李學勤主編，廖明春、陳明整理，北京大學出版社，1999年，第437頁。

〔註27〕《漢書》卷63《武五子傳》，第2760頁。

〔註28〕《漢書》卷15《王子侯表》，第486頁。

〔註29〕《漢書》卷6《武帝紀》，第223頁。

〔註30〕《漢書》卷27《五行志》第1334頁。

是時治巫蠱獄急，内者令郭穰告丞相夫人以丞相數有譴，使巫祠社，祝詛主上，有惡言，及與貳師共禱祠，欲令昌邑王爲帝。有司奏請案驗，罪至大逆不道。有詔載屈氂廚車以徇，要斬東市，妻子梟首華陽街。〔註31〕

然而，武帝對於祝詛罪行的糾察和懲治並沒有結束。趙敬肅王兩子——鄗侯舟與安檀侯福均因祝詛而死。劉舟還遭到了腰斬的酷刑。武帝年間，可以算作祝詛犯罪的一個高潮期，在此之後，祝詛罪行依然不斷出現。如漢哀帝之時，東平煬王劉雲，因命令巫師傅恭等人「祠祭祝詛」,「求爲天子」，事發被廢，劉雲自殺。〔註 32〕東漢的廣陵思王劉荊，自認有帝王之相，於是命巫師祝詛其兄漢明帝，事發後自殺。〔註 33〕此外，西漢濟北王劉勃，東漢阜陵質王劉延亦有祠祭祝詛的罪行。總之，這種通過禱告，希冀借助鬼神，對他人施加災禍的罪行在漢代社會成爲了一種長期存在的現象，而宗室王侯多用其來實現自己的政治野心，由此受到了朝廷的嚴密關切。

妖言罪其實是政府對於言論的一種管制行爲。凡不利於政府統治，動搖社會穩定的言論一律被斥爲謠言或者妖言。犯妖言罪的人，會遭到嚴厲的處罰。如漢昭帝初即位時，當時出現了公孫氏當受命爲天子的政治預言，據史書所記：

昭帝時，上林苑中大柳樹斷仆地，一朝起立，生枝葉，有蟲食其葉，成文字，曰「公孫病已立」。又昌邑王國社有枯樹復生枝葉。眭孟以爲木陰類，下民象，當有故廢之家公孫氏從民間受命爲天子者。昭帝富於春秋，霍光秉政，以孟妖言，誅之。〔註34〕

宣帝時大臣楊惲因爲言語不當，便以「爲訞惡言」而被免去官爵，後來甚至因此而被腰斬。實際上，因妖言而掀起大獄，敗家慘死的事件，史不絕書，無怪漢章帝曾經這樣評價：「往者妖言大獄，所及廣遠，一人犯罪，禁至三屬，莫得垂纓仕宦王朝」〔註 35〕。可見朝廷對於妖言罪的打擊力度之大。有一點值得注意的是，呂后執政時期曾經下令廢止妖言令，但似乎在後來又將這一法律恢復，或者這條詔令從未被眞正執行。因此文帝時又下令再次廢

〔註31〕《漢書》卷 66《劉屈氂傳》，第 2883 頁。
〔註32〕《漢書》卷 80《宣元六王傳》，第 3225 頁。
〔註33〕《後漢書》卷 42《光武十王傳》，第 1448 頁。
〔註34〕《漢書》卷 27《五行志》，第 1412 頁。
〔註35〕《後漢書》卷 3《肅宗孝章帝紀》，第 147 頁。

止。如史書所記：「今法有誹謗妖言之罪，使眾臣不敢盡情，而上無由聞過失也。將何以來遠方之賢良？其除之。民或祝詛上以相約結而後相謾，吏以為大逆，其有他言，而吏又以為誹謗。此細民之愚無知抵死，朕甚不取。自今以來，有犯此者勿聽治。」〔註 36〕按照文帝的詔令，妖言罪和祝詛罪似乎從此被廢除。但在實際的情況中，因妖言和祝詛獲罪者依然比比皆是。武帝時期，淮南王劉安因罪被捕，並交由諸侯王並列侯、丞相議定罪責。膠西王便認為劉安有「熒惑百姓，倍畔宗廟，妄作妖言」的罪行。這一指責可能來源於以下事實：

諸辨士為方略者，妄作妖言，諂諛王，王喜，多賜金錢，而謀反滋甚。〔註 37〕

諸使道從長安來，為妄妖言，言上無男，漢不治，即喜。即言漢廷治，有男，王怒，以為妄言，非也。〔註 38〕

另外一例，漢宣帝本始二年（公元前 71 年），溫水侯劉安國「坐上書為妖言」〔註 39〕，雖然不久劉安國遇赦免死，但被削掉了侯爵。

其實，對於妖言罪的認定，並沒有一個非常明確的標準。只要某種言論不利於政局的穩定，或威脅到了皇帝的權威，便有可能被判為妖言罪。如昌邑王劉賀為皇帝時，不願久居宮禁，時常外出，於是夏侯勝便擋在劉賀的車駕前進諫：「天久陰不雨，臣下有謀上者，陛下欲何之？」劉賀便以妖言罪逮捕了夏侯勝。但後來夏侯勝的預言得到了應驗，便無人認為他妖言惑眾，反而由於其根據《洪範傳》中的「皇之不極，厥罰常陰，時則下人有伐上者」作出了準確判斷，使得掌握中朝大權的霍光從此「益重經術士」〔註 40〕。夏侯勝本人的聲望也大大提高。另舉一例，宣帝時期楊惲被殺：

（楊惲）坐為光祿勳誹謗政治，免。〔註 41〕

（楊惲）作為妖言，大逆罪腰斬，國除。〔註 42〕

平通侯楊惲坐前為光祿勳有罪，免為庶人。不悔過，怨望，大

〔註 36〕《史記》卷 10《孝文帝紀》，第 423 頁。
〔註 37〕《史記》卷 118《淮南衡山列傳》，第 3082 頁。
〔註 38〕《史記》卷 118《淮南衡山列傳》，第 3084 頁。
〔註 39〕《漢書》卷 15《王子侯表》，第 484 頁。
〔註 40〕《漢書》卷 75《夏侯勝傳》，第 3155 頁。
〔註 41〕《漢書》卷 17《景武昭宣元成功臣表》，第 671 頁。
〔註 42〕《史記》卷 20《建元以來侯者年表》，第 1066 頁。

逆不道，要斬。〔註 43〕

大臣楊惲、蓋寬饒等坐刺譏辭語爲罪而誅。〔註 44〕

對照其本傳來看，楊惲獲罪被殺其實分爲兩個階段。首先是因爲他批評宣帝朝時事，並且言語中對皇帝也不太尊敬，所以被廷尉認定爲妖言罪，但宣帝因爲楊惲有功，並沒有殺掉他，而是將其貶爲庶人。在隨後的事態發展中，楊惲與友人通信時，表達了對宣帝的不滿。但這件事被人告發，宣帝看到信，「見而惡之」，於是，廷尉認定楊惲大逆無道，被處以腰斬的極刑，此外，楊惲的眾多好友還受到了牽連，紛紛遭到了免職。〔註 45〕根據以上材料，可以說明這樣一個情況，妖言罪的認定並沒有一個嚴格的標準。

讖緯興起於西漢哀、平之際，經新莽之後，至東漢達到極盛。東漢光武帝信奉讖緯之術，以此假借天命，作爲他取得天下的合法依據。漢光武深知讖緯之術對於人心的蠱惑作用，對於他人利用圖讖，符瑞亦注意防範。東漢的諸侯王，意圖染指皇位者，也借用圖讖，符瑞製造政治輿論，如漢明帝時的楚王劉英，便「造作圖讖」，後來被告發而掀起了明帝在位時牽連極廣的大案——楚獄。宗室侯中既有多人受到牽連而失去了侯爵。如白牛侯劉嵩「坐楚事，辭語相連，國除」。〔註 46〕汝陰侯劉信也遭到了與劉嵩相同的命運。〔註 47〕當然，楚王獄中受到牽連的絕不僅僅限於宗室成員，大批的官吏亦因此入獄。總之，由於宗室王侯採用祝詛、圖讖等等手段謀取政治利益，嚴重危害了皇帝的統治權威，且這類罪行往往與謀反罪行連在一起。因此亦是政府嚴厲打擊的一類犯罪。

三、結黨交通，圖謀不軌

所謂「交通」，既是指宗室違反朝廷禁令，私自結交，或者與朝中大臣達成某種政治交易。而最爲漢朝歷代皇帝所擔心的，便是諸侯王與大臣的交通。漢代有明法嚴禁大臣與藩王交通。「建武二十四年（公元 48 年），詔有司申明舊制阿附藩王法」。〔註 48〕漢代又有規定，「諸侯有罪，傳相不舉奏，

〔註 43〕《漢書》卷 8《宣帝紀》，第 266 頁。
〔註 44〕《漢書》卷 9《元帝紀》，第 277 頁。
〔註 45〕《漢書》卷 66《楊惲傳》，第 2898 頁。
〔註 46〕《後漢書》卷 14《宗室四王三侯傳》，第 565 頁。
〔註 47〕《後漢書》卷 14《宗室四王三侯傳》，第 566 頁。
〔註 48〕《後漢書》卷 1《光武帝紀》，第 76 頁。

爲阿黨」。〔註 49〕針對諸侯王，也有相似的規定。「漢有舊防，藩王不宜私通賓客」。〔註 50〕諸侯王與吏民、姦猾交通，都有可能被視爲觸犯律法而受到朝廷的處罰，不過，交通罪行並不會單獨的存在，它往往和其他的政治操作聯繫在一起。如燕剌王劉旦，與權臣上官傑等人交通，策劃殺死輔政大臣霍光，行廢立之事，最終事發自殺。元帝時淮陽王與外家張氏兄弟互通書信，非毀朝政，亦受到皇帝懲治。〔註 51〕漢平帝時的梁王劉立，因與「平帝外家中山衛氏交通」，被廢爲庶人。〔註 52〕東漢時的渤海王劉悝，因流言稱其與中常侍鄭颯與中黃門董騰交通勾連，於是中常侍王甫便「以爲有姦，密告司隸校尉段熲」，最終逼得渤海王劉悝自殺，並造成了「妃妾十一人，子女七十人，伎女二十四人，皆死獄中。傅、相以下，以輔導王不忠，悉伏誅」的慘案。〔註 53〕除了交通大臣之外，交通姦猾也爲朝廷所不容。東平思王劉宇，因「通姦犯法」使得傅相連坐〔註 54〕。東漢時以楚王劉英交通賓客最盛。此外，濟南王劉康，阜陵質王劉延，亦有招徠姦猾，圖謀不軌之事。

以上是諸侯王與異姓大臣、賓客姦猾交通的事例。宗室王侯之間的交往也被朝廷禁止。如東漢初年，宗室勢力龐大，漢光武帝在政局逐漸穩定之後，便開始抑制宗室的權力。於是，在建武年間，有兩位宗室侯因交通諸侯王而被免除了爵位。如史書所及：

> （蔡陽侯）平後坐與諸王交通，國除。〔註 55〕
>
> （成武侯劉遵）坐與諸王交通，降爲端氏侯。〔註 56〕

漢代政府對宗室之間的結交進行嚴密的監控，是因爲這種行爲極易對皇帝造成威脅。如前文提到漢昭帝時燕剌王劉旦的謀反，便是與幾位宗室子弟合謀進行的。這種情況並不罕見，某些宗室子弟，可能是由於對皇帝的不滿，或者是迫於諸侯王的壓力，或是希求在諸侯王的叛亂中進行政治投機，從而依附諸侯王。淮南王劉安謀反案件中，就有宗室侯由於交通淮南王而獲罪，

〔註 49〕《漢書》卷 38《高五王傳》注引張晏，第 2002 頁。
〔註 50〕《後漢書》卷 36《鄭眾傳》，第 1224 頁。
〔註 51〕《漢書》卷 80《宣元六王傳》，第 3316 頁。
〔註 52〕《漢書》卷 47《文三王傳》，第 2219 頁。
〔註 53〕《後漢書》卷 55《章帝八王傳》，第 1798 頁。
〔註 54〕《漢書》卷 80《宣元六王傳》，第 3320 頁。
〔註 55〕《後漢書》卷 14《宗室四王三侯傳》，第 562 頁。
〔註 56〕《後漢書》卷 14《宗室四王三侯傳》，第 566 頁。

如有利侯劉釘「坐遺淮南王書稱臣棄市」。〔註 57〕實際上，景帝年間爲害甚巨的七國之亂，便是由於諸侯王之間的勾結而達成的。「漢廷臣方議削吳。吳王濞恐削地無已，因以此發謀，欲舉事。念諸侯無足與計謀者，聞膠西王勇，好氣，喜兵，諸齊皆憚畏，於是乃使中大夫應高誂膠西王」。在應高說服膠西王起兵造反後，吳王爲了堅定膠西王的謀反意志，還親自去面見膠西王。「高歸報吳王，吳王猶恐其不與，乃身自爲使，使於膠西，面結之」〔註 58〕。吳楚七國之亂爆發時，便是吳王與膠西王首先起兵。「吳王先起兵，膠西正月丙午誅漢吏二千石以下」〔註 59〕，這大概便是吳王與膠西王兩人事先謀劃所達成的共同約定。鑒於吳楚七國之亂，漢代政府嚴令禁止宗室王侯之間私自交通便不足爲奇了。

四、藏匿

藏匿罪多指藏匿亡命。秦漢時期觸犯刑法的官吏、平民常以逃亡的方式逃脫法律的制裁，逃亡者成爲社會穩定的一大隱患，比如起兵反秦，並最終奪取天下的劉邦便曾「亡匿，隱於芒、碭山澤岩石之間。〔註 60〕」這些逃亡者是一種潛藏起來的巨大力量，如果這些不安定因素又和宗室牽扯上關係，很容易引起漢代政府的疑懼。西漢初期，王國和侯國相對獨立性較大，且諸侯王與朝廷在政治、經濟多有衝突，因此，諸侯王樂於借助收聚流亡的方式來壯大王國的實力，藉以與西漢王朝對抗。而逃亡者也能夠在諸侯國中得到政治庇護，免受追捕。如楚王韓信藏匿劉邦的仇人鍾離眛。同姓的宗室王侯中，藏匿亡命的現象也不罕見。吳王劉濞在官吏來其國境中搜捕「亡人」時，「訟共禁弗予」。於是，「招致天下亡命者盜鑄錢，煮海水爲鹽，以故無賦，國用富饒」。〔註 61〕文帝時膽大妄爲的淮南厲王劉長不僅收聚亡命，還未他們提供了相當豐厚的待遇。據史書記載：

> 聚收漢諸侯人及有罪亡者，匿與居，爲治家室，賜其財物爵祿田宅，爵或至關內侯，奉以二千石，所不當得，欲以有爲。〔註 62〕

〔註 57〕《史記》卷 21《建元以來王子侯者年表》。
〔註 58〕《史記》卷 106《吳王劉濞列傳》，第 2826 頁。
〔註 59〕《史記》卷 106《吳王劉濞列傳》，第 2827 頁。
〔註 60〕《史記》卷 8《高祖本紀》，第 384 頁。
〔註 61〕《史記》卷 106《吳王濞列傳》，第 2822 頁。
〔註 62〕《史記》卷 118《淮南衡山列傳》，第 3078 頁。

漢代有明確律文嚴禁藏匿亡命，所謂「亡之諸侯，遊宦事人，及舍匿者，論皆有法」。〔註63〕不過，眾所周知的是，吳王劉濞、淮南王劉長最終雖國敗身死，但他們獲罪的主要原因都不在於藏匿亡命，也就是說，當時並沒有宗室因為單純藏匿亡命的行為而受到處罰。直到武帝之時，西漢王朝對於包括諸侯王在內的宗室成員的控制空前加強。藏匿亡命的宗室王侯開始受到制裁。漢武帝時的燕剌王，因「臧匿亡命」，而受到削除三縣的處罰。同樣在武帝時期，胡孰侯劉聖將逃亡人員收為庸保，並指使這個亡命徒去行兇殺人，被免去了侯爵。〔註64〕

除藏匿逃亡之外，也會出現諸侯王將犯罪人藏匿的情況，其動機或許是藉以掩蓋自己的罪行。如梁王劉武派羊勝、公孫詭刺殺袁盎等人之後，遭到了朝廷的懷疑，於是，梁王便把刺客藏匿在自己的後宮之中，希望能夠藉此逃避朝廷的追查。〔註65〕王子侯亦有藏匿包庇罪犯的情況。如廣川惠王之子畢梁侯劉嬰「首匿罪人，為鬼薪」。〔註66〕安郭侯劉崇「坐首匿死罪免」等等。〔註67〕此外，平侯劉遂也因為藏匿盜馬者而被處以徒役的處罰，即「坐知人盜官母馬為臧，會赦，復作」。〔註68〕當然，也有因親情而藏匿罪犯者，如陸元侯劉延壽「坐知女妹夫亡命笞二百，首匿罪，免。〔註69〕」

不過，更為嚴重的藏匿罪行是藏匿盜賊。這類行為不單是對於朝廷權威的挑釁，且對國家政權的實際威脅亦十分巨大。宣帝時的廣川王劉海陽及宗室劉調，因藏匿逃亡的盜賊而遭到劾奏。據《漢書・張敞傳》記載：

> 敞起亡命，復奉使典州。既到部，而廣川王國群輩不道，賊連發，不得。敞以耳目發起賊主名區處，誅其渠帥。廣川王姬昆弟及王同族宗室劉調等通行為之囊橐，吏逐捕窮窘，蹤迹皆入王宮。敞自將郡國吏，車數百輛，圍守王宮，搜索調等，果得之殿屋重轑中。敞傳吏皆捕格斷頭，縣其頭王宮門外。因劾奏廣川王。〔註70〕

廣川王雖然因為皇帝的「不忍」而免於死罪，但並不是所有的宗室都這麼幸

〔註63〕《漢書》卷44《淮南衡山濟北王傳》，第2139頁。
〔註64〕《漢書》卷15《王子侯表》，第437頁。
〔註65〕《史記》卷58《梁孝王世家》，第2085頁。
〔註66〕《漢書》卷15《王子侯表》，第447頁。
〔註67〕《漢書》卷15《王子侯表》，第468頁。
〔註68〕《漢書》卷15《王子侯表》，第452頁。
〔註69〕《漢書》卷15《王子侯表》，第474頁。
〔註70〕《漢書》卷76《張敞傳》，第3225頁。

運。如同時期的修故侯劉福卻「坐首匿群盜棄市」〔註 71〕，可見，藏匿盜賊實在是一種極爲危險的行爲。

五、篡囚徒

篡囚徒這類罪行也常常與造反行爲聯繫在一起，因爲囚徒是社會秩序的破壞者，且對政府懷有不滿，很容易在武力叛亂中成爲有生力量，與朝廷進行對抗。：

> 尉氏男子樊並等謀反，賊殺陳留太守嚴普及吏民，出囚徒，取庫兵，劫略令丞，自稱將軍，皆誅死。〔註 72〕
>
> 庚子，山陽鐵官亡徒蘇令等殺傷吏民，篡出囚徒，取庫兵，聚黨數百人爲大賊，逾年經歷郡國四十餘。〔註 73〕
>
> 賊張伯路等三千餘人，冠赤幘，服絳衣，…… 攻厭次城，殺長吏，轉入高唐，高唐今博州縣。燒官寺，出繫囚，渠帥皆稱「將軍」，共朝謁伯路。伯路冠五梁冠，佩印綬，黨眾浸盛。〔註 74〕

張敞在給宣帝的上書中，也曾提到膠東、渤海等地因爲糧食欠收而引發的叛亂中發生了篡囚的現象，他說「盜賊並起，至攻官寺，篡囚徒，搜市朝，劫列侯」〔註 75〕。顯然，這些反對朝廷的叛軍領袖借助其所釋放的囚徒壯大了聲勢。因此，篡囚這類行爲也就很容易和造反聯繫起來。從另一方面看，釋放囚犯又是國家的一項仁政，但是這種仁政的施予者，必須是皇帝本人，或者是受到皇帝授權的官吏。西漢時期，刺史便作爲皇帝的代理人前往郡國去平反冤獄，釋放囚犯。即「常以八月巡行所部郡國，錄囚徒」。〔註 76〕西漢時的京兆尹雋不疑甚至在每次錄囚之後，其母都要問他「有所平反，活幾何人？」〔註 77〕受天人感應思潮的影響，釋放囚犯被賦予了新的含義。即爲緩解災異由皇帝下令釋放囚徒。如漢光武帝下詔：「久旱傷麥，秋種未下，朕甚憂之。將殘吏未勝，獄多冤結，元元愁恨，感動天氣乎？其令中都官、三輔、郡、

〔註 71〕《漢書》卷 15《王子侯表》，第 488 頁。
〔註 72〕《漢書》卷 26《天文志》，第 1311 頁。
〔註 73〕《漢書》卷 26《天文志》，第 1311 頁。
〔註 74〕《後漢書》卷 38《法雄傳》，第 1277 頁。
〔註 75〕《漢書》卷 76《張敞傳》，第 3219 頁。
〔註 76〕《後漢書》卷 118《百官志》，第 3615 頁。
〔註 77〕《漢書》卷 71《雋不疑傳》，第 3036 頁。

國出繫囚」〔註 78〕。此後，光武帝又分別於建武七年（公元 31 年）、建武二十九年（公元 53 年）兩次下令釋放囚犯。漢質帝時，也曾因爲大旱而以皇帝的名義下詔：「其令中都官繫囚罪非殊死考未竟者，一切任出，以須立秋。」〔註 79〕可以說，皇帝下令釋囚，不僅僅是一仁政，更是與上天對話一種方式，這便使得釋放囚犯這一措施和皇權的神聖緊密聯繫起來。宗室王侯如果擅自釋放囚犯的話，無疑是對皇帝權威的褻瀆，因此必將受到嚴懲。攸輿侯劉則便因「篡死罪囚」，而被「棄市」〔註 80〕。武帝時的常山王劉勃，被其庶兄劉棁告發「入牢視囚」〔註 81〕。漢武帝急忙派遣大行張騫對劉勃進行調查。劉勃爲掩蓋罪行，便「擅出漢所疑囚者」，這就犯下了篡囚的大罪，於是相關司法部門請求將劉勃誅殺。漢成帝時，梁王劉立因「謀篡死罪囚」，亦出現了「有司請誅」的現象。〔註 82〕

六、守藩不稱

漢代分封宗室，意在鎮撫四方，爲皇室屏藩。因此，宗室王侯，尤其是諸侯王，負有保境守土的職責。西漢初期，四方紛擾，諸侯王在抵禦北方匈奴、南方閩越的戰鬥中，發揮了非常重大的作用。甚至吳楚七國之亂的平定，也很大程度上得益於漢景帝同母弟梁王劉武的堅守。但是，有時諸侯王也會無力守護自己的封國，不能履行守藩的責任，朝廷因此會對其施加處罰。如高祖之兄代頃王劉仲，因匈奴大舉來攻，棄國歸漢，被廢爲合陽侯。〔註 83〕但至東漢之時，棄國逃走，守藩不力的諸侯王就不再受到處罰。黃巾之亂中，諸侯王國也受到了黃巾軍的襲擊。有些諸侯王能夠抵禦黃巾軍，如陳王劉寵。而有些則會選擇棄國逃走，如下邳愍王劉意，常山王劉暠。安平王劉續更是爲黃巾軍劫持，後被東漢政府贖回。此後，朝廷準備令劉續復國，但是安平相李燮認爲「續在國無政，爲妖賊所虜，守藩不稱，損辱聖朝，不宜復國」。〔註 84〕但李燮之議未被採納，劉緒最終得以復國，李燮反而被冠以「謗毀宗室」的罪名。

〔註 78〕《後漢書》卷 1《光武帝紀》，第 39 頁。
〔註 79〕《後漢書》卷 6《孝質帝紀》，第 278 頁。
〔註 80〕《史記》卷 21《建元以來王子侯者年表》，第 1095 頁。
〔註 81〕《史記》卷 59《五宗世家》，第 2103 頁。
〔註 82〕《漢書》卷 47《文三王傳》，第 2217 頁。
〔註 83〕《史記》卷 8《高祖本紀》，第 385 頁。
〔註 84〕《後漢書》卷 63《李燮傳》，第 2091 頁。

七、私出國境

為了避免諸侯封君或官吏擅離職守，漢法有「二千石守千里之地，任兵馬之重，不宜去郡」的規定〔註 85〕，嚴禁王侯、官吏私出國界，擅離轄區。而禁止諸侯私出國境，因其諸侯對封國，至少在名義上，負有重大責任。因此，諸侯離開國境，應受到足夠重視。漢明帝便說：「凡諸侯出境，必備左右，故夾谷之會，司馬以從」〔註 86〕。《史記》中記載了一個引人注意的故事：「燕莊公遂送桓公入齊境。桓公曰：『非天子，諸侯相送不出境，吾不可以無禮於燕。』於是分溝割燕君所至與燕，命燕君復修召公之政，納貢於周，如成康之時。〔註 87〕」由此可見，在周代禮制中對國君離境的重視。正因為類似禮儀的存在，諸侯若私出國境便顯得不合常理了，它很容易讓人產生聯想，將諸侯們私出國境的行為與暗中進行政治圖謀聯繫起來。漢代多有因私出境而被處罰的貴戚重臣。如文帝時期，寧嚴侯魏指「坐出國界，免」〔註 88〕。宗室王侯中也有類似罪行。如景帝時期的楊丘侯劉偃「坐出國界，耐為司寇」。〔註 89〕武帝時祝茲侯劉延年「坐棄印綬出國，不敬，國除」〔註 90〕。漢之諸侯王違反此禁令者更加引人矚目，如膠西於王劉端曾「數變名姓，為布衣，之它國」。〔註 91〕吳王劉濞為了聯絡其他諸侯王共同起兵反漢，曾「身自為使，使於膠西，面結之。」〔註 92〕東漢安帝時，趙惠王劉乾因私出國境而被趙相舉奏：

> （趙惠王）乾私出國，到魏郡鄴、易陽，止宿亭，令奴金盜取亭席，金與亭佐孟常爭言，以刃傷常，部吏追逐，乾藏逃，金絞殺之，懸其屍道邊樹。國相舉奏，詔書削中丘。〔註 93〕

不過，除吳王劉濞私處國境是圖謀造反之外，其他人的動機並不清楚，如膠西王劉端是因為受到削地的處罰之後，對朝廷產生不滿，從而採取消極對抗的方式，他命令屬下官吏不要收取租賦，不修理損壞的府庫，解除宮廷護衛，封鎖

〔註 85〕《漢書》卷 79《馮奉世傳》，第 3304 頁。
〔註 86〕《後漢書》卷 42《光武十王傳》，第 1449 頁。
〔註 87〕《史記》卷 32《齊太公世家》，第 1488 頁。
〔註 88〕《史記》卷 16《高惠高后文功臣表》，第 590 頁。
〔註 89〕《漢書》卷 15《王子侯表》，第 431 頁。
〔註 90〕《史記》卷 21《建元以來王子侯者年表》，第 1116 頁。
〔註 91〕《史記》卷 59《五宗世家》，第 2097 頁。
〔註 92〕《史記》卷 106《吳王濞列傳》，第 2826 頁。
〔註 93〕《後漢書》卷 14《宗室四王三侯傳》引《東觀漢紀》，第 559 頁。

宮門等等。劉端本人則身著布衣，前往它國，其實這更像是一種不滿情緒的發泄。而趙惠王劉乾的私出國境，似乎是帶著奴僕出遊，而「令奴金盜取亭席」的行爲似乎還帶有一點惡作劇的意味。宗室侯中也出現過擅自離開國境的行爲，「(陽興侯劉昌) 坐朝私留它縣，使庶子殺人，棄市。」〔註 94〕

八、誣枉大臣

這類罪行似乎多見於宗室諸侯王，這大概因爲在七國之亂後，漢代的皇帝對於同姓諸侯王施加了更多限制和監督。王國的傅相有監視、控制諸侯王的責任，是中央政府控制藩國的主要媒介。其他諸侯國的官吏及朝中大臣也會舉奏諸侯王的違法行爲。這必然使得諸侯王與受命於皇帝的大臣產生矛盾，甚至不惜採取誣告的方式進行反抗。這些行爲破壞了朝廷的監控制度。因此，以不實之罪誣陷大臣，也被視爲嚴重罪行。如武帝時廣川繆王劉齊，即因誣告中尉蔡彭祖而被劾以大不敬之罪。〔註 95〕武帝時的趙敬肅王劉彭祖，史書稱其「爲人巧佞卑諂，足恭而心刻深」〔註 96〕。劉彭祖常常搜羅朝廷委派到趙國的官吏的把柄，並藉以對他們進行要挾。甚至不惜誣陷這些「相二千石」。因此「彭祖立六十餘年，相二千石無能滿二歲，輒以罪去，大者死，小者刑」。〔註 97〕宣帝時的長沙剌王劉建德，也因爲怨恨王國內史，對其進行誣告，後被削縣。〔註 98〕

九、不敬

將不敬作爲一種罪行，其實並不合適，因爲這一表述過於籠統，將其稱爲一種罪名似乎更爲恰當。在中國古代司法語言中常見這樣一種敘述方式，即先描述某一罪行，然後再加以罪名：

> 夫朝廷者，高皇帝之朝廷也。通小臣，戲殿上，大不敬，當斬。〔註 99〕

> 信陽侯就倚恃外戚，干犯乘輿，無人臣禮，爲大不敬。〔註 100〕

〔註 94〕《漢書》卷 15《王子侯表》，第 496 頁。
〔註 95〕《漢書》卷 53《景十三王傳》，第 2427 頁。
〔註 96〕《史記》卷 59《五宗世家》，第 2098 頁。
〔註 97〕《史記》卷 59《五宗世家》，第 2098 頁。
〔註 98〕《漢書》卷 53《景十三王傳》，第 2427 頁。
〔註 99〕《史記》卷 96《張丞相列傳》，第 2683 頁。
〔註 100〕《後漢書》卷 27《吳良傳》，第 943 頁。

以漢律，擅論宗廟者以大不敬論，又其時無詔下議，遂默塞不敢出言。〔註 101〕

宗室王侯的諸多罪行都可能被視爲不敬罪，這其中包括了「不朝天子」、「上書要上」等等。眾所周知，諸侯負有朝覲皇帝的義務。據《禮記·樂記》記載：「朝覲，然後諸侯知所以臣；耕藉，然後諸侯知所以敬。」這種朝覲的禮儀，是維護統治秩序，辨明君臣等級的必要手段。所以《孟子·告子》稱：「（諸侯）一不朝，則貶其爵；再不朝，則削其地；三不朝，則六師移之」。諸侯拒絕朝覲，是天子權力衰弱的一種表現，爲了維護皇帝及其所代表的朝廷的尊嚴，此類行爲必將受到嚴懲。武帝時期，東莞侯劉吉因爲「有痼疾」而不朝，受到了免爵除國的懲罰〔註 102〕。建成侯劉拾雖然派遣行人「奉璧皮薦」〔註 103〕，但還是因爲沒有親身朝覲而被認爲「不敬」，同樣受到國除的處罰。除去王子侯外，諸侯王也有不朝覲者，如吳王劉濞、衡山王劉賜，均稱病不朝，但是文帝和武帝爲安撫二人，沒有採取任何懲罰的措施。吳王劉濞甚至被賜予几杖，使得不朝天子的行爲獲得了皇帝的認可而合法化了。不過，上述情況屬於特殊的政治環境下的特例。一般情況下，不朝天子的行爲會被認作「大不敬」。除此以外，以下行爲也包涵了對皇權的褻瀆，同樣會受到處罰。如武帝時的南陵侯劉慶，任職沛郡太守，本是比較少見的具有宗室身份但卻仕進爲官，執掌地方行政的人才，但因爲「橫恣罔上」而「下獄瘐死」〔註 104〕。宣帝時的張侯劉嵩，因「坐賊殺人，上書要上」，也落得個「下獄瘐死」〔註 105〕的下場。所謂「要上」，顏師古解釋爲：「要上者，怙親而不服罪也。」〔註 106〕這種不服罪的行爲，也可以歸類爲對皇帝的不敬。而作爲宗正的沈猷侯劉受「坐故爲宗正聽謁不具宗室」〔註 107〕，也就是任宗正時瀆職枉法，也被視爲不敬，受到了除國的處罰。

十、欺謾

對於欺謾，魏晉之際的著名法學家張斐曾經做了這樣的一個定義：「違忠

〔註 101〕（後晉）劉昫等撰：《舊唐書》卷 177《楊發傳》，中華書局，1975 年版，第 4596 頁。
〔註 102〕《史記》卷 21《建元以來王子侯者年表》，第 1079 頁。
〔註 103〕《漢書》卷 15《王子侯表》，第 458 頁。
〔註 104〕《漢書》卷 15《王子侯表》，第 477 頁。
〔註 105〕《漢書》卷 15《王子侯表》，第 487 頁。
〔註 106〕《漢書》卷 15《王子侯表》，第 489 頁。
〔註 107〕《史記》卷 19《惠景間侯者年表》，第 1009 頁。

欺上謂之謾」〔註 108〕。秦人侯生和盧生在談到秦始皇的剛愎自用，阻塞言路時說：「上樂以刑殺爲威，天下畏罪持祿，莫敢盡忠。上不聞過而日驕，下懾伏謾欺以取容」〔註 109〕。可見，自秦代以來，欺謾便是重罪。文帝時淮南王劉長犯法，欺謾皇帝使者便是眾多罪狀中的一條。當時有人謀反，被劉長收留後，「吏覺知，使長安尉奇等往捕開章。……（劉長）謾吏曰『不知安在』。」皇帝派遣使者賞賜劉長五千匹帛，希望劉長能賜給「吏卒勞苦者」，但劉長不欲受皇帝的賞賜，因此「謾言曰『無勞苦者』」。不僅如此，有人上書皇帝，劉長的屬下蕑忌居然「擅燔其書，不以聞」，在有司請求逮捕蕑忌時，劉長又「謾言曰『忌病』。〔註 110〕」數次欺謾皇帝，成爲劉長一項無法忽視的重罪。武帝時的平城侯劉禮，也因「恐猲取雞以令買償免，復謾」，而「完爲城旦」。此外，還有涉侯劉綰，「坐上書謾，耐爲鬼薪」。宣帝時的新利侯劉偃，兩次因欺謾而受罰，如史書所載：「甘露四年，坐上書謾，免，復更封戶都侯，建始三年又上書謾，免四百戶」〔註 111〕。

十一、酎金不足

漢代有《金布令》，其中規定了在祭祀宗廟時，王侯貴族對朝廷負有貢獻酎金的義務。據《漢律金布令》記載：「皇帝齋宿，親帥群臣承祠宗廟，群臣宜分奉請，諸侯王、列侯各以民口數，率千口奉金四兩，奇不滿千口至五百口者，亦四兩，皆會酎，少府受。大鴻臚食邑九眞、日南者，用犀角長九寸以上若玳瑁甲一，鬱林用象牙長三尺以上若翡翠各二十，準以當金」〔註 112〕。《漢儀》也嚴格規定：「諸侯王以戶口酎黃金與漢廟，皇帝臨受獻金，金少不如斤兩，色惡，王削縣，侯免爵。〔註 113〕」也就是說，朝廷按照諸侯所領民口的多寡，來判定他們應貢獻的酎金的多少。所謂酎，指的是一種醇酒，張晏認爲是正月時開始製作，至八月才製成，祭祀宗廟祖先所用。他還指出在助祭時獻金的制度起源於武帝時，即「至武帝時，因八月嘗酎會諸侯廟中，出金助祭，所謂『酎金』也。」〔註 114〕何以諸侯需要在助祭時獻金，恐怕和

〔註 108〕《晉書》卷 30《刑法志》引張斐《律表》，第 928 頁。
〔註 109〕《史記》卷 6《秦始皇本紀》，第 258 頁。
〔註 110〕《史記》卷 118《淮南衡山列傳》，第 3077 頁。
〔註 111〕《漢書》卷 15《王子侯表》，第 493 頁。
〔註 112〕《後漢書·禮儀志》注引《漢律金布令》，第 3104 頁。
〔註 113〕《史記》卷 30《平準書》注引如淳曰，第 1439 頁。
〔註 114〕《史記》卷 10《孝文本紀》注引張晏，第 436 頁。

當時武帝朝的政局有關。眾所周知，漢武帝爲討伐匈奴和南越，大大耗損了國力，爲了籌集軍費，不得不採取一系列措施，如實行鹽鐵官營，鑄五銖錢，告緡算緡等等。在採用這些財政措施的同時，漢武帝還寄希望於宗室貴族能夠慷慨解囊，破產爲國。所以，在卜式上書準備拿出一半家產「助邊」時，武帝毫不掩飾內心的興奮，對其大肆褒獎，甚至後來將其拜爲齊王太傅。此後，卜式又要求從軍征戰南越，武帝下詔表彰，稱其「義形於內」，並宣佈「賜爵關內侯，金六十斤，田十頃」〔註 115〕，武帝一片苦心，是借卜式爲模範，達到宣傳捐產助國的目的。但是，列侯中卻無人響應，史書載「列侯以百數，皆莫求從軍擊羌、越。」〔註 116〕接著，漢武帝要求列侯在祭祀宗廟時，要獻金助祭，以此來聚斂財富。但是，在少府檢查酎金時，卻發現成色分量不足，漢武帝終被激怒。酎金不足成爲了導火索，引發了對列侯的嚴厲懲罰。「列侯坐酎金失侯者百餘人」，王子侯在這一事件中遭到了巨大的打擊，據《建元以來王子侯者年表》記載，大批王子侯在元鼎五年因酎金而失國。我們推測，《漢儀》中記錄的由於「不如斤兩」，「色惡」，便要「王削縣，侯免爵」的規定，很有可能就是武帝時代酎金奪爵事件之後留下來一項制度。這一法令在後代也得到了嚴格的執行，宣帝時的襄隄侯劉聖，便因「酎金斤八兩少四兩」，而被免去了侯爵〔註 117〕。同樣的遭遇也發生在後來的朝節侯劉固城身上，他在宣帝五鳳元年（公元前 57 年）「坐酎金少四兩免」〔註 118〕。

第二節　違反倫理道德的罪行

漢代社會雖與西周時代的宗法社會頗有不同，但家庭倫理觀念仍爲整個社會所崇尚。漢代號稱以孝治國，家庭倫理觀念，是漢代國家道德體系的基石。漢代皇帝對於《孝經》極爲重視。漢昭帝曾說：「朕以眇身獲保宗廟，戰戰慄栗，夙興夜寐，修古帝王之事，通《保傅傳》，《孝經》、《論語》、《尚書》，未云有明」。〔註 119〕在皇族的教育中，《孝經》佔有非常重要的地位，如霍光在立劉病已爲帝時，也曾說過：「孝武皇帝曾孫病已，有詔掖庭養視，

〔註 115〕《史記》卷 30《平準書》，第 1439 頁。
〔註 116〕《史記》卷 30《平準書》，第 1439 頁。
〔註 117〕《漢書》卷 15《王子侯表》，第 475 頁。
〔註 118〕《漢書》卷 15《王子侯表》，第 445 頁。
〔註 119〕《漢書》卷 7《昭帝紀》，第 223 頁。

至今年十八，師受《詩》、《論語》、《孝經》，操行節儉，慈仁愛人，可以嗣孝昭皇帝後，奉承祖宗，子萬姓。〔註 120〕」由此可見《孝經》的重要，以及它所承載的調整家族秩序的理念對於漢代統治者的意義。一般來說，身爲皇族的宗室成員應是帝國中的道德典範，違反家庭倫理，無疑是對漢代的道德價值觀念是一種顛覆，對於帝國的危害是不言而喻，因此必然會受到國家法律的嚴懲。這種亂倫現象多出現於武帝以後的宗室王侯，因爲他們不再享有治民權力，既生而富貴，又無政務糾纏，只求享樂，不少人沉溺於荒淫生活之中。

一、居喪姦、居喪婚娶

在中國人的意識中，爲親屬服喪是表現親情，檢驗子孫孝道的最重要時機。在喪期內，死者的親屬需著喪服、不居寢、不視樂、不能婚嫁、不飲食酒肉、不過性生活等。而漢代有些宗室王侯，荒淫放蕩，在居喪時期，難免會有居喪姦、居喪婚娶的罪行。這種行爲對於提倡孝道的漢代主流思想是一種嚴重的誖逆。因此，漢法必然將這類行爲納入到調整範圍之中，漢代對於居喪姦、居喪婚娶的罪行一般都定爲不孝罪進行處罰。西漢時諸侯王居喪姦情況較多。楚王戊爲薄太后服喪時，私姦服舍，被削郡。〔註 121〕常山王劉勃，坐憲王喪服姦，廢遷房陵。〔註 122〕江都王劉建甚至在其父死後未下葬之際，便將父王的寵姬「夜使人迎與姦服舍中」。〔註 123〕東漢時的趙惠王劉乾因居父喪私聘小妻而被削縣。〔註 124〕

依據漢法，若將居喪姦這類罪行視爲不孝罪，應處以死刑，類似的情況在張家山漢簡的《二年律令》中所見極多，在此不進行贅述。實際上，漢武帝時期便有兩位貴族因爲「未除服姦」的行爲而被迫自殺，這就是堂邑侯季須〔註 125〕和隆率侯陳蟜〔註 126〕。不過，這種處罰畢竟還是比較罕見的，居喪姦的行爲本身並不會動搖皇帝的統治，僅僅是貴族不修德行所致。在大多數情況下，皇帝願意對犯下類似罪行的宗室網開一面，很少有宗室成員因此喪

〔註 120〕《漢書》卷 8《宣帝紀》，第 238 頁。
〔註 121〕《史記》卷 50《楚元王世家》，第 1988 頁。
〔註 122〕《漢書》卷 14《諸侯王表》，第 417 頁。
〔註 123〕《史記》卷 59《五宗世家》，第 2096 頁。
〔註 124〕《後漢書》卷 14《宗室四王三侯傳》，第 559 頁。
〔註 125〕《史記》卷 18《高祖功臣侯者年表》，第 887 頁。
〔註 126〕《史記》卷 19《惠景間侯者年表》，第 1022 頁。

命，按照史書的記載，居喪姦的宗室受到的最嚴酷懲罰便是失去了王爵，被廢遷他鄉〔註127〕。

二、禽獸行

《唐律》載「若有禽獸其行，朋淫於家，紊亂禮經，故曰『內亂』。」〔註128〕「內亂」在十惡之列。《周禮・夏官・大司馬》:「外內亂，鳥獸行，則滅之。」鄭玄引用《王霸紀》注曰:「詩人倫，外內無異以禽獸，不可親百姓，則誅滅去之也。」〔註129〕一般來說，可將其稱之爲亂倫，也就是近親之間發生的性行爲。在文明社會中，對於亂倫行爲，一般都有著不同程度的禁忌。這恐怕是因爲亂倫行爲有可能造成親屬關係的紊亂，從而使得家庭解體，而家庭是構成我們文明社會的基礎，因此，人們不得不將這類行爲禁絕。如《禮記・郊遊性》中說:「天地合，而後萬物興焉。夫昏禮，萬世之始也，取於異姓，所以附遠厚別也。幣必誠，辭無不腆。告之以直信。信，事人也。信，婦德也。壹與之齊，終身不改，故夫死不嫁。男子親迎，男先於女，剛柔之義也。天先乎地，君先乎臣，其義一也。執摯以相見，敬章別也，男女有別，然後父子親。父子親，然後義生。義生，然後禮作。禮作，然後萬物安。無別無義。禽獸之道也。」這便是將擾亂家庭秩序的行爲視爲「禽獸之道」。中國的傳統社會中，亂倫被視爲嚴重違反家庭倫理道德的淫亂行爲。一般來說，是指父系親屬之間的性行爲，並不涉及到母系親屬，表親之間的婚姻甚至還受到鼓勵。《禮記・曲禮上》說:「夫唯禽獸無禮，故父子聚麀。是故聖人作，爲禮以教人，使人以有禮，知自別於禽獸。」也是在論述中偏重對父子共同擁有一個性伴侶現象的譴責。我們所看到的漢代對於禽獸行的定義，也是特指犯罪者與父系親屬或者是父親的姬妾發生性行爲。漢代律令對於這種嚴重違背家庭倫理道德的罪行，予以嚴厲打擊。《二年律令・雜律》規定:同產相與姦，若取以爲妻，及所取者皆棄市。〔註130〕漢代將這種血親治之間的亂倫或內亂，一般納入到禽獸行之中。西漢時期，有禽獸行的宗室諸侯王極多:

〔註127〕《史記》卷59《五宗世家》，第2103頁。

〔註128〕（唐）長孫無忌等撰:《唐律疏議》，劉俊文點校，卷1，中華書局，1983年版，第16頁。

〔註129〕（清）孫詒讓:《周禮正義》卷55，中華書局，1957年，2291頁。

〔註130〕《張家山漢墓竹簡（第二四七號墓）》，第34頁。

至孫（燕王劉）定國，與父康王姬姦，生子男一人。奪弟妻爲姬。與子女三人姦〔註 131〕。

（齊厲）王因與其姊翁主姦。〔註 132〕

（濟北王）寬坐與父式王后，光、姬孝兒姦，誖人倫，又祠祭祝詛上，有司請誅。〔註 133〕

（乘）距怨王，乃上書告（廣川繆王）齊與同產姦。〔註 134〕

（江都王）建居服舍，召易王所愛美人淖姬等凡十人與姦。……建女弟徵臣爲蓋侯子婦，以易王喪來歸，建復與姦。〔註 135〕

（梁王立）報寶曰：「我好翁主，欲得之。」寶曰：「翁主，姑也，法重。」立曰：「何能爲。」遂與園子姦。〔註 136〕

這種情況不僅出現於諸侯王之中，在史書中記載的西漢時期王子侯及其他宗室成員也有類似的與同產姊妹或後母的淫亂行爲：

侯壽光嗣，五鳳二年，坐與姊亂，下獄病死。〔註 137〕

（東平）侯慶坐與姊妹姦，有罪，國除。〔註 138〕

侯外人嗣，元康四年，坐爲子時與後母亂，免。〔註 139〕

（成陵侯劉德）弟與後母亂。〔註 140〕

《漢書》中還記載了一例比較罕見的公主亂倫並被處死的案例：

宣後封爲侯時，妻死，而敬武長公主寡居，上令宣尚焉。及宣免歸故郡，公主留京師。後宣卒，主上書願還宣葬延陵，奏可。況私從敦煌歸長安，會赦，因留與主私亂。哀帝外家丁、傅貴，主附事之，而疏王氏。元始中，莽自尊爲安漢公，主又出言非莽。而況與呂寬相善，及寬事覺時，莽並治況，發揚其罪，使使者以太皇太

〔註 131〕《史記》卷 51《荊燕世家》，第 1997 頁。
〔註 132〕《史記》卷 52《齊悼惠王世家》，第 2007 頁。
〔註 133〕《漢書》卷 44《淮南厲王劉長傳》，第 2157 頁。
〔註 134〕《史記》卷 59《五宗世家》，第 2101 頁。
〔註 135〕《漢書》卷 53《景十三王傳》，第 2414 頁。
〔註 136〕《漢書》卷 47《文三王傳》，第 2216 頁。
〔註 137〕《漢書》卷 15《王子侯表》，第 435 頁。
〔註 138〕《史記》卷 21《建元以來王子侯者年表》，第 1097 頁。
〔註 139〕《漢書》卷 15《王子侯表》，第 467 頁。
〔註 140〕《漢書》卷 15《王子侯表》，第 495 頁。

后詔賜主藥。……使者迫守主，遂飲藥死。〔註 141〕

不過，值得注意的是，雖然敬武公主因爲與丈夫的前妻生子私通，但實際上她被處死的眞正原因是與王莽的政治鬥爭。但是，禽獸行並不僅限於家族成員的亂倫行爲，在某種場合下，它也被當做對某種行徑的罪名判定。如《史記·惠景間侯者年表》記載：元鼎元年，侯蟜坐母長公主薨未除服，姦，禽獸行，當死，自殺，國除。可見，陳蟜是因爲在爲母親長公主劉嫖服喪期間與他人發生性關係，而被認爲是「禽獸行。」某些極端的淫亂惡行也會被定爲禽獸行，據《漢書·高五王傳》載：

青州刺史奏終古使所愛奴與八子及諸御婢姦，終古或參與被席，或白晝使裸伏，犬馬交接，終古親臨觀。……事下丞相御史，奏終古位諸侯王，以令置八子，秩比六百石，所以廣嗣重祖也。而終古禽獸行，亂君臣夫婦之別，誖逆人倫。〔註 142〕

劉終古令其妻妾與奴僕通姦，是爲「亂君臣夫婦之別」，也被視爲禽獸行。這再次驗證了禽獸行這種說法，並非某種具體行爲，而是對社會無法容忍的淫亂行爲的指稱。如少數民族之間保留的一些烝報行爲，也會被認爲是禽獸行。漢朝使者便指責匈奴的冒頓單于「殺其父代立，常妻後母，禽獸行也。」〔註 143〕在深受漢地禮法薰陶的人看來，這種「妻後母」的行爲幾乎是非人之舉。

三、淫親屬之妻

漢律嚴禁烝報行爲。《二年律令》規定：

復兄弟、孝父柏父之妻、御婢，皆黥爲城旦舂。

復男兄弟子、孝父柏父子之妻、御婢，皆完爲城旦舂。〔註 144〕

據前文所述，烝，也就是兒子在父親死去後娶庶母的行爲，在漢代被認定爲禽獸行。而所謂的「報」，也就是兄弟迎娶寡嫂的行爲，雖然同樣被法律所禁止，但比起血親之間的亂倫及娶庶母的不孝行爲，法律的制裁和道德的譴責又降低了一個層級。而且，值得引起重視的是，按照《史記》和《漢書》的記載，西漢前期犯有類似罪行的諸侯王，似乎並沒有因此受到嚴厲處

〔註 141〕《漢書》卷 83《薛宣傳》，第 3397 頁。
〔註 142〕《漢書》卷 38《高五王傳》，第 2001 頁。
〔註 143〕《漢書》卷 94《匈奴傳上》，第 3780 頁。
〔註 144〕《張家山漢墓竹簡（第二四七號墓）》，第 34 頁。

罰。如趙敬肅王劉彭祖迎娶其兄已故的江都易王劉非的寵姬淖姬，並未受懲處。〔註 145〕在宣帝朝，有類似罪行的河間王劉元卻受到國相的舉奏，「元取故廣陵厲王、厲王太子及中山懷王故姬廉等以爲姬。甘露中，冀州刺史敞奏元，事下廷尉，逮召廉等」。〔註 146〕劉元此後受到削縣處罰，並不是由於迎娶親屬姬妾的行爲，而是因其爲遮掩此事而殺人滅口的罪行，不過，從廷尉受理此案，並逮召人證的行爲來看，宣帝時期已經很嚴肅的對待類似行爲，這類罪行必然會帶來很嚴重的後果，所以劉元才會鋌而走險將人證殺害。到了東漢時，有類似「復」親屬之妻行爲的諸侯王，則難以逃脫制裁。據《後漢書・光武十王傳》載：「後中山簡王薨，（東海靖王）政詣中山會葬，私取簡王姬徐妃」。〔註 147〕中山王死去，東海王前往會葬，是宗室之間的應有之義，而東海靖王卻在會葬期間私娶中山王的姬妾，因此東海靖王受到了削縣的處罰。從西漢趙敬肅王盜取親屬之妻不受處罰，到河間王劉元受到國相舉報，爲逃避罪責而殺人滅口，再到東漢時東海靖王私娶徐妃而被削縣，可以看到針對盜取親屬之妻的法律受到了越來越嚴格的執行。

四、姦罪

漢代律有明文：諸與人妻和姦，及其所與皆完爲城旦舂。其吏也，以強姦論之。〔註 148〕懸泉漢簡中的條文中也可證明這條法律在邊疆地區也得到了很好的執行：諸與人妻和姦，及所與口爲通者，皆完爲城旦舂；其吏也以強姦論之。〔註 149〕可見，漢代對於與人妻和姦的行爲是要施予一定處罰的。如史書所記，元朔二年，土軍侯宣生「坐與人妻姦罪，國除。」〔註 150〕但是，同樣的罪行，宗室成員土軍侯劉郢客卻「坐與人妻姦，棄市。」〔註 151〕同是在武帝時期犯罪，爲何宗室受到極刑的處罰，對這背後隱藏的原因，將在後續章節中進行深入討論。不過，不僅僅是與他人妻子通姦構成犯罪，不正當的性關係也會被認定爲姦罪。如岸頭侯張次公便「坐與淮南王女姦」〔註 152〕，

〔註 145〕《史記》卷 59《五宗世家》，第 2098 頁。
〔註 146〕《漢書》卷 53《景十三王傳》，第 2411 頁。
〔註 147〕《後漢書》卷 42《光武十王傳》，第 1425 頁。
〔註 148〕《張家山漢墓竹簡（二四七號墓）》，第 34 頁。
〔註 149〕胡平生，張德芳：《敦煌懸泉漢簡釋粹》上海古籍出版社，2001 年版，第 9 頁。
〔註 150〕《史記》卷 18《高祖功臣侯者年表》，第 958 頁。
〔註 151〕《史記》卷 21《建元以來王子侯者年表》，第 1091 頁。
〔註 152〕《史記》卷 20《建元以來侯者年表》，第 1030 年。

而受到除國的處罰。同樣的，元狩三年（公元前 120 年），濟南太守、成侯董朝因爲「與城陽王女通」，而被「耐爲鬼薪。」〔註 153〕可見，雖然與宗女私通的兩位大臣都受到相應處罰，但宗女本人卻免受懲處。在漢代的公主中，還存在著很普遍的「私夫」現象。如漢代的館陶公主和董偃的結合：

帝姑館陶公主號竇太主，堂邑侯陳午尚之。午死，主寡居，年五十餘矣，近幸董偃。始偃與母以賣珠爲事，偃年十三，隨母出入主家。左右言其姣好，主召見，曰：「吾爲母養之。」因留第中，教書計相馬御射，頗讀傳記。至年十八而冠，出則執轡，入則侍內。爲人溫柔愛人，以主故，諸公接之，名稱城中，號曰董君。……安陵爰叔者，爰盎兄子也，與偃善，謂偃曰：「足下私侍漢主，挾不測之罪，將欲安處乎？」偃懼曰：「憂之久矣，不知所以。」爰叔曰：「顧城廟遠無宿宮，又有萩竹籍田，足下何不白主獻長門園？此上所欲也。如是，上知計出於足下也，則安枕而臥，長無慘怛之憂。久之不然，上且請之，於足下何如？」偃頓首曰：「敬奉教。」入言之主，主立奏書獻之。上大說，更名竇太主園爲長門宮。主大喜，使偃以黃金百斤爲爰叔壽。叔因是爲董君畫求見上之策，令主稱疾不朝。上往臨疾，問所欲，主辭謝曰：「妾幸蒙陛下厚恩，先帝遺德，奉朝請之禮，備臣妾之儀，列爲公主，賞賜邑入，隆天重地，死無以塞責。一日卒有不勝灑掃之職，先狗馬填溝壑，竊有所恨，不勝大願，願陛下時忘萬事，養精遊神，從中掖庭回輿，枉路臨妾山林，得獻觴上壽，娛樂左右。如是而死，何恨之有。」上曰：「主何憂？幸得愈。恐群臣從官多，大爲主費。」上還。有頃，主疾愈，起謁，上以錢千萬從主飲。後數日，上臨山林，主自執宰敝膝，道入登階就坐。坐未定，上曰：「願謁主人翁。」主乃下殿，去簪珥，徒跣頓首謝曰：「妾無狀，負陛下，身當伏誅。陛下不致之法，頓首死罪。」有詔謝。主簪履起，之東箱自引董君。董君綠幘傅韝，隨主前，伏殿下。主乃贊：「館陶公主胞人臣偃昧死再拜謁。」因叩頭謝，上爲之起。有詔賜衣冠上。偃起，走就衣冠。主自奉食進觴。當是時，董君見尊不名，稱爲「主人翁」，飲大歡樂。〔註 154〕

〔註 153〕《漢書》卷 16《高惠高后文功臣表》，第 551 頁。
〔註 154〕《漢書》卷 65《東方朔傳》，第 2853～2855 頁。

這個故事生動地展示了這樣一個場景：在館陶公主的封地中，董偃成爲了她公開的情人，但這並不被漢代的法律所允許。董偃的朋友便告誡他：「足下私侍漢主，挾不測之罪，將欲安處乎？」於是，館陶公主和董偃在爰叔的建議下，先是將漢武帝一直希望得到的長門園獻上，然後想方設法邀請漢武帝赴宴，漢武帝在席間稱董偃爲「主人翁」，正式承認了董偃的身份，武帝的這一稱呼，無疑使得這「不測之罪」無法加諸館陶公主和董偃。而館陶公主和董偃如此絞盡腦汁要得到漢武帝的承認，正是自知觸犯漢法，漢武帝也不會對館陶公主的眞實意圖茫然不覺，所以他提出「願謁主人翁」的要求時，其實是已經赦免了館陶和董偃的罪責，接下來，館陶認罪謝恩，一場大禍消於無形。同樣，昭帝時代的鄂邑蓋長公主與「子客河間丁外人」有私情，不但沒有受到處罰，昭帝與當政的霍光反而「不絕主歡，有詔外人侍長主。」〔註 155〕也給予了丁外人合法地位。實際上，這類風流罪過最適於皇帝法外施恩，來展示皇帝對親屬的友愛。

不過，相比和姦，更爲嚴重的是強姦罪。對於強姦，漢律中也有明確規定，在《二年律令・雜律》中確定了和姦與強姦的區別對待：諸與人妻和姦，及其所與皆完爲城旦舂。其吏也，以強姦論。強與人姦者，府（腐）以爲宮隸臣。〔註 156〕可見漢法對於官吏有更爲嚴格的要求，法律制定者對於強姦採用更爲嚴厲的處罰。漢代宗室庸釐侯劉端，在永光二年（公元前 42 年），也就是漢元帝時期便因「強姦人妻」而獲罪，不過由於遇到大赦而免於處罰。〔註 157〕

五、盜迎掖庭出女

掖庭，即永巷，是安置宮中女眷的地方，包括皇帝的姬妾以及宮中的侍女。如果宗室王侯與上述女性婚配，則同樣面臨著倫理方面的問題，因此漢法一般不允許從宮廷中離開的婦女嫁與宗室。所謂「舊禁宮人出嫁，不得適諸國」。〔註 158〕不過，外戚王根也曾因「公聘取故掖庭女樂五官殷嚴、王飛君等」，被人指責「捐忘先帝厚恩，背臣子義」。他的侄子成都侯王況則「聘取故掖庭貴人以爲妻」，被舉奏爲「無人臣禮，大不敬不道。」〔註 159〕雖然

〔註 155〕《漢書》卷 97《外戚傳》，第 3958 頁。
〔註 156〕《張家山漢墓竹簡（二四七號墓）》，第 34 頁。
〔註 157〕《漢書》卷 15《王子侯表》，第 500 頁。
〔註 158〕《後漢書》卷 50《孝明八王傳》，第 1672 頁。
〔註 159〕《漢書》卷 98《元后傳》，第 4028 頁。

作爲外戚的王氏私娶掖庭女官不涉及倫理問題，但這種行爲對於皇帝的尊嚴，也是一種傷害。因此，除非得到皇帝的允許，不然迎娶掖庭女的行爲都被視爲違法。東海靖王劉政因盜迎掖庭出女，被國相舉奏而受到削縣的處罰。而樂成靖王劉黨則是將已經嫁爲人婦的「故掖庭技人哀置」招入宮中，與其私通，哀置的丈夫章初準備上書高發此事，引起了劉黨的極度恐懼，並將章初殺害，可見，哀置的出嫁並沒有影響她曾經出身於掖庭的身份，和哀置私通，依然要背負著與「故掖庭技人」私通的罪名。〔註 160〕諸侯王中，有過類似罪行的還有陳思王劉鈞，史書記載他取掖庭出女李嬈爲小妻」而被削三縣。〔註 161〕

六、其他違反家庭倫理的罪行

前文所述各類罪行都具有典型特徵，較易歸納。但某些罪行可能是在特定場合下的行爲，並不具有普遍意義，在此可對具體罪行及最終被認定的罪名進行簡單描述。如梁平王劉襄與王后任氏與其祖母李太后之間爲了爭奪梁孝王傳下來的寶物而產生矛盾，在漢使者面前產生了肢體衝突，導致李太后腳趾受傷。梁平王夫婦的這種行爲被界定爲不孝：

> 初，孝王有尊，直千金，戒後世善寶之，毋得以與人。任后聞而欲得之。李太后曰：「先王有命，毋得以尊與人。他物雖百鉅萬，猶自恣。」任后絕欲得之。王襄直使人開府取尊賜任后，又王及母陳太后事李太后多不順。有漢使者來，李太后欲自言，王使謁者中郎胡等遮止，閉門。李太后與爭門，措指，太后啼謼，不得見漢使者。李太后亦私與食官長及郎尹霸等姦亂，王與任后以此使人風止李太后。李太后亦已，後病薨。病時，任后未嘗請疾。薨，又不侍喪。……公卿治，奏以爲不孝，請誅王及太后。天子曰：「首惡失道，任后也。朕置相吏不逮無以輔王，故陷不誼，不忍致法。」削梁王五縣，奪王太后湯沐成陽邑，梟任后首於市。〔註 162〕

不過，公卿們也許是嚴格的按照法律規定來議定梁王罪責，漢律明確規定，「子牧殺父母，毆泰父母、父母叚（假）大母、主母、後母，及父母告子不

〔註 160〕《後漢書》卷 50《孝明八王傳》，第 1672 頁。
〔註 161〕《後漢書》卷 50《孝明八王傳》，第 1668 頁。
〔註 162〕《漢書》卷 47《文三王傳》，第 2215 頁。

孝，皆棄市。」〔註 163〕不過，皇帝拒絕對梁王和陳太后處以死刑，而是將王后當做了「首惡」。任後最終被梟首於市，其所依據的，可能就是這樣的一條法律：婦賊傷、毆詈夫之泰父母、父母、主母、後母，皆棄市。〔註 164〕

東漢章帝時的齊王劉晃與其母相誣告，被免爲侯。據史書記載：

> 晃及弟利侯剛與母太姬宗更相誣告。章和元年，有司奏請免晃、剛爵爲庶人，徙丹陽。帝不忍，下詔曰：「朕聞人君正屏，有所不聽。宗尊爲小君，宮衛周備，出有輜軿之飾，入有牖户之固，殆不至如譖者之言。晃、剛愆乎至行，濁乎大倫，《甫刑》三千，莫大不孝。朕不忍置之於理，其貶晃爵爲蕪湖侯，削剛户三千。於戲。小子不勖大道，控於法理，以墮宗緒。其遣謁者收晃及太姬璽綬。」〔註 165〕

劉晃劉剛兄弟和母親之間的互相「誣告」，涉及的或是帷幕不修之事。皇帝爲保護宗室尊嚴，沒有深究，而是息事寧人地指出「殆不至如譖者之言」。因此，最終的處理方式也是對雙方均施以懲戒，但劉晃劉剛兄弟二人的行爲，卻被界定爲不孝罪。按照漢代法律，不孝罪是非常嚴重的罪名，應被處以極刑，但上述兩個案列，其行爲雖被認定爲不孝罪，但由於情節較輕，似乎都受到了寬宥，至少皇帝沒有按照公卿的要求、法律的規定來將他們處死。

第三節　刑事犯罪

劉邦入關之後，「與父老約，法三章耳：殺人者死，傷人及盜抵罪」〔註 166〕。因爲這種刑事犯罪，是與民眾的基本利益密切相關的，因此，漢代的統治者爲了國家的穩定，必定針對這類罪行制定相應的法律。但宗室中驕橫不法，殺人、傷人者不在少數，其中雖然有一部分受到懲罰，但總體上依然會受到制度上的保護。其主要原因在於，漢代宗室的刑事犯罪即不像謀反一樣對皇帝造成威脅，也不會像倫理犯罪一樣對皇族的聲譽造成影響，因此，這類罪行往往被皇帝忽視，而犯罪的宗室也多會免於受罰。

〔註 163〕《張家山漢墓竹簡（二四七號墓）》，第 13 頁。
〔註 164〕《張家山漢墓竹簡（二四七號墓）》，第 14 頁。
〔註 165〕《後漢書》卷 14《宗室四王三侯傳》，第 553～554 頁。
〔註 166〕《史記》卷 8《高祖本紀》，第 362 頁。

一、殺人罪

《二年律令·賊律》規定：

> 賊殺人、斗而殺人，棄市。……謀賊殺、傷人，與賊同法。
〔註 167〕

很多原因都會導致宗室成員殺人。因政治矛盾殺人，受害者的身份往往是朝廷或者王國的官員。因劫財或糾紛殺人，被害人則多爲一般平民。若被殺者是官員，朝廷會更加重視，宗室面臨的懲罰也將比較嚴重。如景帝之弟梁孝王劉武因朝臣諫阻景帝立梁孝王爲太子而心懷怨恨，「乃與羊勝、公孫詭之屬陰使人刺殺袁盎及他議臣十餘人」。景帝派遣大批使者調查並逮捕相關人員，「乃遣使冠蓋相望於道，覆按梁，捕公孫詭、羊勝」。〔註 168〕梁王最終因太后求情才得以免罪。濟川王劉明則沒有梁王這麼幸運，「（劉明）坐射殺其中尉，漢有司請誅，天子弗忍誅，廢明爲庶人，遷房陵，地入於漢爲郡。」〔註 169〕膠西於王劉端，爲了不受諸侯國的官吏監控，不惜用毒藥害死他們。史書載：

> 相、二千石往者，奉漢法以治，端輒求其罪告之，無罪者詐藥殺之。所以設詐究變，強足以距諫，智足以飾非。相、二千石從王治，則漢繩以法。故膠西小國，而所殺傷二千石甚眾。〔註 170〕

一些諸侯王爲了掩蓋罪行，逃避朝廷懲罰，而將證人殘忍地滅口。如梁王劉立派奴僕殺害「相掾及睢陽丞」，又「殺奴以滅口」。〔註 171〕淮南王劉長與開章商議謀反之事，後被發覺，於是朝廷派人來逮捕開章，劉長爲了掩蓋其謀反計劃，將開章「殺以閉口」〔註 172〕。宣帝時的廣陵王劉胥祝詛皇帝，被發覺後，劉胥「藥殺巫及宮人二十餘人以絕口」。〔註 173〕東漢的陳思王劉鈞因爲與死去的父親陳敬王劉羨的夫人李儀不和，派遣刺客刺殺了她的家人，刺客後來被捕入獄，劉鈞又將刺客殺死以「斷絕辭語」。〔註 174〕前文曾提到的河間王劉元，因娶親屬的姬妾爲妻被告發，便迫使這些女子自殺。樂成靖王

〔註 167〕《張家山漢墓竹簡（二四七號墓）》，第 11～12 頁。
〔註 168〕《史記》卷 58《梁孝王世家》，第 2085 頁。
〔註 169〕《史記》卷 58《梁孝王世家》，第 2088 頁。
〔註 170〕《史記》卷 59《五宗世家》，第 2097 頁。
〔註 171〕《漢書》卷 47《文三王傳》，第 2217 頁。
〔註 172〕《史記》卷 118《淮南衡山列傳》，第 3077 頁。
〔註 173〕《漢書》卷 63《武五子傳》，第 2762 頁。
〔註 174〕《後漢書》卷 50《孝明八王傳》，第 1668 頁。

劉黨，爲了掩蓋自己與宮人私通的罪行，不惜多次殺人：

　　黨急刻不遵法度。舊禁宮人出嫁，不得適諸國。有故掖庭技人哀置，嫁爲男子章初妻，黨召哀置入宮與通，初欲上書告之，黨恐懼，乃密賂哀置姉焦使殺初。事發覺，黨乃縊殺内侍三人，以絕口語。〔註 175〕

西漢時的江都王劉建，則以殺人爲樂：

　　（劉）建遊章臺宮，令四女子乘小船，建以足蹈覆其船，四人皆溺，二人死。後遊雷波，天大風，建使郎二人乘小船入波中。船覆，兩郎溺，攀船，乍見乍沒。建臨觀大笑，令皆死……宮人姬八子有過者，……或縱狼令齧殺之，建觀而大笑。或閉不食，令餓死。凡殺不辜三十五人。〔註 176〕

諸侯王中，還有劫財殺人者：

　　（劉）彭離驕悍，無人君禮，昏暮私與其奴、亡命少年數十人行剽殺人，取財物以爲好。所殺發覺者百餘人，國皆知之，莫敢夜行。所殺者子上書言。漢有司請誅，上不忍，廢以爲庶人，遷上庸，地入於漢，爲大河郡。〔註 177〕

被宗室殺害的人中，有朝廷重臣，王國官員和無辜百姓，諸侯王的姬妾奴僕更是生死全由王侯主宰。一旦觸怒了主人，有時不免殺身之禍。中山王劉焉，因他的姬人韓序有過，便將其縊殺。〔註 178〕廣川王劉去聽信王后讒言，虐殺姬妾，烹煮肢解屍體，手段更是令人髮指，史書中這樣記載他的罪行：

　　（劉）去誖虐，聽后昭信讒言，燔燒亨煮，生割剝人，距師之諫，殺其父子。凡殺無辜十六人，至一家母子三人，逆節絕理，其十五人在赦前，大恶仍重，當憂顯戮以示眾。〔註 179〕

與諸侯王較爲親近的人有時會在諸侯王盛怒之中遭遇不幸：

　　（濟南王錯）愛康鼓吹妓女宋閏，使醫張尊招之不得，錯怒，自以劍刺殺尊。國相舉奏，有詔勿案。〔註 180〕

〔註 175〕《後漢書》卷 50《孝明八王傳》，第 1672 頁。
〔註 176〕《漢書》卷 53《景十三王傳》，第 2416 頁。
〔註 177〕《史記》卷 58《梁孝王世家》，第 2088 頁。
〔註 178〕《後漢書》卷 42《光武十王傳》，第 1449 頁。
〔註 179〕《漢書》卷 53《景十三王傳》，第 2432 頁。
〔註 180〕《後漢書》卷 42《光武十王傳》，第 1432 頁。

> 又姬朐臑故親幸，後疏遠，數歎息呼天。（東平思王）宇聞，斥朐臑爲家人子，掃除永巷，數笞擊之。朐臑私疏宇過失，數令家告之。宇覺知，絞殺朐臑。有司奏請逮捕，有詔削樊、亢父二縣。〔註 181〕

朐臑被害時，已經被貶爲「家人子」。後來成帝提到此事時，稱「東平王有闕」〔註 182〕，對其施以削縣處罰，足證當時社會中宗室王侯所享有的法律特權及奴僕生命的卑賤。

在《漢書》中還可見諸侯王命令奴婢殉葬的情況。眾所周知，殉葬在上古之世並不罕見。如《墨子・節葬》篇說：「天子殺殉，多者數百，寡者數十；將軍大夫殺殉，多者數十，寡者數人。」史書中明確記載了秦國廢黜人殉制度的時間，《史記・秦本紀》說：「獻公元年（公元前 348 年），止從死。」〔註 183〕不過，這一命令是否得到嚴格的執行，還值得討論。秦昭襄王時期，宣太后病危，就曾經要求其男寵醜夫殉葬。只不過後來被人勸說阻止。秦始皇死後，人殉現象再次出現，秦二世下詔令說：「先帝後宮非有子者，出焉不宜，皆令從死。」因此「後宮嬪妃未生子女者一律殉葬，故從死者甚眾」。〔註 184〕到了漢代，人殉會遭到強烈的譴責，而平幹謬王劉元居然冒天下之大不韙，在病重之際，命令以奴婢作爲人殉：

> 大鴻臚禹奏：「元前以刃賊殺奴婢，子男殺謁者，爲刺史所舉奏，罪名明白。病先令，令能爲樂奴婢從死迫脅自殺者凡十六人，暴虐不道。故《春秋》之義，誅君之子不宜立元雖未伏誅，不宜立嗣。」奏可，國除。〔註 185〕

可見，人殉已經不被看做一種合理存在的制度，而是暴虐不道的殺人行爲，這種殘害多人生命的做法，受到了相應的處罰。

殺人行爲在王子侯中也頗爲多發〔註 186〕（參見表 1）：

〔註 181〕《漢書》卷 80《宣元六王傳》，第 3323 頁。
〔註 182〕《漢書》卷 80《宣元六王傳》，第 3323 頁。
〔註 183〕《史記》卷 5《秦本紀》，第 201 頁。
〔註 184〕《史記》卷 6《秦始皇本紀》，第 265 頁。
〔註 185〕《漢書》卷 53《景十三王傳》，第 2421 頁。
〔註 186〕如果不做特別説明，本文各表中所采集的有關西漢宗室王侯的犯罪信息均來自於《漢書・諸侯王表》和《漢書・王子侯表》，而東漢宗室王侯的犯罪信息則來源於《後漢書》中的《宗室四王三侯傳》、《光武十王傳》、《明帝八王傳》和《章帝八王傳》。

表 1　王子侯殺人罪行一覽表

封地	姓名	罪行	獲罪時間	刑罰
茲侯	劉明	殺人	武帝時	棄市，國除
路陵侯	劉童	殺人	武帝時	自殺
胡孰侯	劉聖	殺人	武帝時	免
葛魁侯	劉戚	殺人	武帝時	棄市，國除
宜成侯	劉福	殺弟	武帝時	棄市，國除
騶丘侯	劉毋害	使人殺兄	宣帝時	棄市
易安侯	劉德	殺人	昭帝時	免
榮簡侯	劉騫	謀殺人	武帝時	國除
富侯	劉龍	坐使奴殺人	武帝時	下獄瘐死
邵侯	劉順	坐殺人及奴凡十六人，以捕匈奴千騎	武帝時	免
原洛侯	劉敢	坐殺人棄市	武帝時	棄市
甘井侯	劉光	坐殺人	武帝時	棄市
南利侯	劉昌	坐賊殺人	宣帝時	免
張侯	劉嵩	坐賊殺人，上書要上	宣帝時	下獄瘐死
平邑侯	劉敞	坐殺一家二人	元帝時	棄市
樂侯	劉義	坐使人殺人	元帝時	髡爲城旦
武安侯	劉受	坐使奴殺人	哀帝時	免

二、強取他人財物

保護公私財產始終是刑律的重要任務。漢律中，屬於侵犯公私財產方面的罪名很多。如《二年律令》的《盜律》規定：劫人、謀劫人求錢財，雖未得若未劫，皆磔之。罪其妻子，以爲城旦舂。〔註 187〕這種殺人越貨的現象在宗室中也出現過。如濟東王劉彭離而殺人劫盜的案件。除搶劫外，也存在借貸手段來巧取豪奪的現象，如史書所記：「元鼎元年，（旁光侯劉殷）坐貸子錢不占租，取息過律」，又如陵鄉侯劉訢「坐使人傷家丞，又貸穀息過律」。〔註 188〕早在李悝時代，就開始在律文上明確禁止類似的「取息過律」行爲。

〔註 187〕《張家山漢墓竹簡（二四七號墓）》，第 18 頁。
〔註 188〕《漢書》卷 15《王子侯表》，第 503 頁。

「悝撰次諸國法，著《法經》。以爲王者之政，莫急於盜賊，故其律始於《盜》《賊》。盜賊須劾捕，故著《網》《捕》二篇。其輕狡、越城、博戲、借假不廉、淫侈、逾制以爲《雜律》一篇，又以《具律》具其加減。」〔註 189〕這裡的「借假不廉」便是不按照原來的契約或國家的規定來索要利息。

除此之外，還有宗室王侯利用權勢勒索錢財的現象：

> 元狩三年，（平城侯劉禮）坐恐猲取雞以令買償免，復謾，完爲城旦。〔註 190〕
>
> 鴻嘉二年，（承鄉侯劉德天）坐恐猲國人，受財臧五百以上，免。〔註 191〕
>
> 建昭四年，（藉陽侯劉顯）坐恐猲國民取財物，免。〔註 192〕
>
> 魯相初到，民自言相，訟（魯共）王取其財物百餘人。田叔取其渠率二十人，各笞五十，餘各搏二十，怒之曰：「王非若主邪？何自敢言若主。」魯王聞之大慚，發中府錢，使相償之。〔註 193〕

此外，還有諸侯王強佔官屬財物的情況：

> （任城王）安性輕易貪吝，數微服出入，遊觀國中，取官屬車馬刀劍，下至衛士米肉，皆不與直。元初六年，國相行弘奏請廢之。安帝不忍，以一歲租五分之一贖罪。〔註 194〕

魯共王取百姓財物，非但未受任何處罰，國相田叔反而將原告痛加責打。當然，田叔此舉的目的是爲了感化魯王，但這一略帶有迴護意味的行爲，表明身爲國相的田叔並不認爲一國之主擅取百姓財物需要受到處罰。而東漢時的任城王因「取官屬車馬刀劍」獲罪。或許是由於漢法更傾向於對盜竊官物的行爲進行嚴厲處罰。不過，我們這裡需要提出的疑問是，宗室王侯富有一國，何以會有如此多的人以這種非法的方式侵呑國民的財富？這種現象僅僅是被宗室成員的貪欲所驅使，還是另有其他原因？筆者有一個猜想：漢代國家財政政策的調整或是造成宗室成員以非法方式聚斂財富的原因之一。我們知

〔註 189〕《晉書》卷 30《刑法志》，第 922 頁。
〔註 190〕《漢書》卷 15《王子侯表》，第 449 頁。
〔註 191〕《漢書》卷 15《王子侯表》，第 498 頁。
〔註 192〕《漢書》卷 15《王子侯表》，第 498 頁。
〔註 193〕《史記》卷 104《田叔列傳》，第 2777 頁。
〔註 194〕《後漢書》卷 42《光武十王傳》，第 1443 頁。

道，西漢初期，由於統治者採取較爲恰當的與民休息的政策，國家經濟的復蘇和發展迅速，而地方王國、侯國的財富也逐漸積累起來。如《史記》中記載：

> 漢興，功臣受封者百有餘人。天下初定，故大城名都散亡，户口可得而數者十二三，是以大侯不過萬家，小者五六百户。後數世民咸歸鄉里，户益息，蕭、曹、絳、灌之屬或至四萬，小侯自倍，富厚如之。〔註195〕

以此推測，當時宗室王侯所擁有的財富也不會少，而且，從史料記載來看，有些王侯貴族非常擅于利用自己的權勢來謀取財富，比如漢初吳王、齊王等諸侯王私鑄錢幣。以及趙王劉彭祖「使使即縣爲賈人榷會，入多於國經租稅」。〔註196〕不過，諸侯們的一切經營行動都在漢武帝時代戛然而止。我們都知道，漢武帝爲了聚斂財富，實行了鹽鐵官營的措施，五銖錢的推廣更是將鑄幣權牢牢掌握在中央政府手中。這些都大大損害了地方諸侯的經濟權利，如史書記載「趙國以冶鑄爲業，王數訟鐵官事，湯常排趙王。〔註197〕」可見，鹽鐵官營的措施使得趙王十分不滿。所以說，漢武帝的鹽鐵官營措施不僅僅是與民爭利，同樣也侵害了王侯在地方的利益，因此，漢武帝的新經濟措施實施之後，宗室王侯的經濟情況必定每況愈下，這也許是西漢中後期逐漸有宗室王侯採用非法手段，侵奪他人財富的一個重要原因。

三、擅興繇賦

漢代初年，受到皇帝分封的諸侯在自己的封國內被賦予了較大的財權。漢高帝劉邦曾經下詔：「吾立爲天子，帝有天下，十二年於今矣。與天下之豪士賢大夫共定天下，同安輯之。其有功者上致之王，次爲列侯，下乃食邑。而重臣之親，或爲列侯，皆令自置吏，得賦斂，女子公主。而重臣之親，或爲列侯，皆令自置吏，得賦斂，女子公主。」〔註198〕可見，在漢初的時候，漢代的封君可以自主收取封國內的賦稅及派發徭役。不過，某些宗室會濫用自己的權力，征稅超過漢代國家收稅標準，或者擅自派發徭役。吳王劉劉濞在治理自己的國家時，也擅自使用自己的征稅權，只不過，他沒有增加稅收，

〔註195〕《史記》卷18《高祖功臣侯者年表》，第877頁。
〔註196〕《史記》卷59《五宗世家》，第2098頁。
〔註197〕《史記》卷122《酷吏列傳》，第3142頁。
〔註198〕《漢書》卷1《高帝紀》，第78頁。

而是借減免稅收來收買人心，「會孝惠、高后時，天下初定，郡國諸侯各務自拊循其民。吳有豫章郡銅山，濞則招致天下亡命者盜鑄錢，煮海水為鹽，以故無賦，國用富饒」。因此，「其居國以銅鹽故，百姓無賦。歲時存問茂材，賞賜閭里。佗郡國吏欲來捕亡人者，訟共禁弗予。如此者四十餘年，以故能使其眾。」〔註199〕可見，漢初諸侯王在其封國內，擁有著自主征稅的權力。不過，隨著景帝朝七國之亂以後，諸侯失去了治民權，情況發生了巨大的變化，如前文中所提到的宣元時期的兩位宗室，擅自徵發徭役已經是會受到處罰的違法行為。如漢元帝時的祚陽侯劉仁「坐擅興繇賦，削爵一級，為關內侯」。〔註200〕漢宣帝時的江陽侯劉仁也因為擅自役使依附他的民眾而被免爵，史書記載他「坐役使附落免」。〔註201〕

四、焚人居室

漢律中的一些規定明顯體現出對民眾私宅的保護。如《居延漢簡》的《捕律》中記載：「禁吏毋夜入人廬舍捕人。犯者，其室毆傷之，以毋故入人室律從事」。這一規定明確禁止了官吏夜間闖入私宅的行為。《周禮・秋官・朝士》注引鄭玄之說：「盜賊群輩若軍共攻盜鄉邑及家人者，殺之無罪。若今時無故入人室宅廬舍，上人車船，牽引人欲犯法者，其時格殺之，無罪。〔註202〕」亦表明居民的私宅受到嚴格的法律保護。在漢代亦有某些宗室對居民住宅進行侵害，並傷害了他們的生命和財產安全：

（長沙剌王建德）坐獵縱火燔民九十六家，殺二人，又以縣官事怨內史，教人誣告以棄市罪，削八縣，罷中尉官。〔註203〕

《二年律令・雜律》有關於焚民居室的懲罰規定：

賊燔城、官府及縣官積㝡（聚），棄市。燔寺舍、民〔室〕〔屋〕〔廬〕〔舍〕、〔積〕（聚），〔黥〕為城旦舂。〔註204〕

雖然史書沒有詳細記載當時的情況，但我們可以想像出當時百姓屋舍被焚，無助嚎哭的情景。僅憑劉建德一人或他的幾個親信應該不會造成如此巨

〔註199〕《史記》卷106《吳王濞列傳》，第2822～2823頁。
〔註200〕《漢書》卷15《王子侯表》，第496頁。
〔註201〕《漢書》卷15《王子侯表》，第485頁。
〔註202〕《十三經注疏・周禮注疏》，（漢）鄭玄注，（唐）賈公彥疏，李學勤主編，趙伯雄整理，北京大學出版社，1999年，第942頁。
〔註203〕《漢書》卷53《景十三王傳》，第2427頁。
〔註204〕《張家山漢墓竹簡（第二四七號墓）》，第8頁。

大的傷害，王國的軍隊很可能也參與了這件慘案。這或許是長沙國中尉官被裁撤的原因。

五、侵奪田產，壞人墳墓

在古代中國，田產代表著巨大的財富，求田問舍的行爲，在漢代的貴族中也普遍存在。自武帝以降，土地兼併現象愈演愈烈。過度的土地兼併，影響了整個社會的原有秩序，更消減了國家的稅收。所以，朝廷對於土地兼併採取限制態度，如董仲舒就曾經提出「限民名田，以澹不足，塞併兼之路」〔註 205〕。而漢武帝也一直在施行打擊豪強的經濟措施。即便如此，土地兼併還是成爲了縈繞在漢代統治者心頭的難題。在建國之初，便有丞相蕭何侵奪田產的事件。「上罷布軍歸，民道遮行上書，言相國賤強買民田宅數千萬。」〔註 206〕丞相蕭何強買民田，顯然是不平等的交易，比這種行爲更加惡劣的，則是搶佔他人土地。漢代的宗室中便有人依仗自己的權勢，侵奪民田。如淮南王的王后，太子和女兒即有「擅國權，侵奪民田宅」〔註 207〕的行爲。武帝時的衡山王也曾因這樣的行爲受到處罰：「王又數侵奪人田，壞人冢以爲田。有司請逮治衡山王。天子不許，爲置吏二百石以上。」〔註 208〕衡山王的行爲不僅僅是侵奪田產，而且還破壞他人墳冢，這導致了朝廷的處罰。但這類行爲並不總會招致懲罰，土地兼併現象一直存在，到東漢時期，宗室子弟中也有人對土地兼併發出慨歎：「民無罪而復入之，民有田而復奪之。州郡官府，各自考事，姦情賕賂，皆爲吏餌。民愁鬱結，起入賊黨，官輒興兵，誅討其罪。」〔註 209〕土地兼併問題的日益嚴重，並非漢代政府沒有給予足夠重視，事實上，從武帝時開始，歷代政治家一直致力於限制土地兼併，西漢末年的王莽，甚至採取了頗爲激烈的改革措施，然而，這一觸及統治集團核心利益的改革注定無法獲得成功。作爲統治階層的宗室，也就在政府的默許之下繼續著對百姓田產的侵奪。當然，損壞他人墳冢的不只是衡山王，趙國太子劉丹亦曾指使人發掘墳墓，「江充告丹淫亂，又使人椎埋攻剽，爲姦甚眾」。按照顏師古的解釋：「椎殺人而埋之，故曰椎埋。剽，劫也。似乎是

〔註 205〕《漢書》卷 24《食貨志》，第 1137 頁。
〔註 206〕《史記》卷 53《蕭相國世家》，第 2018 頁。
〔註 207〕《史記》卷 118《淮南衡山列傳》，第 3083 頁。
〔註 208〕《史記》卷 118《淮南衡山列傳》，第 3095 頁。
〔註 209〕《後漢書》卷 57《劉瑜傳》，第 1865 頁。

指劉丹搶劫殺人，但王先謙在《漢書補注》中已經很明確椎埋攻剽是盜掘墳墓的意思〔註 210〕。由於史料的匱乏，很難說清劉丹毀人墳墓的目的究竟是圈佔土地，還是盜取陪葬品。但無論如何，這種行爲造成了極爲惡劣的社會影響。

〔註 210〕（漢）班固撰：《漢書補注》，（清）王先謙補注，上海師範大學古籍整理研究所整理，上海古籍出版社，2008 年，第 3911 頁。

第二章　宗室王侯犯罪的訴訟程序

對人類社會來說，任何法律制度的制定和運轉都有其目的。漢代法律程序的運行目的與所謂的「公平」、「正義」等現代社會的基本價值無關，而是爲了維護皇權統治下的穩定。有關訴訟程序的制度也必定以這一目的爲依歸，正因爲如此，在漢代的整個訴訟司法程序過程中，一直存在皇權干預現象。《史記・張釋之馮唐列傳》中記載了這樣的一個故事：

> 上行出中渭橋，有一人從橋下走出，乘輿馬驚。於是使騎捕，屬之廷尉。釋之治問。曰：「縣人來，聞蹕，匿橋下。久之，以爲行已過，即出，見乘輿車騎，即走耳。」廷尉奏當，一人犯蹕，當罰金。文帝怒曰：「此人親驚吾馬，吾馬賴柔和，令他馬，固不敗傷我乎？而廷尉乃當之罰金。」釋之曰：「法者天子所與天下公共也。今法如此而更重之，是法不信於民也。且方其時，上使立誅之則已。今既下廷尉，廷尉，天下之平也，一傾而天下用法皆爲輕重，民安所措其手足？唯陛下察之。」良久，上曰：「廷尉當是也。」〔註1〕

漢文帝不顧司法程序，將罪人「立誅之」是可以被接受的，張釋之認爲：如果皇帝將案件交給廷尉處理，則應按照法律程序辦理，不過，皇帝也完全可以拋開廷尉，逾越法律而自行處理。也就是說，作爲廷尉的張釋之是承認皇帝凌駕於司法之上的特權的，他所爭取的，與其說是法律的尊嚴，不如說是保證廷尉在天下人眼中的權威。作爲中國歷史上「守法不阿意」的典範，張釋之尚且如此，其他人便更不會要求法律約束皇權了。因此，在展開本章的

〔註1〕《史記》卷102《張釋之馮唐列傳》，第2754頁。

討論之前，我們必須明確，在帝制時代，訴訟程序乃至最終刑罰的目的，並不是爲了維持社會的正義，而是通過威懾，籍以維持皇權政治的穩定，因此，司法程序的進度，以及最終的量刑都由皇帝決定。

「訴訟」一詞，在外國有多種詞語表達方式，如拉丁文的 processus，英文的 process、procedure、proceedings、suit、lawsuit，德文的 prozess 等，其最初的含義是發展和向前推進的意思，用在法律上，也就是指一個案件的發展過程。《史記》中記載的張湯審鼠的故事，提供了非常寶貴的信息，使人們對漢代的訴訟程序有所瞭解。在漢代，訴訟程序保證了司法以一定的步驟來實現，在某種程度上維護了法律的尊嚴，但是，在宗室犯罪案件的訴訟程序中的出現的種種優待措施，以及皇帝對於訴訟程序嚴重的干擾，充分體現了等級社會中統治階層所享有的法律特權，也最能說明漢代司法服務於皇權的特點。在宗室案件的審訊過程中，皇帝的影響揮之不去，可以說，對宗室的法律程序，根本就沒有體現法律的正義，而僅僅顯示出了皇權對於宗室命運的控制力，畢竟，司法權力是展示支配與控制力的最好途徑。

本章主要探討宗室犯罪案件中訴訟程序的各個環節，以期能夠瞭解其特點。

第一節　訴訟的提起

從史書中的記載來看，宗室犯罪案件訴訟的提起，可分爲五種方式。即吏民告姦、屬官舉奏、朝廷官員舉劾、辭引以及自告和誣告。

一、吏民告發

許多宗室王侯的犯罪案件得以進入訴訟程序，往往是由於吏民的告發，這種游離於政府監察系統之外的監督方式，事實上對於罪行的揭露產生了重大的作用。鼓勵告姦肇始於戰國時期秦國的商鞅變法。《史記・商君列傳》中提到「令民爲什伍，而相牧司連坐。不告姦者腰斬，告姦者與斬敵首同賞，匿姦者與降敵同罰」。〔註 2〕《索隱》釋爲：謂告姦一人則得爵一級，故云「與斬敵首同賞」也。自戰國之後，這種吏民自發的監督行爲強有力地彌補了政府監察機構的監察疏漏。我們可以在史書中看到，漢代的政府正是憑藉吏民

〔註 2〕《史記》卷 68《商君列傳》，第 2230 頁。

的告發完成對異姓諸侯王的控制，這是漢初的監察機構尚無法完成的任務。如史書所記：

漢六年，人有上書告楚王信反。〔註3〕

漢九年，貫高怨家知其謀（刺殺劉邦），乃上變告之。於是上皆並逮捕趙王、貫高等。〔註4〕

（梁國）太僕亡走漢，告梁王與扈輒謀反。〔註5〕

（賁）赫言變事，乘傳詣長安。〔註6〕

可見，趙王張敖、楚王韓信、梁王彭越、淮南王英布均爲被吏民所告發。這些「告變」的吏民，有的是採取上書的方式，有些則是乘車馬「詣闕」面見皇帝，告發諸侯王謀反。値得一提的是，賁赫採用「乘傳」告發淮南王英布，這是秦漢時期用來傳遞重要信息的一種聯絡方式，它充分利用了當時能夠使用的車馬交通工具，最大限度地保證了信息傳遞的時效性。因此，英佈在發現賁赫逃亡長安後，曾派人前去追捕，但追之不及。這一時期針對異姓諸侯王的告發，均由舉報人直接上告給皇帝，這主要是因爲當時監察諸侯的機制尚未完善，無力對異姓諸王進行控制。

在宗室王侯犯罪的案件中，吏民告發依然在發揮著功效，其程序也變得更爲規範，這依賴一個非常重要的前提，即，隨著諸侯王國的削弱，漢朝中央集權的加強，聽命於中央政府的地方官僚制度逐漸建立，漢代政府對地方的有效統治逐步成型，使得地方官有能力受理這種事涉宗室諸侯的大案。

如昭帝時燕王劉旦與宗室劉澤相約起兵造反，被瓶侯劉成發覺，於是「告之青州刺史雋不疑」。〔註7〕青州刺史便受理此告訴後再繼續上報。東漢明帝時，廣陵王劉荊曾對相工說出大逆不道之言：「我貌類先帝。先帝三十得天下，我今亦三十，可起兵未？」相工立刻將劉荊的話上報給了地方官吏，「相者詣吏告之，荊惶恐，自繫獄。」〔註8〕當然，朝廷大臣有時也會受理吏民舉奏諸侯王犯罪案件。如武帝時，類犴「上變事，具告知王與大母爭樽狀。時丞相

〔註3〕《史記》卷92《淮陰侯列傳》，第2629頁。
〔註4〕《史記》卷89《張耳陳餘列傳》，第2585頁。
〔註5〕《史記》卷90《魏豹彭越列傳》，第2594頁。
〔註6〕《史記》卷91《黥布列傳》，第2603頁。
〔註7〕《漢書》卷63《武五子傳》，第2754頁。
〔註8〕《後漢書》卷42《光武十王傳》，第1448頁。

以下見知之，欲以傷梁長吏，其書聞天子」。〔註 9〕

吏民告發，是一種非常有效的監察方式，直到東漢時期，它依然對防範宗室諸侯犯罪方面發揮著重要的作用。東漢初年著名的楚王英謀反案，即爲平民所告發。「男子燕廣告英與漁陽王平、顏忠等造作圖書，有逆謀，事下案驗」。〔註 10〕

是什麼促使官吏甚至普通民眾如此踴躍的告發諸侯王呢？筆者認爲，漢代吏民告發諸侯王犯罪主要有兩種動機。一是私怨報復，一是爲了謀取私利。有時，這兩種動機又相互交織在一起。自漢初以來，朝廷便大力獎賞上書告訴異姓諸侯王的吏民，如揭發淮南王英布謀反的賁赫，被漢朝任命爲將軍，封侯〔註 11〕。韓信的造反圖謀亦是爲其舍人樂說所告，樂說後來被封爲慎陽侯，食兩千戶〔註 12〕。一紙訴狀爲告發者就贏來了當時軍中將領們百戰餘生才能取得的侯爵，政府釋放出來了這樣的訊號：告密者將得到極大的獎賞。從此高官厚祿也鼓勵著更多的人替朝廷監督著宗室們的一舉一動。

東漢時告發楚王英的庶民燕廣，被朝廷封爲折姦侯。〔註 13〕宣帝時的侍中金安上亦因「頗與發舉楚王延壽反謀」，而受到了朝廷的褒獎，得以「賜爵關內侯，食邑三百戶」。〔註 14〕哀帝時的姦臣息夫躬、孫寵等人也因告發東平王，而被封侯。「待詔孫寵、息夫躬等告東平王雲後謁祠祀祝詛，下有司治，皆伏其辜。上於是令躬、寵爲因賢告東平事者，乃以其功下詔封賢爲高安侯，躬宜陵侯，寵方陽侯，食邑各千戶」。〔註 15〕告發趙太子丹禽獸淫行的江充，更是由此一步登天，成爲武帝親信，左右了武帝末年的朝局。不僅僅是一般的吏民替朝廷監督著宗室，宗室成員自己也會將宗族親屬的不法行爲上告，如武帝子燕王劉旦與中山哀王子劉長和齊孝王孫劉澤同謀造反，菑川靖王之子瓶侯劉成「知澤等謀」，於是「告之青州刺史雋不疑，不疑收捕澤以聞。」而劉成則受到了朝廷的嘉獎。〔註 16〕

除了謀取利益外，有些人則是因爲與犯罪的宗室本人或是其屬官有仇，因

〔註 9〕《史記》卷 58《梁孝王世家》，第 2088 頁。
〔註 10〕《後漢書》卷 42《光武十王列傳》，第 1428 頁。
〔註 11〕《史記》卷 91《黥布列傳》，第 2607 頁。
〔註 12〕《漢書》卷 16《高惠高后文功臣表》，第 598 頁。
〔註 13〕《後漢書》卷 42《光武十王傳》，第 1430 頁。
〔註 14〕《漢書》卷 68《霍光金日磾傳》，第 2963 頁。
〔註 15〕《漢書》卷 93《佞倖傳》，第 3734 頁。
〔註 16〕《漢書》卷 63《武五子傳》，第 2755 頁。

此搜集其罪行，上報朝廷，意在報復。這種情況在西漢時期極多，如史書所載：

（濟東王）彭離驕悍，無人君禮，昏暮私與其奴、亡命少年數十人行剽殺人，取財物以爲好。所殺發覺者百餘人，國皆知之，莫敢夜行。所殺者子上書言。〔註17〕

（廣川王）齊有幸臣桑距。已而有罪，欲誅距，距亡，王因禽其宗族。距怨王，乃上書告王齊與同產姦。〔註18〕

（燕王）定國，與父康王姬姦，生子男一人。奪弟妻爲姬。與子女三人姦。定國有所欲誅殺臣肥如令郢人，郢人等告定國，定國使謁者以他法劾捕格殺郢人以滅口。至元朔元年，郢人昆弟復上書具言定國陰事，以此發覺。〔註19〕

（劉）建爲太子時，邯鄲人梁蚡持女欲獻之易王，建聞其美，私呼之，因留不出。蚡宣言曰：「子乃與其公爭妻。」建使人殺蚡。蚡家上書，下廷尉考，會赦，不治。〔註20〕

告發燕王劉定國、齊厲王劉次昌禽獸行的主父偃，固然是因其「與齊有隙」，但他提出告訴的主要原因，則是迎合漢武帝欲削弱諸侯的意圖，以實現自己的人生理想。有人質疑其做法，主父偃回應：「丈夫生不五鼎食，死則五鼎亨耳。吾日暮途遠，故倒行暴施之。」〔註21〕可見，主父偃告發諸侯王的犯罪，除了報怨，也是爲了謀取政治資本。有些時候，也有舉報人在諸侯國觸犯了法律，爲逃避罪責而告發諸侯王。類犴殺人，受到梁國官吏的追捕，「二千石以下求反甚急，執反親戚。反知國陰事，乃上變事，具告知王與大母爭樽狀」。〔註22〕眾所周知，武帝朝末年的風雲人物江充也是因爲和宗室的矛盾激發了他告訴甚至誣告宗室的動機，最終釀成了漢武帝父子相殘的慘劇，史書記載了江充參與的兩場宗室案件：

久之，太子疑齊以己陰私告王，與齊忤，使吏逐捕齊，不得，收繫其父兄，按驗，皆棄市。齊遂絕迹亡，西入關，更名充。詣闕

〔註17〕《史記》卷58《梁孝王世家》，第2098頁。
〔註18〕《史記》卷59《五宗世家》，第2101頁。
〔註19〕《史記》卷51《荊燕世家》，第1997頁。
〔註20〕《漢書》卷53《景十三王傳》，第2414頁。
〔註21〕《史記》卷112《平津侯主父列傳》，第2961頁。
〔註22〕《史記》卷58《梁孝王世家》，第2088頁。

告太子丹與同產姊及王後宮姦亂，交通郡國豪猾，攻剽爲姦，吏不能禁。書奏，天子怒，遣使者詔郡發吏卒圍趙王宮，收捕太子丹，移繫魏郡詔獄，與廷尉雜治，法至死。〔註23〕

充見上年老，恐晏駕後爲太子所誅，因是爲姦，奏言上疾祟在巫蠱。於是上以充爲使者治巫蠱。充將胡巫掘地求偶人，捕蠱及夜祠，視鬼，染污令有處輒收捕驗治，燒鐵鉗灼，強服之……是時，上春秋高，疑左右皆爲蠱祝詛，有與亡，莫敢訟其冤者。充既知上意，因言宮中有蠱氣，先治後宮希幸夫人，以次及皇后，遂掘蠱於太子宮，得桐木人。〔註24〕

江充認爲生命受到了威脅，所以先後告發了趙太子丹和戾太子，可以說，戾太子與武帝父子相殘的巫蠱案其實是江充利用武帝晚年的多疑心理，捕風捉影進行栽贓陷害才造成的。保全生命、挾私報復，是江充對宗室提出告訴的最重要原因。同樣，淮南國郎中雷被因爲得罪太子，爲了不會受到報復，不得不破釜沉舟，向皇帝告發淮南王父子：

太子怒，(雷) 被恐。此時有欲從軍者輒詣京師，被即願奮擊匈奴。太子遷數惡被於王，王使郎中令斥免，欲以禁後，被遂亡至長安，上書自明。詔下其事廷尉、河南。〔註25〕

在涉及到謀反一類的重罪時，有些涉案人員或其親屬出於對朝廷法令的畏懼，也不得不出首告發：

宣帝即位，(劉) 延壽以爲廣陵王胥武帝子，天下有變必得立，陰欲附倚輔助之，故爲其後母弟趙何齊取廣陵王女爲妻。與何齊謀曰：「我與廣陵王相結，天下不安，發兵助之，使廣陵王立，何齊尚公主，列侯可得也。」因使何齊奉書遺廣陵王曰：「願長耳目，毋後人有天下。」何齊父長年上書告之。事下有司，考驗辭服，延壽自殺。〔註26〕

楚王劉延壽寄希望於天下動蕩的時候，能夠扶植廣陵王登基，爲了實現這一圖謀，他首先讓後母弟趙何齊迎娶廣陵王的女兒，結成更加緊密的聯繫。不

〔註23〕《漢書》卷45《江充傳》，第2175頁。
〔註24〕《漢書》卷45《江充傳》，第2178頁。
〔註25〕《史記》卷118《淮南衡山列傳》，第3083頁。
〔註26〕《漢書》卷36《楚元王劉交傳》，第1925頁。

料，趙何齊的父親卻畏懼受到牽連，於是將劉延壽告發。

爲淮南王謀劃謀反的伍被，也是因懼怕舉事不成，於是告發了淮南之叛。「伍被自詣吏，因告與淮南王謀反，反蹤迹俱如此」。〔註27〕

此外，還有指使他人告發的情況。如淮南王之孫劉建曾經派人進京告發淮南王太子。此事起源於劉建之父劉不害遭到淮南王劉安的冷遇，且沒有按照當時慣例被封王子侯，劉建便對淮南王和淮南王太子懷恨在心。於是「(劉)建陰結交，欲告敗太子，以其父代之。」〔註28〕劉建派人告發「淮南陰事」，不僅僅是爲了報復淮南王和太子，也爲了使自己的父親能成爲受到朝廷認可的淮南王合法繼任者。他得知淮南太子圖謀殺害漢中尉的消息，於是派遣親信莊芷向朝廷告發：「今淮南王孫建，材能高，淮南王王后荼、荼子太子遷常疾害建。建父不害無罪，擅數捕繫，欲殺之。今建在，可徵問，具知淮南陰事。」〔註 29〕劉建敢於把自己也牽涉在此案之中，應該是自信抓到了劉遷的確切犯罪證據。需知在中國古代社會，證人也會面臨著被質詢逼供的危險，如東漢太守成公浮犯贓罪後，戴就作爲這一案件的證人，結果被關押在錢唐縣獄之中，「幽囚考掠，五毒備至。」戴就作爲證人，遭到了連續多次的刑訊，以致「每上彭考，因止飲食不肯下，肉焦毀墜地者，掇而食之。」〔註 30〕劉建將自己置於「可徵問」的境地，實在頗有孤注一擲的意味。衡山王謀反案亦是因指使告發而起。衡山王第二任王后徐來的兒子劉孝與王太子劉爽爭位，太子劉爽失愛於父王，於是「衡山王使人上書請廢太子爽，立孝爲太子。」這引發了劉爽的憎恨，爲了報復，他派遣白嬴「之長安上書，言孝作輣車鏃矢，與王御者姦，欲以敗孝。」〔註 31〕衡山王得知劉爽派白嬴上書的事情之後，懼怕他「言國陰事」，又上書「反告太子爽所爲不道棄市罪事。」〔註32〕一個衡山國的王位，引得兄弟相爭，父子不容，最終導致了衡山王家破人亡。東漢時渤海王劉悝被誣告謀反，告發者尚書令廉忠則是受到了中常侍王甫的指使〔註33〕。

〔註27〕《史記》卷118《淮南衡山列傳》，第3093頁。
〔註28〕《史記》卷118《淮南衡山列傳》，第3088頁。
〔註29〕《史記》卷118《淮南衡山列傳》，第3088頁。
〔註30〕《後漢書》卷81《獨行傳》，第2691頁。
〔註31〕《史記》卷118《淮南衡山列傳》，第3097頁。
〔註32〕《史記》卷118《淮南衡山列傳》，第3097頁。
〔註33〕《後漢書》卷55《章帝八王傳》，第1798頁。

總之，由於各種不同的原因，吏民上書告發宗室的犯罪行爲，這雖不是漢代監察系統中設置的監督行爲，卻成爲監察體系的有力補充。總之，不論是出於何種動機，這種方式使得宗室成員得到了最廣泛的監督。

二、官員劾奏

隨著漢代官僚制度的不斷發展和完善，中央集權也在逐漸加強。而服務於這一集權體制的監察制度也越來越規範化。而體現在宗室王侯犯罪問題上，則是朝廷對於宗室王侯的監督與抑制制度臻於完善，借助嚴整而又聽命於朝廷的官僚體系，皇帝將其觸角盡可能的延伸，諸侯國的傅、相，內史以及州刺史，對王侯宗室進行全方位監督。因此，這類告發是在漢朝對諸侯王國進行有效統治之後才出現的。諸侯王國的傅、相有諫諍的職責。從某種意義上說，他們也是朝廷安插在宗室身邊的監察官員。在漢朝初年，到一些王國傅、相因勸阻諸侯王不要造反而被殺。

> （楚王）戊與吳王合謀反，其相張尚、太傅趙夷吾諫，不聽。戊則殺尚、夷吾。起兵與吳西攻梁，破棘壁。〔註 34〕

> 吳楚反，趙王遂與合謀起兵。其相建德、內史王悍諫，不聽。遂燒殺建德、王悍。〔註 35〕

可見吳楚之亂初期，王國大臣確實試圖發揮第一道屏障的作用，無奈諸王勢大，終於未能成功。呂后死後，齊王準備謀反，而齊國國相召平則發兵圍住了王宮，使得齊王無法舉事，齊王的中尉魏勃卻從召平手中騙取了帶兵虎符，在魏勃取得兵權後，反而圍住了相府，召平沒有完成自己監控齊王的任務，只好選擇自殺謝罪。齊王得以舉兵。〔註 36〕漢法規定，傅、相有義務勸諫諸侯，並舉奏他們的犯罪行爲。這就是「諸侯有罪，傅、相不舉奏，爲阿黨。」而在歷史上，確實也有某些諸侯國的官員因爲沒有及時舉奏王侯的犯罪而受到處罰。「（東平思王宇）壯大，通姦犯法，上以至親貰弗罪，傅相連坐」。〔註 37〕在制度的重壓之下，傅相必然承擔起對王侯的監督責任。但是，漢初的宗室諸侯王有除吏之權，因此阿黨之勢在所難免，直到景帝平定七國之亂後，又重申阿黨之法，中央政府對地方的控制逐步加強，自此以後，傅、

〔註 34〕《史記》卷 50《楚元王世家》，第 1988 頁。
〔註 35〕《史記》卷 50《楚元王世家》，第 1990 頁。
〔註 36〕《史記》卷 52《齊悼惠王世家》，第 2001 頁。
〔註 37〕《漢書》卷 80《宣元六王傳》，第 3320 頁。

相等王國官吏能夠眞正拜託諸侯王的控制，行使其監督職權，揭露告發同姓諸侯王的犯罪行爲：

王使人上書告内史，内史治，言王不直。王又數侵奪人田，壞人冢以爲田。有司請逮治衡山王。〔註38〕

鴻嘉中，太傅輔奏：「立一日至十一犯法，臣下愁苦，莫敢親近，不可諫止。願令王，非耕、祠，法駕毋得出宮，盡出馬置外苑，收兵杖藏私府，毋得以金錢財物假賜人。」事下丞相、御史，請許。奏可。後數復驅傷郎，夜私出宮。傅相連奏，坐削或千户或五百户，如是者數焉。……積數歲，永始中，相禹奏立對外家怨望，有惡言。〔註39〕

到東漢之時，傅、相對同姓諸侯王的監控更加有效：

（任城王劉）安性輕易貪吝，數微服出入，遊觀國中，取官屬車馬刀劍，下至衛士米肉，皆不與直。元初六年，國相行弘奏請廢之。〔註40〕

（中山簡王劉）焉姬韓序有過，焉縊殺之，國相舉奏，坐削安險縣。〔註41〕

（東海靖王政）私取簡王姬徐妃，又盜迎掖庭出女。豫州刺史、魯相奏請誅政，有詔削薛縣。〔註42〕

有故掖庭技人哀置，嫁爲男子章初妻，（樂成王劉）黨召哀置入宮與通，初欲上書告之，黨恐懼，乃密賂哀置姊焦使殺初。事發覺，黨乃縊殺内侍三人，以絕口語。又取故中山簡王傅婢李羽生爲小妻。永元七年，國相舉奏之。〔註43〕

史書中明確記載諸侯王傅、相等諸侯國官員告發諸侯王犯罪的情況，西漢僅有二起，即武帝時廣川王劉去殺人被相和內史舉奏。武帝時主父偃雖亦向武帝揭發齊王禽獸惡行，但卻是在任齊相之前。而至於東漢，史書明確記載傅

〔註38〕《史記》卷118《淮南衡山列傳》，第3095頁。
〔註39〕《漢書》卷47《文三王王傳》，第2215～2216頁。
〔註40〕《後漢書》卷42《光武十三王列傳》，第1443頁。
〔註41〕《後漢書》卷42《光武十三王列傳》，第1449頁。
〔註42〕《後漢書》卷42《光武十三王列傳》，第1425頁。
〔註43〕《後漢書》卷50《孝明八王列傳》，第1672頁。

相舉奏，或者是與州刺史合奏諸侯王犯法的情況，卻有七起。西漢諸侯王犯罪人數超過東漢，然而東漢諸侯王國的官員告發諸侯王犯罪的人數卻遠超西漢。這又再次佐證：東漢時期諸侯王已經完全無力支配王國官員，這些諸侯王國的官員，受到朝廷委派，只對朝廷負責，不再顧及諸侯王的利益，也無需畏懼其權勢。漢朝政府在地方的官僚系統這時已經十分完善，這保證了朝廷對王侯的監督得以通過地方官吏順利實施。

宗室中諸侯王身份最爲貴重，若犯罪則會產生較大影響力。因此，一些朝中重臣亦會舉奏諸侯王犯罪：

> 丞相、御史復劾（淮陽王）欽：「前與博相遺私書，指意非諸侯王所宜，蒙恩勿治，事在赦前。不悔過而復稱引，自以爲直，失籓臣禮，不敬。」〔註44〕
>
> 楚王來朝，錯因言楚王戊往年爲薄太后服，私姦服舍，請誅之。〔註45〕
>
> 元朔二年，主父言齊王內淫佚行僻，上拜主父爲齊相。〔註46〕
>
> 大鴻臚禹奏：「（平幹繆王）元前以刃賊殺奴婢，子男殺謁者，爲刺史所舉奏，罪名明白。病先令，令能爲樂奴婢從死，迫脅自殺者凡十六人，暴虐不道。」〔註47〕

武帝時，刺史登上了歷史的舞臺，他們有「周行郡國」的職責，因此，分散在郡國的宗室王侯亦在刺史督察之列：

> 冀州刺史林奏（清河王劉）年爲太子時與女弟則私通。〔註48〕
>
> 青州刺史奏（齊思王劉）終古使所愛奴與八子及諸御婢姦，終古或參與被席，或白晝使裸伏，犬馬交接，終古親臨觀。〔註49〕
>
> （河間王）元取故廣陵厲王、厲王太子及中山懷王故姬廉等以爲姬。甘露中，冀州刺史敞奏元，事下廷尉，逮召廉等。〔註50〕

〔註44〕《漢書》卷80《宣元六王傳》，第3318～3319頁。
〔註45〕《史記》卷106《吳王劉濞列傳》，第2825頁。
〔註46〕《史記》卷112《平津侯主父列傳》，第2962頁。
〔註47〕《漢書》卷53《景十三王傳》，第2421頁。
〔註48〕《漢書》卷47《文三王傳》，第2212頁。
〔註49〕《漢書》卷38《高五王傳》，第2001頁。
〔註50〕《漢書》卷53《景十三王傳》，第2411頁。

（平幹繆王）元前以刃賊殺奴婢，子男殺謁者，爲刺史所舉奏，罪名明白。〔註 51〕

甚至，被廢爲海昏侯的劉賀也曾受到刺史的舉奏：

數年，揚州刺史柯奏賀與故太守卒史孫萬世交通，萬世問賀：「前見廢時，何不堅守毋出宮，斬大將軍，而聽人奪璽綬乎？」賀曰：「然。失之。」萬世又以賀且王豫章，不久爲列侯。〔註 52〕

刺史多單獨舉奏諸侯王犯罪案件。但到了東漢時期，這種情況發生了變化。史書記載了很多州刺史與國相共同告發犯罪的諸侯王的情況：

後中山簡王薨，（東海靖王）政詣中山會葬，私取簡王姬徐妃，又盜迎掖庭出女。豫州刺史、魯相奏請誅政，有詔削薛縣。〔註 53〕

（樂成王劉）萇到國數月，驕淫不法，愆過累積，冀州刺史與國相舉奏萇罪至不道。〔註 54〕

忌等諂媚，雲神言王（梁節王暢）當爲天子。暢心喜，與相應答。永元五年，豫州刺史、梁相舉奏暢不道。〔註 55〕

出現這種變化，很可能是因東漢年間，刺史有演變爲高級的地方行政長官的趨勢，與國相同樣承擔安撫地方的職責，對於諸侯王的管轄，已經形成刺史——相的監督結構，因此，在必要的情況下，國相會附在刺史之後共同舉奏諸侯王的犯罪案件。

三、辭引

辭引是一種比較特殊的提起訴訟的方式，某些犯罪的宗室並未被人告發，但是朝廷調查在其他案件的進程中，從他人的供詞中又發現了這位宗室的犯罪情況，這就是「辭引」，這種情況具有突發性，但卻更易引起朝廷的重視。武帝時的淮南王案，即牽連極爲廣泛，朝廷窮治淮南獄，結果又在審訊過程中發現了多位宗室的不軌圖謀。「及淮南事發，治黨與頗及江都王建。」〔註 56〕淮南王謀反時，「（膠東王劉）寄微聞其事，私作樓車鏃矢戰守備，候淮南之起。

〔註 51〕《漢書》卷 53《景十三王傳》，第 2421 頁。
〔註 52〕《漢書》卷 63《武五子傳》，第 2769～2770 頁。
〔註 53〕《後漢書》卷 42《光武十王傳》，第 1425 頁。
〔註 54〕《後漢書》卷 50《孝明八王列傳》，第 1673 頁。
〔註 55〕《後漢書》卷 50《孝明八王列傳》，第 1676 頁。
〔註 56〕《史記》卷 59《五宗世家》，第 2096 頁。

及吏治淮南之事，辭出之」。〔註 57〕有利侯劉釘也是因爲受到淮南獄的牽連而被處死。〔註58〕廣陵王劉胥與楚王延壽圖謀造反，劉延壽自殺，朝廷進行追查的時候，劉胥的逆謀也被人供出。「後延壽坐謀反誅，辭連及胥」。〔註59〕燕刺王劉旦在昭帝時準備聯合宗室劉澤謀反，劉澤被人告發，燕王的圖謀遂被發現。「瓶侯劉成知澤等謀，告之青州刺史雋不疑，不疑收捕澤以聞。天子遣大鴻臚丞治，連引燕王」〔註 60〕。廣川國相強劾奏樂人「闌入殿門」，結果發現了廣川王劉去殘殺姬妾的罪行。於是「相強劾繫倡，闌入殿門，奏狀。事下考案，倡辭，本爲王教脩靡夫人望卿弟都歌舞。使者召望卿、都，去對皆淫亂自殺」。〔註 61〕東漢時最爲嚴重的一起宗室案件便是楚王之獄，在漢明帝的怒火之下，楚獄牽連極大，「楚獄遂至累年，其辭語相連，自京師親戚諸侯州郡豪桀及考案吏，阿附相陷，坐死徙者以千數。」〔註62〕宗室亦不能幸免，如白牛侯劉嵩，「坐楚事，辭語相連，國除。」〔註 63〕一般來說，辭引現象多見於大案之中，朝廷準備窮治的要案，勢必存在刑訊考竟。西漢淮南獄和東漢楚王獄，都是在皇帝的授意之下大肆株連。諸侯王作爲宗室中身份極爲尊貴者，顯然對於周圍的宗室成員具有極大的號召力，於是，在審問這樣的大案時，「辭語相連」，有些宗室成員便會被牽扯進案件中來。

四、自告

漢代關於自告這種自首行爲有明確的法律規定：

> 告不審及有罪先自告者，各減其罪一等，死罪黥爲城旦舂，城旦舂罪完爲城旦舂……〔註 64〕
>
> 其令天下亡命，自殊死已下贖：死罪縑三十匹，右趾至髡鉗城旦舂十匹，完城旦至司寇五匹。吏人犯罪未發覺，詔書到自告者，半入贖。〔註 65〕

〔註 57〕《史記》卷 59《五宗世家》，第 2101 頁。
〔註 58〕《史記》卷 21《建元以來王子侯者年表》，第 1097 頁。
〔註 59〕《漢書》卷 63《武五子傳》，第 2761 頁。
〔註 60〕《漢書》卷 63《武五子傳》，第 2745 頁。
〔註 61〕《漢書》卷 53《景十三王傳》，第 2431～2432 頁。
〔註 62〕《後漢書》卷 42《光武十王傳》，第 1429 頁。
〔註 63〕《後漢書》卷 14《宗室四王三侯傳》，第 565 頁。
〔註 64〕《張家山漢墓竹簡（第二七四號墓）》，第 26 頁。
〔註 65〕《後漢書》卷 2《顯宗孝明帝紀》，第 98 頁。

但是，漢法並不是對所有的自告行爲都有減刑的規定：

若賊傷人及殺人，而先自告也，皆棄市。〔註 66〕

殺傷大父母、父母，及奴婢殺傷主、主父母妻子，自告者皆不得減……〔註 67〕

也就是說，一些情節嚴重的罪行，或者是累犯，以下犯上都不適用於自告減刑。但宗室們不必有此擔心，他們希冀這樣的減刑規定會使自己的罪責得到減免，一些自知犯罪的宗室確曾自告以求脫罪。如劉長在公然刺殺辟陽侯審食其之後，向皇帝自首謝罪。據《史記》所載：

厲王乃馳走闕下，肉袒謝曰：「臣母不當坐趙事，其時辟陽侯力能得之呂后，弗爭，罪一也。趙王如意子母無罪，呂后殺之，辟陽侯弗爭，罪二也。呂后王諸呂，欲以危劉氏，辟陽侯弗爭，罪三也。臣謹爲天下誅賊臣辟陽侯，報母之仇，謹伏闕下請罪。」〔註 68〕

但是，按照淮南王劉長的驕橫性格來看，他當時似乎沒有認罪的誠意，他僅僅是憑著年少時的衝動，刺殺了辟陽侯，同樣地，也在衝動與狂傲的支配之下，向自己的皇帝「大兄」請罪。其內心的預期，便是不會受到懲罰，所以才會說「臣謹爲天下誅賊臣辟陽侯，報母之仇」，因爲按照當時的社會道德判斷，爲母復仇者是可以不被追究刑事責任的，更何況劉長還將辟陽侯稱作「賊臣」，誅殺他似乎成了爲天下除害的義舉，這邊更是將自己擺在了道德的制高點。

我們再看另外一個例子，衡山王劉賜的兒子劉爽爲了洗刷自己的罪名，便採用了自告的手段。「元狩元年（公元前 122 年）冬，有司公卿下沛郡求捕所與淮南謀反者未得，得陳喜於衡山王子孝家。」陳喜是劉孝的門客，他在劉孝的授意之下，「作輣車鏃矢，刻天子璽，將相軍吏印。」〔註 69〕陳喜的被捕，無疑使得劉孝處境十分危險。而這時，官吏又告劾劉孝匿藏陳喜，所以「孝以爲陳喜雅數與王計謀反，恐其發之，聞律先自告除其罪，又疑太子使白嬴上書發其事，即先自告，告所與謀反者救赫、陳喜等」。不料，這一自告卻牽連了自己的父親，衡山王謀反的圖謀也因此被發覺。〔註 70〕不過，劉孝

〔註 66〕《張家山漢墓竹簡（第二七四號墓）》，第 21 頁。
〔註 67〕《張家山漢墓竹簡（第二七四號墓）》，第 26 頁。
〔註 68〕《史記》卷 118《淮南衡山列傳》，第 3076 頁。
〔註 69〕《史記》卷 118《淮南衡山列傳》，第 3096 頁。
〔註 70〕《史記》卷 118《淮南衡山列傳》，第 3097 頁。

本人卻沒有逃脫朝廷的處罰，他雖因自告赦免了謀反罪，但卻因「與王御婢姦」而棄市。〔註 71〕實際上，「與王御婢姦」的罪行是否罪至棄市，從當時法律執行的情況來說，還是一個疑問，劉孝的被殺，恐怕還是因爲受到了衡山王謀反案的影響。這就表明，在某些情況下，漢代關於自告免罪的相關法律規定，在執行時存在著極大的隨意性，朝廷完全可以不予理會。

五、誣告及其處理

誣告，在告發宗室諸侯王的案件中屬於極爲特殊的情況。兩漢時期王國官吏對於諸侯王有監督的責任，也出現過官吏對於諸侯王的誣告。漢武帝時期的諸侯王曾經就此事向皇帝涕泣陳情。「諸侯王自以骨肉至親，先帝所以廣封連城，犬牙相錯者，爲磐石宗也。今或無罪，爲臣下所侵辱，有司吹毛求疵，笞服其臣，使證其君，多自以侵冤」。〔註 72〕由此可見，當時的官吏揣摩上意，爲了幫助皇帝削弱諸侯王，不惜採用刑訊的手段，以致產生了誣告。《後漢書》中，明確記載了幾起諸侯王被誣告的案例：

> 熹平二年，國相師遷追奏前相魏愔與寵共祭天神，希幸非冀，罪至不道。有司奏遣使者案驗。是時，新誅勃海王悝，靈帝不忍復加法，詔檻車傳送愔、遷詣北寺詔獄，使中常侍王酺與尚書令、侍御史雜考。愔辭與王共祭黃老君，求長生福而已。無他冀幸。酺等奏愔職在匡正，而所爲不端，遷誣告其王，罔以不道，皆誅死。有詔赦寵不案。〔註 73〕
>
> 元初三年……國相趙牧……因誣奏恭祠祀惡言，大逆不道。有司奏請誅之。恭上書自訟。朝廷以其素著行義，今考實，無徵，牧坐下獄，會赦免死。〔註 74〕

陳國國相與彭城國相誣告其國王以大逆罪。但最終案情被查明，誣告者被判罪，諸侯王得以洗清罪名。不過，也有一些誣告案件未在當時查明，導致諸侯王因人誣告而受到處罰。產生誣告諸侯王案件的原因比較複雜。如有些權姦因與諸侯王有私怨，因此便進行誣告。靈帝時渤海王劉悝，即因得罪了中常侍王甫，王甫處心積慮，最終命人誣告其謀反，「使尚書令廉忠誣奏颯

〔註 71〕《史記》卷 118《淮南衡山列傳》，第 3097 頁。
〔註 72〕《漢書》卷 53《景十三王傳》，第 2422 頁。
〔註 73〕《後漢書》卷 50《孝明八王傳》，第 1669 頁。
〔註 74〕《後漢書》卷 50《孝明八王傳》，第 1671 頁。

等謀迎立悝，大逆不道」。〔註75〕劉悝竟因此自殺。安帝時遭到誣告的平原王劉翼，則是因其爲皇帝所忌。據史書記載：「小黃門李閏與帝乳母王聖常共譖太后兄執金吾悝等，言欲廢帝，立平原王翼，帝每忿懼」。〔註76〕因此，在鄧太后死後，安帝便借機廢掉了平原王。所找的接口，即是利用他人的誣告：

安帝乳母王聖與中常侍江京等譖鄧騭兄弟及翼，云與中大夫趙王謀圖不軌，窺覦神器，懷大逆心。貶爲都鄉侯，遣歸河間。〔註77〕

最後要強調的是，訴訟提起之後，能否會進入下一步法律程序還要取決於相關機構是否受理這一告訴，如魯國百姓向國相告發魯王強取財物之事，魯相田叔便沒有依法受理：

魯相初到，民自言相，訟王取其財物百餘人。田叔取其渠率二十人，各笞五十，餘各搏二十，怒之曰：「王非若主邪？何自敢言若主。」魯王聞之大慚，發中府錢，使相償之。相曰：「王自奪之，使相償之，是王爲惡而相爲善也。相毋與償之。」於是王乃盡償之。〔註78〕

此外，由於對於宗室的告發一般需要上報給皇帝，因此，皇帝的判斷決定了對宗室的告訴是否進入下一個訴訟階段。事實上，皇帝有時會法外施恩，寢而不治：

（晁錯）得幸太子，數從容言吳過可削。數上書說孝文帝，文帝寬，不忍罰，以此吳日益橫。〔註79〕

（膠西王劉端）數犯上法，漢公卿數請誅端，天子爲兄弟之故不忍，而端所爲滋甚。〔註80〕

其後（廣陵王劉）胥果作威福，通楚王使者。楚王宣言曰：「我先元王，高帝少弟也，封三十二城。今地邑益少，我欲與廣陵王共發兵云。立廣陵王爲上，我復王楚三十二城，如元王時。」事發覺，公卿有司請行罰誅。天子以骨肉之故，不忍致法於胥，下詔書無治廣陵王，獨誅首惡楚王。〔註81〕

〔註75〕《後漢書》卷55《章帝八王傳》，第1798頁。
〔註76〕《後漢書》卷78《宦者傳》，第2514頁。
〔註77〕《後漢書》卷55《章帝八王傳》，第1809頁。
〔註78〕《史記》卷104《田叔列傳》，第2777頁。
〔註79〕《史記》卷106《吳王濞列傳》，第2824頁。
〔註80〕《史記》卷59《五宗世家》，第2097頁。
〔註81〕《史記》卷60《三王世家》，第2117頁。

第二節　逮捕與羈押

逮捕是指由司法機關收押人犯，從而剝奪犯罪者人身自由的強制性措施。在宗室王侯的犯罪事實被舉報之後，官吏無權對其進行逮捕，受理案件的官員在得到初步情實之後，必須將情況上報皇帝，由皇帝決定是否對宗室進行逮捕，這就是所謂的「有罪先請」的原則。當這一法律特權不僅限於宗室，而是涵蓋了所有的漢代貴族。比如漢文帝曾經明確下詔「令列侯太夫人、夫人、諸侯王子及吏二千石無得擅徵捕。」〔註 82〕這無疑是賜給權貴的司法特權。換一角度來看，這種特權也加強了皇帝對於這部分人群的掌控力。多數涉及宗室王侯的逮捕是按照這樣的程序來進行的：

蹤迹連王，王使人候伺漢公卿，公卿請逮捕治王。〔註 83〕

衡山王賜，淮南王弟也，當坐收，有司請逮捕衡山王。〔註 84〕

廷尉治驗，公卿請逮捕衡山王治之。〔註 85〕

（丞相、御史）奏終古位諸侯王，以令置八子，秩比六百石，所以廣嗣重祖也。而終古禽獸行，亂君臣夫婦之別，誖逆人倫，請逮捕。〔註 86〕

天子遣大鴻臚、丞相長史、御史丞、廷尉正雜治鉅鹿詔獄，奏請逮捕去及後昭信。〔註 87〕

數年，揚州刺史柯奏賀與故太守卒史孫萬世交通，萬世問賀：「前見廢時，何不堅守毋出宮，斬大將軍，而聽人奪璽綬乎？」賀曰：「然。失之。」萬世又以賀且王豫章，不久爲列侯。賀曰：「且然，非所宜言。」有司案驗，請逮捕。〔註 88〕

有司奏請逮捕（東平王劉宇），有詔削樊、亢父二縣。〔註 89〕

〔註 82〕《漢書》卷 4《文帝紀》，第 122 頁。
〔註 83〕《史記》卷 118《淮南衡山列傳》，第 3083 頁。
〔註 84〕《史記》卷 118《淮南衡山列傳》，第 3093 頁。
〔註 85〕《史記》卷 118《淮南衡山列傳》，第 3097 頁。
〔註 86〕《漢書》卷 38《高五王傳》，第 2001 頁。
〔註 87〕《漢書》卷 53《景十三王傳》，第 2432 頁。
〔註 88〕《漢書》卷 63《武五子傳》，第 2769 頁。
〔註 89〕《漢書》卷 80《宣元六王傳》，第 3323 頁。

在皇帝決定對宗室進行逮捕之後，則要把他們羈押在詔獄之中，因爲這類案件由皇帝親自過問，在羈押地點上也會有所選擇。原則上，對於宗室的逮捕，需要皇帝本人的批准。但在實際執行中，如果某些案件涉及到謀反罪行，執法者會先將宗室逮捕或者禁錮起來，以俟皇帝詔旨。比如伍被告發淮南王謀反案後，執法機構便沒有首先上報，而是立即採取了措施：「伍被自詣吏，因告與淮南王謀反，反蹤迹俱如此。吏因捕太子、王后，圍王宮，盡求捕王所與謀反賓客在國中者，索得反具以聞。」〔註 90〕可見，司法機關不僅僅逮捕了太子和王后，還圍住了王宮，實際上是將淮南王暫時囚禁在了王宮之中，然後立刻展開了對人證物證的搜集。再舉一例，在齊孝王孫劉澤與燕剌王劉旦謀反被告發後，青州刺史便立刻將劉澤逮捕，然後上報皇帝：「會瓶侯劉成知澤等謀，告之青州刺史雋不疑，不疑收捕澤以聞。」〔註 91〕

值得一提的是，沒有爵位的遠支宗室似乎並不享有特權：

> 沙福亭長樊赦□，令宗室劉江、劉俞、劉樹、劉舉等，著赤幘爲伍長……農、上郡□……令□……□□□□□□……□沙縛江

按照張文正的釋讀，是沙福亭因故逮捕了宗室劉江等人〔註 92〕，一個小小的亭長便有權逮捕了宗室，可見劉江這樣的遠支宗室已經失去了宗室優待制度的保護。接下來，我們主要討論的即是朝廷對於宗室王侯、尤其是諸侯王的逮捕方式以及羈押地點。

一、執行逮捕和羈押的相關機構及人員

執行逮捕宗室王侯這一任務的機構多爲高級的司法機關或皇帝臨時派遣的使者。而羈押的部門則多是逮捕機構所設立的詔獄。

（一）中央機構

由中央政府直屬的諸卿對宗室進行逮捕，並關押在以廷尉詔獄爲主的監獄之中，是一種非常重要的逮捕羈押方式，廷尉無疑在其中發揮著很大的作用。據《漢書・百官公卿表》記載：「廷尉，秦官，掌刑辟。」〔註 93〕據《後漢書・百官志》本注記載：「掌平獄，奏當所應。凡郡國讞疑罪，皆處當以報。」

〔註 90〕《史記》卷 118《淮南衡山列傳》，第 3093 頁。

〔註 91〕《漢書》卷 63《武五子傳》，第 2754 頁。

〔註 92〕甘肅省文物工作隊、甘肅省博物館：《漢簡研究文集》甘肅人民出版社，1984 年出版，第 108 頁。

〔註 93〕《漢書》卷 19《百官公卿表》，第 730 頁。

〔註 94〕《通典》中對廷尉則描述爲：「後漢廷尉卿，凡郡國讞疑，皆處當以報。皆以世家爲之，而郭氏尤盛。」〔註 95〕可見，廷尉是當時的最高司法機關，而且逐漸需要專業人才來擔當，因此才會以「世家爲之」。由於宗室王侯的犯罪案件往往受到皇帝的重視，因此廷尉也會頻繁參加到與宗室相關案件的訴訟程序中。在逮捕和關押的環節，廷尉更是不能缺少的。不過，與其說廷尉是逮捕行動的執行者，不如說他是承接皇帝旨意，然後再將逮捕任務下達的一個中間環節：

立七年，（北海王）威以非睦子，又坐誹謗，檻車徵詣廷尉，道自殺。〔註 96〕

（阜陵王）延既徙封，數懷怨望。建初中，復有告延與子男魴造逆謀者，有司奏請檻車徵詣廷尉詔獄。〔註 97〕

豫州刺史梁相舉奏暢不道，考訊，辭不服。有司請徵暢詣廷尉詔獄，和帝不許。〔註 98〕

可見，廷尉雖然不一定是逮捕行動的執行者，但卻與逮捕環節秘密相關。廷尉作爲當時國家最高的司法審判機構，是設有監獄的，被稱爲「廷尉獄」。有司請求皇帝，將由皇帝親自批准逮捕的人犯被關押在這一特殊監獄。余行邁曾經指出，「這種特別案件處理的對象主要是統治集團中的上層人物，大致可分爲四類，即：（1）諸侯王及其家屬、幸臣；（2）宮廷婦女與宗親外戚；（3）公卿大臣；（4）地方大吏」。〔註 99〕事實上，漢代的宗室，尤其是諸侯王犯有罪行的話，漢代的司法官員一般會要求將他們關押在廷尉獄中。不過，逮捕的任務並不由廷尉親自執行，但是我們卻看到過這樣的實例，即廷尉的屬官由皇帝任命爲逮捕行動的負責人。比如淮南王太子被人告發，「廷尉以王孫建辭連淮南王太子遷聞。上遣廷尉監因拜淮南中尉，逮捕太子」。〔註 100〕爲了使逮捕行動更爲方便，漢武帝特意派遣廷尉監去見淮南中尉，這樣一來，廷尉監便直接向淮南中尉傳達皇帝的指示，而不會受到淮南王的干擾。後來淮南

〔註 94〕《後漢書》志 25《百官志二》，第 3581 頁。
〔註 95〕（唐）杜佑：《通典》卷 25《職官七》，中華書局，1988 年出版，第 710 頁。
〔註 96〕《後漢書》卷 14《宗室四王三侯傳》，第 558 頁。
〔註 97〕《後漢書》卷 42《光武十王傳》，第 1444 頁。
〔註 98〕《後漢書》卷 50《孝明八王傳》，第 1676 頁。
〔註 99〕余行邁：西漢詔獄探析，雲南師範大學學報，1986 第 3 期。
〔註 100〕《史記》卷 118《淮南衡山列傳》，第 3093 頁。

王召喚淮南相及其他二千石官員而準備除掉他們，「淮南王聞，與太子謀召相、二千石，欲殺而發兵。召相，相至。內史以出爲解。中尉曰：『臣受詔使，不得見王。』」〔註 101〕中尉敢於拒絕淮南王的命令，正是仰仗著廷尉監傳達的皇帝指令。

廷尉之外，中央政府的諸卿中會負責逮捕宗室的機構是大鴻臚。根據漢書的記載，漢景帝曾經下詔「令諸侯王薨、列侯初封及之國，大鴻臚奏謚、誄、策。列侯薨及諸侯太傅初除之官，大行奏謚、誄、策。」〔註 102〕據《後漢書・百官志》本注曰：掌諸侯及四方歸義蠻夷。《通典》對於大鴻臚是這樣敘述的：

> 秦官有典客，掌諸侯及歸義蠻夷。漢改爲鴻臚。景帝中二年令：諸侯王薨、列侯初封及之國，大鴻臚奏謚、誄、策；列侯薨及諸侯太傅初除之官，大行奏謚、誄策。中六年，改大鴻臚爲大行令。武帝太初元年，更名大鴻臚，又更名其屬官行人爲大行令。秦時又有典屬國官，掌蠻夷降者，漢因之。成帝河平元年省之，並大鴻臚。後漢大鴻臚卿一人，諸王入朝，當郊迎，典其禮儀，及郡國上計；餘職與漢同。凡皇子拜王，贊授印綬；及拜諸侯，諸侯嗣子及四方夷狄封者，臺下鴻臚召拜之。王薨，則使使弔之及拜王嗣。〔註 103〕

可見，大鴻臚的職責是掌管與諸侯有關的事務。那麼，如果宗室王侯涉嫌犯罪的話，大鴻臚也會被皇帝派遣執行逮捕。比如濟北王劉寬獲罪，皇帝便派遣大鴻臚前去徵召。「（濟北王）寬坐與父式王后，光、姬孝兒姦，誖人倫，又祠祭祝詛上，有司請誅。上遣大鴻臚利召王，王以刃自剄死」〔註 104〕。而在廣川王劉去殘殺姬妾一案中，中二千石的大鴻臚率領著丞相、御史大夫、以及廷尉的千石屬官進行調查，據史書記載：「天子遣大鴻臚、丞相長史、御史丞、廷尉正雜治鉅鹿詔獄，奏請逮捕去及後昭信。」〔註 105〕在發現證據之後，大鴻臚率領的這個臨時調查機構便奏請逮捕廣川王劉去及其王后。

事實上，史書亦曾記載過由中尉看押宗室的情況。中尉，武帝時期改爲執金吾，據《漢書・百官公卿表》記載：「中尉，秦官，掌徼循京師」，如淳

〔註 101〕《史記》卷 118《淮南衡山列傳》，第 3093 頁。
〔註 102〕《漢書》卷 5《景帝紀》，第 145 頁。
〔註 103〕《通典》卷 26《職官八》，第 723～724 頁。
〔註 104〕《漢書》卷 44《淮南厲王劉長傳》，第 2157 頁。
〔註 105〕《漢書》卷 53《景十三王傳》，第 2431 頁。

注曰：「所謂遊徼，徼循禁備盜賊也。〔註 106〕」據《後漢書・百官志》本注記載：「（執金吾）掌宮外戒司非常水火之事。月三繞行宮外，及主兵器」〔註 107〕。而《通典》中是這樣記載執金吾的執掌的：「（執金吾）舊掌京師盜賊，考按疑事。……後漢掌宮外戒，司非常水火之事，月三繞行宮外，及主兵器。自中興，但專徼循，不與他政。」〔註 108〕由此看來，中尉的職責在於掌管京城及周圍地區的治安，防止京師附近的盜賊侵擾京城的秩序。其主要承擔的，並不是司法任務，而是警衛任務，尤其光武中興之後，執金吾更是「不與他政」。因此，中尉並不是對宗室實施逮捕的專門機構，「四年，坐侵廟壖垣爲宮，上徵榮。榮行，祖於江陵北門。既已上車，軸折車廢。江陵父老流涕竊言曰：『吾王不反矣！』榮至，詣中尉府簿。中尉郅都責訊王，王恐，自殺」。〔註 109〕在《酷吏列傳》中對此有更爲詳盡的記載：「臨江王徵詣中尉府對簿，臨江王欲得刀筆爲書謝上，而都禁吏不予。魏其侯使人以間與臨江王。臨江王既爲書謝上，因自殺。」被認爲侵犯宗廟的劉榮在收到皇帝徵召之後，進京後受到中尉的管轄，被臨時關押起來。臨江王劉榮本是景帝所立的太子，景帝對其母栗姬不滿，後聽信館陶長公主劉嫖之言，竟將劉榮廢黜。此次因罪被徵至京師，其屬下臣民竟然發出「吾王不返矣」的慨歎，很可能是猜測漢景帝要除掉這位前任太子，爲新君掃清障礙。果然，劉榮被徵詣到中尉府中後，受折辱而自殺，這究竟是中尉承旨而爲，還是揣摩上意，故意刁難劉榮，我們無從得知。應該注意的是，一般負責宗室案件的廷尉並沒有介入到本案當中，而且頗爲奇怪的是，因犯罪而受到徵召的劉榮並沒有被關押在廷尉詔獄之中，而是受到了中尉的質詢，而這位中尉郅都更是當時赫赫有名的酷吏，史書記載他「致行法不避貴戚，列侯宗室見都側目而視，號曰『蒼鷹』」。〔註 110〕正是由於劉榮前任太子的特殊身份，再加上案件的負責機構一反常態地由中尉郅都而不是廷尉擔當，我們不僅要產生一些懷疑：郅都對劉榮的逼迫，是否是漢景帝的授意。況且，郅都之死也與此案有著直接的關係，劉榮死後，竇太后大怒，將郅都免歸家中。而漢景帝卻再度任用了他。郅都被任命爲雁門太守，擔負著防備匈奴的重任，同時身在邊郡，也遠離了竇太后的

〔註 106〕《漢書》卷 19《百官公卿表》注引如淳曰，第 732 頁。
〔註 107〕《後漢書》志 27《百官志四》，第 3605 頁。
〔註 108〕《通典》卷 28《職官十》，第 788 頁。
〔註 109〕《史記》卷 122《酷吏列傳》，第 3133 頁。
〔註 110〕《史記》卷 122《酷吏列傳》，第 3133 頁。

控制。不料，郅都並沒能幸免於難，「竇太后乃竟中都以漢法。景帝曰：『都忠臣。』欲釋之。竇太后曰：『臨江王獨非忠臣邪？』於是遂斬郅都。」〔註 111〕被牽連進皇族內部爭鬥的郅都，最終付出了生命的代價，自此再未見中尉負責逮捕關押宗室的情況。

淮南王謀反案中，伍被爲淮南王劉安出謀劃策，挑撥朝廷與各地諸侯的敵對情緒，他建議淮南王僞造文書，逮捕諸侯太子，「又僞爲左右都司空上林中都官詔獄書，逮諸侯太子幸臣。如此則民怨，諸侯懼」〔註 112〕，據晉灼認爲：「《百官表》宗正有左右都司空，上林有水司空，皆主囚徒官也。〔註 113〕」宗正是負責宗室事務的官員，而上林苑則是皇帝遊幸射獵之所，其主管官員必是皇帝近臣，漢代司法權力分散，許多機構都設有自己的監獄，也肩負著逮捕的任務，皇帝派遣上林苑的官員執行逮捕，也在情理之中。按照宋傑師的考證，中都官獄是屬於中央機構下屬的監獄，或者是皇帝特設的詔獄。〔註 114〕因此，雖然我們沒有看到左右都司空和上林等機構逮捕宗室的實例，但從伍被的談話中推斷，上述機構必然也擔負著抓捕和關押宗室的責任。

（二）地方機構

由於漢代的王侯大多居住在封國之內，散佈在全國各地，爲了保證逮捕的順利進行，地方官員的作用是不可忽視的。諸侯國中的官員有時也會承擔抓捕宗室的任務：

> 於是廷尉以王孫建辭連淮南王太子遷聞。上遣廷尉監因拜淮南中尉，逮捕太子。至淮南，淮南王聞，與太子謀召相、二千石，欲殺而發兵。召相，相至。內史以出爲解。中尉曰：「臣受詔使，不得見王。」〔註 115〕

《漢書・百官公卿表》中對記載了諸侯王國中中尉主要的職責：「諸侯王，高帝初置，金璽盭綬，掌治其國。有太傅輔王，內史治國民，中尉掌武職丞相統眾官」。〔註 116〕據《漢書・何武傳》記載：「及爲御史大夫司空，與丞

〔註 111〕《史記》卷 122《酷吏列傳》，第 3133～3134 頁。
〔註 112〕《史記》卷 118《淮南衡山列傳》，第 3090 頁。
〔註 113〕《史記》卷 118《淮南衡山列傳》注引晉灼曰，第 3090 頁。
〔註 114〕宋傑：《西漢的中都官獄》，《中國史研究》2008 年第 2 期。
〔註 115〕《史記》卷 118《淮南衡山列傳》，第 3093 頁。
〔註 116〕《漢書》卷 19《百官公卿表》，第 741 頁。

相方進共奏言：『往者諸侯王斷獄治政，內史典獄事，相總綱紀輔王，中尉備盜賊』。」〔註 117〕諸侯國中的中尉掌握著國中的主要軍事力量，因此，爲了順利完成對淮南王太子的抓捕，漢武帝需要淮南中尉的幫助，所以他派遣廷尉監對淮南中尉直接下令。爲了逮捕和羈押的便利，漢代在關東地區設置了若干「詔獄」，比如洛陽詔獄和魏郡詔獄，詔獄意味著皇帝親自過問案情，當然有資格拘押宗室。趙國太子劉丹便曾被關押在魏郡詔獄之中，「天子怒，遣使者詔郡發吏卒圍趙王宮，收捕太子丹，移繫魏郡詔獄」〔註 118〕，顯然，這類詔獄是由地方長官負責的。他們也會承旨對宗室實施抓捕：

> 元朔五年，太子學用劍，自以爲人莫及，聞郎中雷被巧，乃召與戲。被一再辭讓，誤中太子。太子怒，被恐。此時有欲從軍者輒詣京師，被即願奮擊匈奴。太子遷數惡被於王，王使郎中令斥免，欲以禁後，被遂亡至長安，上書自明。詔下其事廷尉、河南。河南治，逮淮南太子……〔註 119〕

這應當是河南郡太守直接下令逮捕淮南太子，而且，在後續的事件中，可以看到如下官員也負有逮捕的責任，「當是時，淮南相怒壽春丞留太子逮不遣，王以請相，相弗聽。〔註 120〕」按照如淳的解釋：「丞主刑獄囚徒，丞順王意，不遣太子應逮書。〔註 121〕」可見，主管刑獄的壽春丞在接到河南郡的逮捕文書之後，應當執行逮捕淮南太子的任務，而他卻順承淮南王劉安的意圖，沒有行動，這說明具體的抓捕行動應該由壽春丞全權負責。而淮南相對此案負有一定的監督責任，因此才會對壽春丞的不作爲感到憤怒。

此外，刺史也有權力逮捕宗室。刺史名義上是中央派出機構，其主要職責在於監察地方，歲末向朝廷彙報《漢書．百官公卿表》記載：

> 監御史，秦官，掌監郡。漢省，丞相遣史分刺州，不常置。武帝元封五年初置部刺史，掌奉詔條察州，秩六百石，員十三人。成帝綏和元年更名牧，秩二千石。哀帝建平二年復爲刺史，元壽二年復爲牧。〔註 122〕

〔註 117〕《漢書》卷 86《何武傳》，第 3485 頁。
〔註 118〕《漢書》卷 15《江充傳》，第 2175 頁。
〔註 119〕《史記》卷 118《淮南衡山列傳》，第 3084 頁。
〔註 120〕《史記》卷 118《淮南衡山列傳》，第 3083 頁。
〔註 121〕《史記》卷 118《淮南衡山列傳》注引如淳曰，第 3083 頁。
〔註 122〕《漢書》卷 19《百官公卿表》，第 741 頁。

據《後漢書・百官志》本注：

> 秦有監御史，監諸郡，漢興省之，但遣丞相分刺諸州，無常官。孝武帝初置刺史十三人，秩六百石。成帝更爲牧，秩二千石。建武十八年，復爲刺史，十二人各主一州，其一州屬司隸校尉。諸州常以八月巡行所部郡國，錄囚徒，考殿最。初歲盡詣京都奏事，中興但因計吏。〔註 123〕

西漢時期的刺史在成帝改制之前是秩六百石，後來成帝認爲刺史官小權重，監察兩千石官不合理，因此改爲州牧，秩增爲二千石。而光武中興之後，又將其更名爲刺史。

《漢書・百官公卿表》注引《漢官典職儀》中提到了刺史的職權包括「周行郡國，省察治狀，黜陟能否，斷治寃獄，以六條問事」，「周行郡國」顯然賦予了刺史對於郡縣和諸侯國的檢查權力，雖然爵位尊貴如諸侯王的宗室，依然要受到秩僅六百石的刺史的監察。位卑權重的刺史，有時也會秉承皇帝旨意，對諸侯王進行逮捕。東漢時渤海王劉悝被誣謀反，漢靈帝「招冀州刺史收（劉）悝考實，又遣大鴻臚持節與宗正、廷尉之勃海，迫責悝。悝自殺」。〔註 124〕冀州刺史將劉悝逮捕之後，必定還是將其關押在渤海國的監獄之中，並且對劉悝進行了刑訊。

（三）臨時機構

皇帝也常常會特別委派使者徵召或逮捕諸侯王。使者作爲皇帝的代表，忠實執行皇帝的意圖。派遣使者執行抓捕，表明了皇帝對於案件的特別重視。此外，還應強調的是，比起派遣正式的朝廷官員，派遣使者淡化了官方色彩，使得行動更具有保密性。劉邦下令逮捕梁王，便是派遣使者前去執行，達到了出其不意的逮捕效果。「太僕亡走漢，告梁王與扈輒謀反。於是上使使掩梁王，梁王不覺，捕梁王，囚之洛陽。」〔註 125〕當然，這是在特殊的政治環境下的一種策略。但是，派遣使者徵召犯罪的宗室，表現出了皇帝對案件的足夠關切。如淮南王劉長謀反被發覺之後，漢文帝便派遣使者將劉長召至京城：

> （淮南王長）令男子但等七十人與棘蒲侯柴武太子奇謀，以輂車四十乘反谷口，令人使閩越、匈奴。事覺，治之，使使召淮南王。

〔註 123〕《後漢書》志 28《百官志五》，第 3617 頁。

〔註 124〕《後漢書》卷 55《章帝八王傳》，第 1798 頁。

〔註 125〕《史記》卷 90《魏豹彭越列傳》，第 2594 頁。

〔註 126〕

江充告丹淫亂，又使人椎埋攻剽，爲姦甚眾。武帝遣使者發吏卒捕丹，下魏郡詔獄，治罪至死。〔註 127〕

二、逮捕的方式

沈家本先生曾歸納漢代的逮捕的方式，共有逮捕、詔捕、逐捕、名捕、追捕、急捕。〔註 128〕這是對於整個漢代關於逮捕方式的一個總的概括。但對於漢代的宗室王侯，尤其是身份顯貴的諸侯王，許多逮捕方式卻並不適用。根據史料的記載，針對宗室的逮捕大概可歸結爲兩種方式：詔捕以及徵詣。

（一）詔捕

詔捕，即皇帝親自下詔逮捕，這是對於宗室王侯普遍適用的一種逮捕方式，也是其司法特權在逮捕這一環節的體現，前文中提到，司法機關需經皇帝許可才能夠逮捕宗室王侯，有司不可擅自行動。皇帝的指令，成爲逮捕宗室王侯的先決條件。皇帝對犯罪的宗室進行詔捕，除因宗室們身份高貴，還因爲皇帝本人需要參到宗室犯罪審理中。宗室一旦犯罪，皇帝利用詔捕，使得宗室犯罪案件的訴訟程序從一開始便在皇帝的掌控之中。這種制度與其說是一種司法特權，不如說是對於宗室的威懾，比如江都王劉建便曾以畏懼而又憤恨的口吻和近臣說到：「我爲王，詔獄歲至，生又無歡怡日，壯士不坐死，欲爲人所不能爲耳。」〔註 129〕

皇帝下達詔捕的御旨之後，會派遣專使，前往宗室所在封國組織人力進行抓捕：「武帝遣使者發吏卒捕丹，下魏郡詔獄，治罪至死」〔註 130〕。《漢書・江充傳》中對此記錄更爲詳細：「（江充）詣闕告太子丹與同產姊及王後宮姦亂，交通郡國豪猾，攻剽爲姦，吏不能禁。書奏，天子怒，遣使者詔郡發吏卒圍趙王宮，收捕太子丹，移繫魏郡詔獄，與廷尉雜治，法至死。」〔註 131〕

〔註 126〕《史記》卷 118《淮南衡山列傳》，第 3076 頁。
〔註 127〕《漢書》卷 53《景十三王傳》，第 2421 頁。
〔註 128〕沈家本：《歷代刑法考・漢律摭疑》卷七《捕律》，中華書局，1985 年，第 1503 頁。
〔註 129〕《漢書》卷 53《景十三王傳》，第 2417 頁。
〔註 130〕《漢書》卷 53《景十三王傳》，第 2421 頁。
〔註 131〕《漢書》卷 45《江充傳》，第 2175 頁。

有時，皇帝在抓捕中還會利用一些策略：「於是廷尉以王孫建辭連淮南王太子遷聞。上遣廷尉監因拜淮南中尉，逮捕太子」。〔註 132〕漢武帝任命廷尉監去拜見淮南中尉，顯然是爲了指揮掌握王國軍隊，防止淮南王爲了保護太子進行反抗，以便進行抓捕。

（二）徵詣

據《說文解字》和《爾雅》的解釋，「徵，召也」，「詣，侯至也」，史書中也將其稱爲徵召，徵詣便是徵召某人到某處，與詔捕不同，它並不是一個眞正意義上的司法術語。一般來說，將某個人召喚到比他權勢地位更高的人所在之處便爲徵詣。徵詣的地點是可以是皇帝所處的京師、行在，或者某一個帝國政府部門，甚至大將軍的幕府等：

> 徵詣大將軍莫府，國家政謀，鳳常與欽慮之。〔註 133〕
>
> 勝之遂表薦不疑，徵詣公車，拜爲青州刺史〔註 134〕
>
> 顯宗時，（楊終）徵詣蘭臺，拜校書郎。〔註 135〕
>
> 時天下未定，而四方之士擁兵矯稱者甚眾，唯魴自守，兼有方略。光武聞而嘉之，建武三年，徵詣行在所，見於雲臺，拜虞令。〔註 136〕
>
> 建武二年，光武徵詣懷宮，拜議郎，遷博士。〔註 137〕

以上所舉數例，或是因品行優異，或是能力出眾，被徵詣之後，往往立即加以任用。這是漢代登用人才的一個重要方式，也就是人們常說的徵聘制度。另外，朝廷委派的在地方郡國的官吏不可擅離職守，在準備回到京師之前，他們需要得到皇帝的許可。「六年，（順陽侯劉嘉）病，上書乞骸骨，徵詣京師。」〔註 138〕赫赫有名的班超，在駐守西域三十年之後，爲了返回洛陽，不單自己上書皇帝，其妹班昭也爲他求情，才使得「帝感其言，乃徵超還。」不過，如果徵詣的處所是廷尉或其他司法部門的話，徵詣又成爲了一種特殊

〔註 132〕《史記》卷 118《淮南衡山列傳》，第 3093 頁。
〔註 133〕《漢書》卷 60《杜欽傳》，第 2675 頁。
〔註 134〕《漢書》卷 71《雋不疑傳》，第 3035 頁。
〔註 135〕《後漢書》卷 48《楊忠傳》，第 1597 頁。
〔註 136〕《後漢書》卷 33《馮魴傳》，第 1148 頁。
〔註 137〕《後漢書》卷 36《范升傳》，第 1227 頁。
〔註 138〕《後漢書》卷 14《宗室四王三侯傳》，第 568 頁。

的逮捕方式。以東漢末年的宗室劉瓆作爲例：「劉瓆字文理，平原人。遷太原太守。郡有豪強，中官親戚，爲百姓所患。瓆深疾之，到官收其魁帥殺之，所臧匿主人悉坐伏誅。桓帝徵詣廷尉，以瓆宗室，不忍致之於刑，使自殺。」〔註139〕可見，劉瓆被徵詣廷尉後，被限制自由，關押在獄中，因此，才得以被皇帝賜死。另據《後漢書》記載：「豫州刺史、梁相舉奏（梁王劉）暢不道，考訊，辭不服。有司請徵暢詣廷尉詔獄，和帝不許。」〔註140〕被徵召到廷尉獄中，則凶多吉少，因此，爲了保全梁王，和帝並沒有同意有司的請求，而是法外開恩，對梁王給予削縣處罰了事，逮捕程序就此終結。此外，淮南王劉長也曾因謀反而受到皇帝的徵召：「事覺，治之，使使召淮南王。淮南王至長安」。〔註141〕經過審訊之後，淮南王便被廢徙蜀地。可見，一旦犯罪宗室受到朝廷的徵召，則意味著案情的嚴重，同時也預示著他將受到嚴懲。

徵詣地點的差別，昭示著截然不同的徵詣意圖。另外，在使用的交通工具中，也有著明顯的差異。在徵召人才入京時，爲了顯示皇帝對於人才的尊重，往往會使用具備禮儀象徵的交通工具以及其他相關的一整套繁冗禮節。比如蕭何建議太子請商山四皓出山時，便請求太子「卑辭安車，因使辯士固請」。〔註142〕漢武帝也曾經利用安車蒲輪徵召枚乘，「武帝自爲太子聞乘名，及即位，乘年老，乃以安車蒲輪徵乘〔註143〕，此外，還有加賜玉璧的情況，如漢武帝便「束帛加璧，安車以蒲裹輪，駕駟迎申公，弟子二人乘軺傳從。」不單單是以安車徵聘魯申公，連他的弟子也要以馬車送到京師。按照顏師古的解釋，蒲輪的目的是「以蒲裹輪，取其安也」〔註144〕。也就是減輕了車輪在道路之上的顛簸，增加了其舒適程度。而以安車爲交通工具，也就是坐乘的小車，也是一種極高規格的待遇，據《周禮・春官・巾車》：「安車，彫面鷖總，皆有容蓋。」在漢代常將安車賜予勳舊老臣或貴戚：

> 昭帝初立，益封胥萬三千户，元凰中入朝，復益萬户，賜錢二千萬，黃金二千斤，安車駟馬寶劍。〔註145〕

〔註139〕《後漢書》卷30《襄楷傳》注引《謝承書》，第1077頁。
〔註140〕《後漢書》卷50《孝明八王傳》，第1676頁。
〔註141〕《史記》卷118《淮南衡山列傳》，第3076頁。
〔註142〕《史記》卷55《留侯世家》，第2044頁。
〔註143〕《漢書》卷51《枚乘傳》，第2365頁。
〔註144〕《漢書》卷6《武帝紀》，第157頁。
〔註145〕《漢書》卷63《武五子傳》，第2760頁。

充國乞骸骨，賜安車駟馬，黃金六十斤，罷就第。〔註 146〕

可見，安車蒲輪，是在徵召人才時採用的一種較爲隆重的禮聘模式，它盡可能地使被徵召者在路途上更加舒適。若徵召犯人，則顯然不會這樣的禮遇，有時犯罪宗室被徵召時使用檻車：

（北海王劉）威以非睦子，又坐誹謗，檻車徵詣廷尉，道自殺。〔註 147〕

建初中，復有告（阜陵王劉）延與子男魴造逆謀者，有司奏請檻車徵詣廷尉詔獄。〔註 148〕

檻車應是柵欄封閉，且被蒙上車封的押解工具，這樣使得車內被囚者的情況不被外界看到。淮南王劉長在被押解到蜀地時便曾使用檻車，由於他在路上絕食而死，「縣傳淮南王者皆不敢發車封」。到了雍縣才被發現，而這時劉長已經死去多時。〔註 149〕這種押解的方式對於宗室貴族來說，無疑是一種折辱，許多人因此而自殺在徵詣途中，如史書所記「大理正檻車徵武，武自殺。」〔註 150〕而前文提到的淮南王劉長也是由於因爲受到這樣的待遇而憤憤不平，最終選擇了絕食的反抗手段。

不過，犯罪宗室諸侯受到徵召並不一定均使用檻車，如史書的記載的臨江王劉榮因爲侵廟壖垣而被徵召入京：

（臨江王榮）坐侵廟壖垣爲宮，上徵榮。榮行，祖於江陵北門。既已上車，軸折車廢。江陵父老流涕竊言曰：「吾王不反矣！」榮至，詣中尉府簿。中尉郅都責訊王，王恐，自殺。〔註 151〕

劉榮在出發之後，「祖於江陵北門」，據《儀禮・聘禮》記載：出祖，釋軷，祭酒脯，乃飲酒於其側。鄭玄注曰：「祖，始也。既受聘享之禮，行出國門，止陳車騎，釋酒脯之奠於軷，爲行始也。」〔註 152〕也就是說，劉榮在離開國境之前，還舉行了祭祀道路之神的儀式，且有江陵父老圍觀。而且，祭祀道路之神，有祈禱此行平安的寓意。這樣看來，劉榮顯然沒有意識到這次返回

〔註 146〕《漢書》卷 69《趙充國傳》，第 2994 頁。
〔註 147〕《後漢書》卷 14《宗室四王三侯傳》，第 568 頁。
〔註 148〕《後漢書》卷 42《光武十王傳》，第 1444 頁。
〔註 149〕《史記》卷 118《淮南衡山列傳》，第 3076 頁。
〔註 150〕《漢書》卷 86《何武傳》，第 3488 頁。
〔註 151〕《史記》卷 59《五宗世家》，第 2094 頁。
〔註 152〕《儀禮注疏》卷 24《聘禮第八》，上海古籍出版社，2008 年，第 725 頁。

京城是一條不歸之路，所以，他才會在到達中尉府之後要求「得刀筆爲書謝上」〔註153〕，而在中尉郅都的責問之下，臨江王才因恐懼而自殺，我們推測，劉榮很可能是從郅都的口中瞭解到了父親漢景帝的眞實意圖，才不得不選擇自盡。由以上種種細節推測，劉榮在出行之時，應該沒有感到此次進京事態之嚴重，因此，當時他所乘坐的交通工具不應當是顯示著其囚徒身份的檻車。

徵詣與詔捕最大的不同即在於並沒有直接採取暴力逮捕的方式，而是顧及到宗室的體面與身份，由皇帝徵召，宗室自前往監獄等羈押場所，淡化了逮捕的強制色彩，最大程度地體現了制度對於宗室的優待。但是，如果使用檻車徵詣的話，宗室的罪犯身份則得到了確認，因此，對於將檻車使用在押解宗室的行動中，皇帝還是非常愼重的。如阜陵王劉延被告發「與子男魴造逆謀」，於是「有司奏請檻車徵詣廷尉詔獄」，但遭到漢章帝拒絕，他不希望利用檻車徵詣廷尉的方式將劉延的謀反案置於正常的司法程序之中，並下詔說「朕惻然傷心，不忍致王於理，今貶爵爲阜陵侯，食一縣。獲斯辜者，侯自取焉。於戲誡哉。」〔註154〕同樣，在漢靈帝熹平二年（公元173年），陳國國相師遷舉奏他的前任國相魏愔與陳愍王劉寵「共祭天神，希幸非冀，罪至不道」〔註155〕。於是，訴訟程序啓動，司法機關奏請朝廷派遣使者案驗。但因渤海王劉悝剛剛被誣巇謀反而自殺，因此，靈帝不忍另外一位宗室再遭遇不幸，於是，只對其中的兩位涉案人員師遷和魏愔展開調查，據史書記載：「詔檻車傳送愔、遷詣北寺詔獄，使中常侍王酺與尚書令、侍御史雜考。」〔註156〕漢靈帝對於當事人的陳愍王劉寵免於逮捕，其實是一種爲他開脫的方式，因爲他知道，無論怎樣淡化逮捕時的暴力色彩，被徵詣到詔獄中的宗室一定會處於相當危險的境地。

第三節　審訊

司法機關爲查問瞭解犯罪情實，將對犯罪案件進行審訊。對宗室王侯犯罪案件的調查審訊，不可能由一般的執法單位來單獨進行其審訊方式，是由皇帝親自決定的。這其中主要有即訊和雜治兩種形式。但是，在某些宗室犯

〔註153〕《史記》卷122《酷吏列傳》，第3133頁。
〔註154〕《後漢書》卷42《光武十王傳》，第1444頁。
〔註155〕《後漢書》卷50《孝明八王傳》，第1669頁。
〔註156〕《後漢書》卷50《孝明八王傳》，第1669頁。

罪案件中，宗室本人似乎並不直接受到審訊，司法機關會將其他涉案人員進行重點審訊，藉此明確案情，因此，首先應對宗室犯罪案件中受到審訊的對象作一簡單梳理。

一、審訊對象

若涉及到謀反或其他案情重大社會影響極爲惡劣的案件，在審訊時會將宗室與其他從犯分別處理：

吏因捕太子、王后，圍王宮，盡求捕王所與謀反賓客在國中者，索得反具以聞。上下公卿治，所連引與淮南王謀反列侯二千石豪傑數千人，皆以罪輕重受誅。……趙王彭祖、列侯臣讓等四十三人議，皆曰：「淮南王安甚大逆無道，謀反明白，當伏誅。」膠西王臣端議曰：「淮南王安……謀反形已定。臣端所見其書節印圖及他逆無道事驗明白，甚大逆無道，當伏其法。而論國吏二百石以上及比者，宗室近幸臣不在法中者，不能相教，當皆免官削爵爲士伍，毋得宦爲吏。其非吏，他贖死金二斤八兩。以章臣安之罪，使天下明知臣子之道，毋敢復有邪僻倍畔之意。」丞相弘、廷尉湯等以聞，天子使宗正以符節治王。未至，淮南王安自剄殺。〔註157〕

在淮南王劉安的謀反案中，實際受到審訊調查的是被捕的太子、王后，以及「王所與謀反賓客在國中者」，膠西王劉端還對「吏二百石以上及比者」，以及「宗室近幸臣不在法中者」提出懲罰意見。而淮南王劉安本人還滯留在淮南國中，未被審訊。按照史書的記載，我們可以將涉案宗室案件的審訊對象分爲大致四類。第一是宗室本人。第二爲宗室的親屬，第三是宗室的臣屬。第四是其他涉案人員。

宗室王侯涉嫌犯罪，本人卻又不被審訊，而只審訊其他涉案人員，這或是對他們的迴護。或是朝廷有種種顧慮，不便在案發之時立刻對身份尊貴的宗室王侯進行審訊，而從其身邊入手，掌握更多證據：

上立膠東王爲太子。梁王怨袁盎及議臣，乃與羊勝、公孫詭之屬陰使人刺殺袁盎及他議臣十餘人。逐其賊，未得也。於是天子意梁王，逐賊，果梁使之。乃遣使冠蓋相望於道，覆按梁，捕公孫詭、羊勝。公孫詭、羊勝匿王後宮。使者責二千石急，梁相軒丘豹及內

〔註157〕《史記》卷118《淮南衡山列傳》，第3093頁。

史韓安國進諫王，王乃令勝、詭皆自殺，出之。上由此怨望於梁王。梁王恐，乃使韓安國因長公主謝罪太后，然後得釋。〔註 158〕

可見，袁盎被刺，影響極大。漢景帝懷疑梁王與刺殺袁盎等人有關，但他只是遣使調查梁國官員，抓捕公孫詭與梁勝。由於顧及到太后的情面，景帝無法對梁王本人進行審訊。武帝時，廣川王劉去與王后昭信殺害多人。於是皇帝下令：「王后昭信、諸姬奴婢證者皆下獄」〔註 159〕。雖然王后昭信被逮捕審訊，但是這起兇殘的殺人案的另一主犯廣川王卻並沒有受到審訊。漢靈帝時，陳王寵被國相師遷舉奏他與前任國相魏愔「共祭天神，希幸非冀，罪至不道」。但皇帝也並沒有對陳王寵進行審訊，只是「詔檻車傳送愔、遷詣北寺詔獄，使中常侍王酺與尚書令、侍御史雜考」〔註 160〕。

在審訊當中有意迴避身爲主犯的宗室王侯，而對其他涉案人員的審訊，這是在程序上對於宗室的優待，甚至有爲宗室開脫迴護之意。不過，宗室如涉嫌謀反，皇帝下令審訊他人，可能意味著要興起大獄：

淮南、衡山王遂謀反。膠東、江都王皆知其謀，陰治兵弩，欲以應之。至元朔六年，乃發覺而伏辜。時田蚡已死，不及誅。上思仲舒前言，使仲舒弟子呂步舒持斧鉞治淮南獄，以《春秋》誼顓斷於外，不請。〔註 161〕

此時淮南、衡山二王均已自殺。呂步舒持節治淮南獄，其審訊的對象當然是淮南王之外的從案犯。再如東漢時著名的楚王英謀反案，楚王英在永平十三年即受審後被廢，第二年便自殺而死。但楚王案卻並沒有完結，繼續對其他涉案的官員進行審訊：

楚王英謀爲逆，事下郡復考。明年，三府舉安能理劇，拜楚郡太守。是時英辭所連及繫者數千人，顯宗怒甚，吏案之急，迫痛自誣，死者甚眾。〔註 162〕

楚王英謀反發覺，以疏引（焦）貺，貺被收捕，疾病於道亡沒，妻子閉繫詔獄，掠考連年。〔註 163〕

〔註 158〕《史記》卷 58《梁孝王世家》，第 2085 頁。
〔註 159〕《漢書》卷 53《景十三王傳》，第 2432 頁。
〔註 160〕《後漢書》卷 50《孝明八王傳》，第 1669 頁。
〔註 161〕《漢書》卷 27《五行傳》，第 1333 頁。
〔註 162〕《後漢書》卷 45《袁安傳》，第 1518 頁。
〔註 163〕《後漢書》卷 33《鄭弘傳》，第 1155 頁。

二、審訊方式

漢代對於涉嫌犯罪的宗室有一套成熟完善的獨特審訊方式。具體可分爲雜治和即訊兩種。它們都確保了皇帝對於審訊過程的支配。

（一）雜治

在涉及宗室犯罪的案件中，出現最多的審訊方式便是「雜治」。雜治即是由皇帝委任的不同官員組成的審訊集體，對案件進行會審的一種方式。而漢代的刑偵與審判往往由同一機關負責。因此，調查審訊這兩個步驟也往往合在一起。因此，這種會審不單純是指現代意義上的審判，它也包括考訊、取證等內容，所以漢代的雜治，也被稱之爲「雜考」、「雜案」等。一般多由中央政府官員搭配地方官員共同「雜治」犯罪的宗室。諸侯王的犯罪往往具有極大的社會影響力。爲了愼重對待，朝廷會動用巨大的司法資源，採取雜治的方式審訊犯罪的宗室王侯及其從犯。

如武帝朝的大案——淮南王劉安謀反案中，「上下公卿治，所連引與淮南王謀反列侯二千石豪傑數千人，皆以罪輕重受誅」。〔註 164〕受此案牽連的人數竟然達到數千人，如此舉國矚目的大案，有諸多官員參與會審，恐怕也勢在必行。衡山王謀反的案件中，朝中大臣同樣向武帝上書，「請遣宗正、大行與沛郡雜治王」。〔註 165〕又如漢武帝因江充的告發而詔捕趙國太子劉丹，在「遣使者詔郡發吏卒圍趙王宮，收捕太子丹，移繫魏郡詔獄」之後，又「與廷尉雜治」，很有可能是指派遣廷尉前往魏郡和地方長官共同審理趙太子〔註 166〕。再比如江都王劉建謀反被發覺後，「漢遣丞相長史與江都相雜案」。這兩位負責人最終還「索得兵器璽綬節反具」〔註 167〕，搜集到了江都王謀反的重要證據。從上面的事例中，可以注意到兩點，第一，審訊的地點，一般在宗室所處之諸侯國中，或其臨近郡的詔獄之中。第二，宗室案件的會審審訊官員，一般由中央派遣的官吏與地方官中的高級長官構成。

不過，東漢時也有例外，「廣陵王荊有罪，帝以至親悼傷之，詔儵與羽林監南陽任隗雜理其獄」〔註 168〕。在有些事例中，由於史料記載的不夠詳細，

〔註 164〕《史記》卷 118《淮南衡山列傳》，第 3093 頁。
〔註 165〕《史記》卷 118《淮南衡山列傳》，第 3097 頁。
〔註 166〕《漢書》卷 45《江充傳》，第 2175 頁。
〔註 167〕《漢書》卷 53《景十三王傳》，第 2417 頁。
〔註 168〕《後漢書》卷 32《樊儵傳》，第 1123 頁。

無法判斷出究竟是中央官員和地方官員聯合會審，還是由中央官員全權負責。如廣川王劉去及其王后犯罪，「天子遣大鴻臚、丞相長史、御史丞、廷尉正雜治鉅鹿詔獄，奏請逮捕去及后昭信」〔註 169〕，在這一事例中究竟有沒有地方官員的參與，並不明確。

不過，對於審訊地點的選擇，包含著皇帝對案件審理的思考。將宗室成員移出其所在封國，並囚禁於朝廷直接管轄的地域，有助於皇帝排除干擾，更加自如地瞭解案情。但東漢以後，郡國地位已無明顯差異，朝廷管理便可以無阻礙地在諸侯國中進行審訊了。

如廣川國臨近鉅鹿，詔獄設於鉅鹿，於是會審團隊也在此審理案件。廣陵王劉荊在受到審訊之前就已經被軟禁在王宮之內，由國相和中尉共同監管。在其詛咒皇帝案發之後，並沒有被徵召到京師，很有可能是漢明帝派遣樊儵與任隗前往廣川國進行審訊。東平王劉雲謀反案同樣也是派出中央官員前往地方審理，只是在廷尉梁相對案件的初次審理表示質疑之後，才請求將審訊地點改在長安。

當然，雜治有時也在京師進行，如淮南厲王劉長既是在被徵召到長安之後，由丞相張倉、典客馮敬等多爲官員進行的會審。〔註 170〕另外要提到的是，如果雜治的過程不令人滿意，還有可能進行複審。如史書所記「廷尉梁相與丞相長史、御史中丞及五二千石雜治東平王雲獄」，主審人員梁相「心疑雲冤，獄有飾辭，奏欲傳之長安，更下公卿覆治」〔註 171〕。這是在地方上的「雜治」出現紕漏，於是廷尉梁相請求將宗室帶到京師，由中央政府的諸大臣對案件進行重新審理。

（二）即訊

「即訊」，又稱「即問」，即皇帝派遣官吏前往宗室王侯的所在地對其進行審訊，即訊的對象，僅限於宗室本人。這一審訊方式多出現於西漢時期，且適用者普遍爲宗室中地位最爲崇高的諸侯王。其時諸侯王身爲一國之君，率領王國群臣，治理百姓，景帝朝七國之亂後，雖然令諸侯王不得復治國，但在大多數時間內，他們依然保有著非常尊崇的地位。即使諸侯王涉嫌犯罪，朝廷依然要表現出對於諸侯王的尊重，皇帝也要顯示「親親之義」，採取「即

〔註 169〕《漢書》卷 53《景十三王傳》，第 2432 頁。
〔註 170〕《史記》卷 118《淮南衡山列傳》，第 3076 頁。
〔註 171〕《後漢書》卷 86《王嘉傳》，第 3499 頁。

訊」或者「即問」的方式，則意味著不將宗室立刻投入監獄審訊，免除其刑訊之苦，更不必遭遇對簿公堂的尷尬。這是一種盡可能地淡化法律嚴肅性，展現皇帝友愛之義的方式。

皇帝一般在駁回有司請求逮捕審訊的要求之後，便下令即訊。如漢武帝時，淮南王劉安犯罪，「公卿請逮捕治王」。但皇帝沒有同意，而是「遣漢中尉宏即訊驗王」〔註 172〕。武帝時，常山王劉勃被告發有「居喪姦」的罪行，於是「天子遣大行騫驗王后及問王勃，請逮勃所與姦諸證左」〔註 173〕。

即問有可能是皇帝委派一個官員負責，也可能由多名官員共同承擔，這種情況下也會被稱爲「雜問」。如在漢成帝時，梁王劉立多次犯法，但因爲皇帝的包容，其事「寢而不治」。至哀帝時，劉立再次殺人，漢哀帝便派遣廷尉方賞與大鴻臚畢由「持節即訊」。史書對其記載較爲詳細：

> （梁王立）復賊殺人。幸得蒙恩，丞相長史、大鴻臚丞即問。王陽病抵讕，置辭驕嫚，不首主令，與背畔亡異。丞相、御史請收王璽綬，送陳留獄。明詔加恩，復遣廷尉、大鴻臚雜問。〔註 174〕

方賞與畢由到達梁國之後，首先移書梁國傅、相、中尉三人。在書中即提到梁王劉立屢次殺人犯法，但「幸得蒙恩」，皇帝又曾派遣「丞相長史、大鴻臚丞即問」。但劉立裝病抵賴，使得這次「即問」無果而終。於是丞相、御史請求將劉立收入附近的陳留郡的獄中。但皇帝又「明詔加恩」，並未採取丞相的建議，而是再次派遣官員前來調查，只是官員級別提高了。由原來的丞相長史和大鴻臚丞改爲派遣廷尉、大鴻臚，並「持節」赴梁國雜問。劉立終於惶恐認罪。當然，皇帝在這裡也許耍了一個小花招，名義上派遣廷尉和大鴻臚來訊問案情，實際上是拖延時間，拖到春季大赦，劉立自然免除罪責。事實上，劉立也確實因爲「時冬月盡，其春大赦，不治」〔註 175〕。可見，即問這種方式，實際上是皇帝干涉宗室犯罪案件的一種重要手段。皇帝藉此可以拋開現有訴訟程序，直接派遣官員質問犯罪宗室。

有時，皇帝派人即訊諸侯王的目的並不是爲了進行審訊，而是令所派官員對諸侯王進行指責、施壓，促使其自殺謝罪：

〔註 172〕《史記》卷 118《淮南衡山列傳》，第 3083～3084 頁。
〔註 173〕《史記》卷 59《五宗世家》，第 2102 頁。
〔註 174〕《漢書》卷 47《文三王傳》，第 2218 頁。
〔註 175〕《漢書》卷 47《文三王傳》，第 2219 頁。

（江都王謀反）事發覺，漢遣丞相長史與江都相雜案，索得兵器、璽、綬、節反具，有司請捕誅建。制曰：「與列侯吏二千石博士議。」議皆曰：「建失臣子道，積久，輒蒙不忍，遂謀反逆。所行無道，雖桀、紂惡不至於此。天誅所不赦，當以謀反法誅。」有詔宗正、廷尉即問建。建自殺，後成光等皆棄市。〔註176〕

江都王劉建謀反案其實已經經過「雜案」，犯罪情實已經被調查清楚。相關部門甚至已經議定了對他的刑罰。而這時皇帝再派人「即問」，其目的顯然不是爲了明晰案情。因此，江都王在聽到皇帝派人即問的消息後，立刻選擇了自殺。同樣的事情也發生在廣陵厲王劉胥的案件中，史書中對劉胥受到即訊後的表現有一段生動的記載：

居數月，祝詛事發覺，有司按驗，胥惶恐，藥殺巫及宮人二十餘人以絕口。公卿請誅胥，天子遣廷尉、大鴻臚即訊。胥謝曰：「罪死有餘，誠皆有之。事久遠，請歸思念具對。」胥既見使者還，置酒顯陽殿，召太子霸及子女董訾、胡生等夜飲，使所幸八子郭昭君、家人子趙左君等鼓瑟歌舞。王自歌曰：「欲久生兮無終，長不樂兮安窮。奉天期兮不得須臾，千里馬兮駐待路。黃泉下兮幽深，人生要死，何爲苦心。何用爲樂心所喜，出入無悰爲樂亟。蒿里召兮郭門閱，死不得取代庸，身自逝。左右悉更涕泣奏酒，至雞鳴時罷。胥謂太子霸曰：「上遇我厚，今負之甚。我死，骸骨當暴。幸而得葬，薄之，無厚也。」即以綬自絞死。及八子郭昭君等二人皆自殺。〔註177〕

此時的即問，並非以調查案情爲目的，而是一種單純的責難，因此，劉胥也和他的家眷們選擇了自殺。在淮南王太子被雷被告發的案件中，可將即問與雜治做一個比較：

王使郎中令斥免，欲以禁後。元朔五年，被遂亡之長安，上書自明。事下廷尉、河南。河南治，逮淮南太子。王、王后計欲毋遣太子，遂發兵。計未定，猶與十餘日。會有詔即訊太子……〔註178〕

可見，以「即訊」來替代「河南治」應該是一種較爲溫和的方式，「雜治」的審訊方式很可能是以逮捕爲前提的，而「即訊」則僅僅是一種問詢方式。在

〔註176〕《漢書》卷53《景十三王傳》，第2417頁。
〔註177〕《漢書》卷63《武五子傳》，第2762頁。
〔註178〕《漢書》卷44《淮南衡山列傳》，第2147頁。

這一案件中，「即訊」成爲了「雜治」的一種平和的替代手段。在衡山王謀反的案件中，亦可發現類似的差異：

> 公卿請逮捕衡山王治之。天子曰：「勿捕。」遣中尉安、大行息即問王，王具以情實對。吏皆圍王宮而守之。中尉大行還，以聞，公卿請遣宗正、大行與沛郡雜治王。〔註179〕

在這一案件中，經過官員「即問」之後，衡山王對犯罪事實進行了供認，此時案情明白，於是朝廷有司請求皇帝，派遣官員「與沛郡雜治王」。從這一事例中，即問似乎具有了正式審訊之前的預審性質。此外，雖然「即問」和「雜治」都是司法官員前往諸侯王所在地進行審訊，但在朝臣心目中，「雜治」無疑是比「即問」更爲嚴肅的審訊方式。從這個例子中，還可以得出這樣一個結論，「雜治」和「即問」這兩種審訊方式，並不是非此即彼的存在，它們有可能同時出現在一起案件中。如前文提到的江都王劉建也是在受到了「雜案」並且「索得兵器璽綬節反具」之後又被皇帝派遣官員即問。〔註180〕

雖然「即訊」是皇帝給於臣下的特恩優容，但對受到即訊的人來說，正常的審訊程序並沒有被棄用。如果「即訊」的結果顯示其確實有罪，那麼還是要納入正當的審訊程序。類似的事例也發生在其他官員的身上，「弘農太守張匡坐臧百萬以上，狡猾不道，有詔即訊，恐下獄，使人報湯」。〔註181〕雖然「有詔即訊」，但是否會被投入獄中進行審訊卻是未定的，因此張匡才會尋求他人的幫助。在這兩個案件當中，衡山王和張匡，都受到了「即訊」，但他們卻又面臨隨後下獄再次審訊的窘境。因此，在某些情況下，「即訊」可被視爲對案件進行初步瞭解，含有預審的意義，以便對犯罪人員進行更正式的審訊。

（三）其他審訊方式

前文所提到的即訊及雜治，均有中央官員的參與審訊，這充分體現了朝廷對宗室王侯犯罪案件的直接管理。不過，由宗室所在地的地方司法機關全權負責案件調查也確實存在，但這種情況並不多見。如淮南王之孫劉建上書告淮南太子劉遷，於是「上以其事下廷尉，廷尉下河南治」。不過，雖然案件的調查由河南郡負責，但由於當時的丞相公孫弘「疑淮南有畔逆計謀」，所以「深窮治其獄」。秉承丞相的意圖，「河南治建，辭引淮南太子及黨與」

〔註179〕《史記》卷118《淮南衡山列傳》，第3097頁。
〔註180〕《漢書》卷53《景十三王傳》，第2417頁。
〔註181〕《漢書》卷70《陳湯傳》，第3026頁。

〔註 182〕。看來，案件雖由地方司法部門負責，但中央政府的官員還是可以影響到案件的審訊過程的。衡山王劉賜告其子太子劉爽不孝，也是如此：「（衡山）王聞之，恐其言國陰事，即上書告太子，以爲不道。事下沛郡治。〔註 183〕」東漢時期，亦有一例，「尚書令廉忠誣奏颯等謀迎立（渤海王）悝，大逆不道。遂招冀州刺史收悝考實，又遣大鴻臚持節與宗正、廷尉之勃海，迫責悝。悝自殺」〔註 184〕。這是先交給冀州刺史審理劉悝，再派公卿持節勒令其自殺。

另外，景帝之子臨江王劉榮犯罪後，被徵召至中尉府中受審，也是宗室犯罪案件審理當中的一個少有特例，審訊身爲前任太子的劉榮，既沒有公卿的參與，也沒有即問的優待，只是將他徵詣到中尉府中，由赫赫有名的酷吏郅都對其進行審訊。「坐侵廟壖垣爲宮，上徵榮……詣中尉府簿。中尉郅都責訊王，王恐，自殺」〔註 185〕。當然，這種由中尉獨立審訊諸侯王的方式，是極爲罕見的。

需要強調的是，在審訊諸侯王犯罪案件時，優容政策僅限於宗室本人，對牽涉到犯罪案件中的其他人員，如諸侯王的親屬、官屬則會採取正常的下獄審訊的方式，爲了求得其「辭服」，更會採取拷問的方式。廣川王劉去聽信王后讒言，以極其殘忍的方式殺害多人。因此，皇帝下令：「王后昭信、諸姬奴婢證者皆下獄」。最終王后等人「辭服」。〔註 186〕東漢時楚王英謀反案，更是興起大獄，許多官吏被牽連其中，受到嚴刑拷問，據《後漢書・光武十王傳》記載：

> 是時，楚王英謀反，陰疏天下善士。及楚事覺，顯宗得其錄，有尹興名，乃徵興詣廷尉獄。續與主簿梁宏、功曹史駟勳及掾史五百餘人詣洛陽詔獄就考，諸吏不堪痛楚，死者大半。唯續、宏、勳掠考五毒，肌肉消爛，終無異辭。

儘管如此，宗室王侯並不是不會遭到刑訊。如《漢書・王子侯表》中記載：「（安檀侯劉福）坐爲常山太守祝詛上，訊未竟，病死」〔註 187〕。以宗室身份做到常山太守的劉福，應算是宗室中的佼佼者，但也因爲在考訊中無法

〔註 182〕《史記》卷 118《淮南衡山列傳》，第 3088 頁。
〔註 183〕《漢書》卷 44《淮南衡山列傳》，第 2156 頁。
〔註 184〕《後漢書》卷 55《章帝八王傳》，第 1798 頁。
〔註 185〕《史記》卷 59《五宗世家》，第 2094 頁。
〔註 186〕《漢書》卷 53《景十三王傳》，第 2432 頁。
〔註 187〕《漢書》卷 15《王子侯表》，第 478 頁。

忍受折磨而死去。漢代獄中條件非常艱苦險惡，且並不因爲宗室的身份而對他們有所優待，在宗室侯中，被關押在監獄之中而死的現象並不罕見，據《漢書・王子侯表》中記載了一些這樣的事例：

元康元年，（富侯龍）坐使奴殺人，下獄瘐死。〔註 188〕

元狩三年，（東平侯慶）坐與姊姦，下獄瘐死。〔註 189〕

（南陵侯慶）坐爲沛郡太守橫恣罔上，下獄瘐死。〔註 190〕

神爵二年，（張侯嵩）坐賊殺人，上書要上，下獄瘐死。〔註 191〕

（成陵侯德）坐弟與後母亂，共殺兄，德知不舉，不道，下獄瘐死。〔註 192〕

宗室中身份最爲高貴的諸侯王也曾受到考訊，如東漢時的梁王劉暢：「豫州刺史、梁相舉奏（梁王）暢不道，考訊，辭不服」〔註 193〕。「尚書令廉忠誣奏颯等謀迎立（渤海王）悝，大逆不道。遂招冀州刺史收悝考實，又遣大鴻臚持節與宗正、廷尉之勃海，迫責悝。悝自殺」〔註 194〕。劉悝選擇自殺，很有可能是無法忍受肉體上的「考實」以及精神上的「迫責」。

第四節　議罪定刑

經過審訊，宗室王侯犯罪事實得以認定，此後要進入議罪定刑的環節，這在宗室王侯犯罪案件中非常普遍，宗室中的諸侯王案件的最終結案几乎都是在朝廷的廷議之中產生的。這一環節可被分爲兩個步驟，即大臣議罪議刑和皇帝定罪。

一、大臣議罪議刑

朝廷欲對犯罪宗室做出處罰，首先要由大臣對諸侯王犯罪的事實進行討論，然後有司再議定諸侯王的罪名與相應的刑罰，請皇帝裁奪。嚴格來說，

〔註 188〕《漢書》卷 15《王子侯表》，第 452 頁。
〔註 189〕《漢書》卷 15《王子侯表》，第 461 頁。
〔註 190〕《漢書》卷 15《王子侯表》，第 477 頁。
〔註 191〕《漢書》卷 15《王子侯表》，第 489 頁。
〔註 192〕《漢書》卷 15《王子侯表》，第 495 頁。
〔註 193〕《後漢書》卷 50《孝明八王傳》，第 1676 頁。
〔註 194〕《後漢書》卷 55《章帝八王傳》，第 1798 頁。

這種由諸多大臣參與的對犯罪宗室的探討並不是完全意義上的司法程序。漢代將諸多國家大事放在廷議中進行討論，如冊封太子、皇后，制定政策，修訂法律，發動戰爭等等。廷議也會討論對於犯罪宗室的處罰，換句話說，宗室的犯罪案件是被當做帝國中最爲重要的事件來處理的。在漢武帝時期及其之前的時代，常常要舉行廷議來對諸侯王的罪名進行討論，因此議罪議刑的人員往往人數較多，且爲朝中重要的大臣。如文帝時期淮南王劉長謀反，即由丞相張倉、典客馮敬、宗正、廷尉、中尉等人議罪。〔註 195〕景帝時，朝中大臣也會通過朝會來討論如何削除諸侯王的封地。〔註 196〕武帝時的淮南王劉安謀反案，還牽連到了劉安的弟弟衡山王劉賜，面對這樣的大案，皇帝更是動用了朝中大臣，以及諸侯王等人進行廣泛討論：

> 上下公卿治，所連引與淮南王謀反列侯二千石豪傑數千人，皆以罪輕重受誅。衡山王賜，淮南王弟也當坐收，有司請逮捕衡山王。天子曰：「諸侯各以其國爲本，不當相坐。與諸侯王列侯會肄丞相諸侯議。」趙王彭祖、列侯臣讓等四十三人議，皆曰：「淮南王安甚大逆無道，謀反明白，當伏誅。」膠西王臣端議曰：「淮南王安廢法行邪，懷詐僞心，以亂天下，熒惑百姓，倍畔宗廟，妄作妖言。《春秋》曰『臣無將，將而誅』。安罪重於將，謀反形已定。臣端所見其書節印圖及他逆無道事驗明白，甚大逆無道，當伏其法。而論國吏二百石以上及比者，宗室近幸臣不在法中者，不能相教，當皆免官削爵爲士伍，毋得宦爲吏。其非吏，他贖死金二斤八兩。以章臣安之罪，使天下明知臣子之道，毋敢復有邪僻倍畔之意。」丞相弘、廷尉湯等以聞，天子使宗正以符節治王。〔註 197〕

在淮南王這一案件中，漢武帝明令「與諸侯王列侯會肄丞相諸侯議」。隨後，趙王彭祖、膠西王端等人都認爲劉安大逆無道，「當伏誅」。淮南王賢名天下知聞，而朝廷突然欲將其誅殺，恐引朝野非議，因此，漢武帝此舉，用意可能在於借諸侯王之口說出劉安該當伏誅，爲朝廷分謗。

以上所舉事例，都是事關國家安危的重大案件，實際上，一些比較惡劣的罪行也要在廷議當中進行討論。武帝時燕王劉定國與庶母、女兒通姦被告

〔註 195〕《史記》卷 118《淮南衡山列傳》，第 3079 頁。
〔註 196〕《史記》卷 106《吳王劉濞列傳》，第 2825 頁。
〔註 197〕《史記》卷 118《淮南衡山列傳》，第 3094 頁。

發之後，於是皇帝下令公卿對他們進行議罪：「下公卿，皆議曰：『定國禽獸行，亂人倫，逆天道，當誅』」。〔註 198〕江都王劉建身犯數罪，於是皇帝下令「與列侯吏二千石博士議」。〔註 199〕

武帝朝以後，朝廷對宗室犯罪的案件進行廣泛討論的現象便稀見於史書了。從武帝之後直至東漢時期則一般由主管審訊諸侯王案件的「有司」來討論其罪名及刑罰。如宣帝時河間王元犯罪，於是「有司奏請誅元」〔註 200〕。廣川王劉去犯罪，有司先「請誅」，皇帝不許，有司又「請廢勿王」〔註 201〕。成帝時有司調查梁王劉立，發現其與姑母相姦，於是「奏立禽獸行，請誅」〔註 202〕。不過，在東漢時期，對於宗室諸侯王的議罪，諸王列侯更不會參與其中。如東漢時樂成王劉萇犯法，只有尚書侍郎冷宏、黃香等人對罪行進行討論，「尚書侍郎冷宏議，以為自非聖人，不能無過，故王太子生，為立賢師傅以訓導之，是以目不見惡，耳不聞非，能保其社稷，高明令終。萇少長藩國，內無過庭之訓，外無師傅之道，血氣方剛，卒受榮爵，幾微生過，遂陷不義。臣聞《周官》議親，蠢愚見赦。萇不殺無辜，以譴呵為非，無赫赫大惡，可裁削奪損其租賦，令得改過自新，革心向道」〔註 203〕。後來，皇帝聽從他們的建議，沒有處以重罰，而是將其貶爵為侯。東漢時楚王英謀反，雖然興起大獄，朝野矚目，但對楚王本人的罪名，也沒有進行廷議討論，只是由審訊的相關部門議定罪名及刑罰。如史書所載：

男子燕廣告英與漁陽王平、顏忠等造作圖書，有逆謀，事下案驗。有司奏英招聚姦猾，造作圖讖，擅相官秩，置諸侯王公將軍二千石，大逆不道，請誅之。〔註 204〕

另外，《後漢書・樊宏傳》記載漢明帝時廣陵王犯罪，明帝命樊儵等人進行審訊調查，樊儵等人「請誅荊」。〔註 205〕足以證明此時議定諸侯王罪名及刑罰的官員即是審理此案的人員。

〔註 198〕《史記》卷 51《荊燕世家》，第 1997 頁。
〔註 199〕《漢書》卷 53《景十三王傳》，第 2417 頁。
〔註 200〕《漢書》卷 53《景十三王傳》，第 2411 頁。
〔註 201〕《漢書》卷 53《景十三王傳》，第 2432 頁。
〔註 202〕《漢書》卷 47《文三王傳》，第 2216 頁。
〔註 203〕《後漢書》卷 50《孝明八王傳》注引《袁弘紀》，第 1673 頁。
〔註 204〕《後漢書》卷 42《光武十王傳》，第 1429 頁。
〔註 205〕《後漢書》卷 32《樊儵傳》，第 1123 頁。

二、皇帝定罪

在相關人員議定罪名及刑罰之後，大臣或司法官員們需要將其意見上報給皇帝，請皇帝對刑罰進行最後的裁奪。皇帝的意志，決定了宗室的命運，皇帝的裁決，也是宗室犯罪案件的最權威及最終的審判結果：

大鴻臚禹奏：「(平幹繆王)元前以刃賊殺奴婢，子男殺謁者，爲刺史所舉奏，罪名明白。病先令，令能爲樂奴婢從死，迫脅自殺者凡十六人，暴虐不道。故《春秋》之義，誅君之子不宜立。元雖未伏誅，不宜立嗣。」奏可，國除。〔註206〕

有司案驗……劾(廣川繆王)齊誣罔，大不敬，請繫治。齊恐，上書願與廣川勇士奮擊匈奴，上許之。未發，病薨。有司請除國，奏可。〔註207〕

下公卿，皆議曰：「定國禽獸行，亂人倫，逆天道，當誅。」上許之。〔註208〕

以上三個案件，是皇帝首肯了官員議定的刑罰，按照他們的意見對宗室進行了處罰。但更多的情況是，司法機構依照法律議定對宗室的相應刑罰，但皇帝卻常常以「不忍」爲理由，按照自己的意圖更改官員議定的刑罰。筆者以爲，這種干涉司法的行爲，可以分爲兩種情況。一是皇帝不能接受官員初次議定的刑罰，要求相關人員重新對宗室的刑罰進行討論，並提出令皇帝滿意的刑罰：

丞相臣張倉、典客臣馮敬、行御史大夫事宗正臣逸、廷尉臣賀、備盜賊中尉臣福昧死言：「……長當棄市，臣請論如法。」制曰：「朕不忍致法於王，其與列侯二千石議。」臣倉、臣敬、臣逸、臣福、臣賀昧死言：臣謹與列侯吏二千石臣嬰等四十三人議，皆曰『長不奉法度，不聽天子詔，乃陰聚徒黨及謀反者，厚養亡命，欲以有爲』。臣等議論如法。制曰：「朕不忍致法於王，其赦長死罪，廢勿王。」〔註209〕

有司請誅憲王后脩及王勃。上以脩素無行，使梲陷之罪，勃無

〔註206〕《漢書》卷53《景十三王傳》，第2421頁。
〔註207〕《漢書》卷53《景十三王傳》，第2427頁。
〔註208〕《史記》卷51《荊燕世家》，第1997頁。
〔註209〕《史記》卷118《淮南衡山列傳》，第3077頁。

良師傅，不忍誅。有司請廢王后脩，徙王勃以家屬處房陵，上許之。〔註 210〕

制曰：「與列侯、中二千石、二千石、博士議。」議者皆以爲（廣川王）去誖虐，聽后昭信讒言，燔燒亨煮，生割剝人，距師之諫，殺其父子。凡殺無辜十六人，至一家母子三人，逆節絕理，其十五人在赦前，大惡仍重，當憂顯戮以示眾。制曰：「朕不忍致上於法，議其罰。」有司請廢勿王，與妻子徙上庸。奏可。〔註 211〕

一般來說，雖然有司請求對犯罪宗室處以死刑，但皇帝有可能會赦免宗室諸侯王的死罪，替代以廢遷之刑，或者是削減其封地、封戶。另一種情況是皇帝不同意官員議定的刑罰，但不再要求公卿大臣復議罪行，而是由自己直接做出對宗室的處罰決定。這時皇權對司法的干涉更爲徹底。

公卿請廢（梁王）襄爲庶人。天子曰：「李太后有淫行，而梁王襄無良師傅，故陷不義。」乃削梁八城，梟任王后首於市。〔註 212〕

（濟川王明）坐射殺其中尉，漢有司請誅，天子弗忍誅，廢明爲庶人，遷房陵，地入於漢爲郡。〔註 213〕

（河間王）元取故廣陵厲王、厲王太子及中山懷王故姬廉等以爲姬。甘露中，冀州刺史敞奏元，事下廷尉，逮召廉等。元迫脅凡七人，令自殺。有司奏請誅元，有詔削二縣，萬一千户。〔註 214〕

有司奏請免（齊王）晃、（利侯）剛爵爲庶人，徙丹陽。帝不忍，下詔曰：「……朕不忍置之於理，其貶晃爵爲蕪湖侯，削剛户三千。」〔註 215〕

（任城王）安性輕易貪吝，數微服出入，遊觀國中，取官屬車馬刀劍，下至衛士米肉，皆不與直。元初六年，國相行弘奏請廢之。安帝不忍，以一歲租五分之一贖罪。〔註 216〕

〔註 210〕《史記》卷 59《五宗世家》，第 2103 頁。
〔註 211〕《漢書》卷 53《景十三王傳》，第 2432 頁。
〔註 212〕《史記》卷 58《梁孝王世家》，第 2088 頁。
〔註 213〕《史記》卷 58《梁孝王世家》，第 2088 頁。
〔註 214〕《漢書》卷 53《景十三王傳》，第 2411 頁。
〔註 215〕《後漢書》卷 14《宗室四王三侯傳》，第 554 頁。
〔註 216〕《後漢書》卷 42《光武十王傳》，第 1443 頁。

（東海王政）私取簡王姬徐妃，又盜迎掖庭出女。豫州刺史、魯相奏請誅政，有詔削薛縣。〔註217〕

可以看到，有司議罪時有意將刑罰定得較重，然後再由皇帝進行減免，以表示恩出於上。《禮記・文王世子》中記載了一種理想狀態下的議罪過程：「獄成，有司讞於公。其死罪，則曰『某之罪在大辟』；其刑罪，則曰『某之罪在小闢』。公曰：『宥之。』有司又曰：『在闢。』公又曰：『宥之。』有司又曰：『在闢。』及三宥，不對，走出，致刑於於甸人。公又使人追之曰：『雖然，必赦之。』有司對曰：『無及也！』反命於公，公素服不舉，爲之變，如其倫之喪。無服，親哭之。」這一套看似繁瑣的司法程序，其實包含這樣的目的：即顯示了國君對於宗族的親親之義，而又保證了司法程序的不受干擾，這是一種雙贏的理想化局面。不過，這種情況也只可能存在於漢代知識分子的臆想之中。在漢代針對宗室，尤其是對於諸侯王的議罪定刑過程中，皇帝永遠保留著最終決斷的權力，而宗室最終的命運，也由皇帝本人來決定，除非宗室以自殺的方式，來反抗皇帝爲其制定的處罰措施。

綜合上述史料來看，有司在議定刑罰時，一般較爲嚴苛，而皇帝則會減輕一等施予處罰，如將有司議定的死罪改爲廢遷，將廢黜改爲削縣。總之，有司在議定諸侯王的罪名和刑罰之後，又向皇帝請示，使得案件的最終審結權力歸屬於皇帝。在制度上保證了司法從屬於皇權。

三、刑罰的種類

依據史書的記載，可以將針對宗室王侯的刑罰分爲死刑、廢遷刑、廢削封爵封地三大類。這套刑罰體系極有針對性地適用於宗室王侯。它雖然沒有明確記錄於法律條文中，但是確實形成了一種爲漢代司法機關普遍遵行的規則，在量刑及執行時，皇帝和司法機關都會參考這些規則來對宗室進行處罰。

（一）死刑

在漢代的法律實施中，最爲普遍的死刑大概是腰斬、棄市兩種，當然，磔刑在漢初也曾經出現，但後來被漢景帝改爲棄市，顏師古解釋爲「磔謂張其屍也。棄市，殺之於市也。」〔註218〕後世有人將磔誤解爲淩遲，甚至將它等同於車裂。其實是一種誤解。據《說文解字》：「從桀，石聲。剖雞胸，腹

〔註217〕《後漢書》卷42《光武十王傳》，第1425頁。
〔註218〕《漢書》卷5《景帝紀》注引師古曰，第145頁。

而張之，令其乾枯不收」。可知這是一種將處置對象開膛破肚，然後將內臟曝露於外的一種方式。最初可能是來源於祭祀等儀式，據《史記・封禪書》記載：「磔狗邑四門，以御蠱菑」〔註219〕。後來演變為一種施用於人的殘忍刑罰，漢景帝時將其廢止，但實際在漢代時有些官員依然用磔刑處死罪犯，如《史記・酷吏列傳》中記載的李貞便曾經「擅磔人」〔註220〕，足證這一方式雖被朝廷明令禁止，但實際執行中卻並沒有絕迹。

磔刑這種極端的刑罰並不會施用在宗室身上。當然，漢代的宗室如犯下造反或謀反等嚴重的罪行，依然會被要求處以死刑。但死刑的執行方式卻要體現出對於宗室的特殊對待，這種在執行當中優待宗室的思想來源可能很早，我們在《禮記・文王世子》中就可以看到這樣的記載，「公族其有死罪，則磬於甸人。其刑罪，則纖剸，亦告於甸人。公族無宮刑。」所謂磬，指代的是一種懸掛的方式，其實是一種將犯人弔死的刑罰，這種縊殺的手段，與貴族自盡時選用的自縊非常相似，反而不同於中國古代所常見的絞刑，因絞刑是一種將人犯勒斃的刑罰，與磬刑有著很大的不同。在《禮記》中的這一段記載，體現了對宗室施用刑罰時需要特殊對待的精神。在刑罰適用方面，犯有謀反、祝詛等重大罪行的宗室王侯往往會選擇自殺。而自殺卻並不一概是宗室自己做出的選擇，很多時候他們是在朝廷的壓力之下，或者說是司法機關的壓力之下被迫自盡的，因此可以將自殺也當做一種死刑執行形式，甚至可以說接近於《禮記・文王世子》中所說的磬刑。雖然我們在案件的審訊以及定罪過程中並沒有發現皇帝明詔賜死的情況，但這並不妨礙自殺成為犯有死罪的宗室成員（尤其是諸侯王）無法逃避的宿命。也就是說，犯罪宗室在自殺時是遵循了當時一種無須明言的慣例，在這裡需要特別指出的是：如果宗室被判處其他刑罰而選擇的自殺，是屬於羞憤自盡，並不涵蓋在死刑當中，在此所討論的，是犯罪宗室在別無其他選擇的情況下，受到朝廷官員的迫責而自殺的情況。武帝時的江都王劉建案即可作一例證。據《漢書・景十三王傳》記載：

> 建時佩其父所賜將軍印，載天子旗出。積數歲，事發覺，漢遣丞相長史與江都相雜案，索得兵器璽綬節反具，有司請捕誅建。制曰：「與列侯吏二千石博士議。」議皆曰：「建失臣子道，積久，輒

〔註219〕《史記》卷28《封禪書》，第1360頁。
〔註220〕《史記》卷122《酷吏列傳》，第3154頁。

蒙不忍，遂謀反逆。所行無道，雖桀紂惡不至於此。天誅所不赦，當以謀反法誅。」有詔宗正、廷尉即問建。建自殺，後成光等皆棄市。〔註 221〕

江都王謀反案情明白，證據確鑿，朝臣已經議定，認爲其應「以謀反法誅」。皇帝再令宗正、廷尉即問，不會是爲了再對案情進行深入調查，更有可能是派遣此二人去勒令劉建自殺，也就是對其執行了公卿議定的死刑。同樣的程序亦應用在宣帝時廣陵王劉胥祝詛皇帝案中：

居數月，祝詛事發覺，有司按驗，胥惶恐，藥殺巫及宮人二十餘人以絕口。公卿請誅胥，天子遣廷尉、大鴻臚即訊。胥謝曰：「罪死有餘，誠皆有之。事久遠，請歸思念具對。」胥既見使者還，置酒顯陽殿，召太子霸及子女董訾、胡生等夜飲，使所幸八子郭昭君、家人子趙左君等鼓瑟歌舞。王自歌曰：「欲久生兮無終，長不樂兮安窮。奉天期兮不得須臾，千里馬兮駐待路。黃泉下兮幽深，人生要死，何爲苦心。何用爲樂心所喜，出入無悰爲樂亟。蒿里召兮郭門閱，死不得取代庸，身自逝。」左右悉更涕泣奏酒，至雞鳴時罷。至雞鳴時罷。胥謂太子霸曰：「上遇我厚，今負之甚。我死，骸骨當暴。幸而得葬，薄之，無厚也。」即以綬自絞死。及八子郭昭君等二人皆自殺。天子加恩，赦王諸子皆爲庶人，賜謚曰厲王。〔註 222〕

顯然，在案件調查明確，公卿議定罪行之後被再次啓用即問程序，似乎起到了迫責宗室，令其自殺的效果，江都王劉建、廣陵王劉胥都是在受到朝廷派遣官員的「即問」、「即訊」之後選擇了自殺。

如前所述，犯有重大罪行的宗室，朝廷會採用一種毋須明言的巧妙方式做出令其自殺的暗示。漢昭帝時燕剌王劉旦謀反案向我們展示了勒令自殺的另一種運作情況，燕王謀反圖謀被舉報之後，朝廷將同案的上官傑，蓋主等人一網打盡，絕望的燕王在自己的王府中等待著最終的命運，史書中對這一段有著非常細緻的描述：

有赦令到，王讀之，曰：「嗟乎。獨赦吏民，不赦我。」因迎後姬諸夫人之明光殿，王曰：「老虜曹爲事當族。」欲自殺。左右曰：「黨得削國，幸不死。」後姬夫人共啼泣止王。會天子使使者賜燕

〔註 221〕《漢書》卷 53《景十三王傳》，第 2417 頁。
〔註 222〕《漢書》卷 63《武五子傳》，第 2762 頁。

王璽書曰:「昔高皇帝王天下，建立子弟以藩屏社稷。先日諸呂陰謀大逆，劉氏不絕若發，賴絳侯等誅討賊亂，尊立孝文，以安宗廟，非以中外有人，表裏相應故邪?樊、酈、曹、灌攜劍推鋒，從高皇帝墾菑除害，耘鋤海內，當此之時，頭如蓬葆，勤苦至矣，然其賞不過封侯。今宗室子孫曾無暴衣露冠之勞，裂地而王之，分財而賜之，父死子繼，兄終弟及。今王骨肉至親，敵吾一體，乃與它姓異族謀害社稷，親其所疏，疏其所親，有逆詩之心，無忠愛之義。如使古人有知，當何面目復奉齊酎見高祖之廟乎。」旦得書，以符璽屬醫工長，謝相二千石:「奉事不謹，死矣。」即以綬自絞。後夫人隨旦自殺者二十餘人。天子加恩，赦王太子建爲庶人，賜旦謚曰剌王。〔註223〕

可以從這段記載中明確感到燕王求生的願望，但是，朝廷的意願卻是令其自裁。這樣的矛盾便激發了富有戲劇性的效果。赦書發到燕國，赦免了從逆者，卻單單沒有赦免燕王，其用意便是暗示劉旦自殺，但是劉旦的家人卻勸阻了他，希冀朝廷加恩，削國免死，但後來天子的使者帶著皇帝的詔書前來，責問劉旦「當何面目復奉齊酎見高祖之廟乎」〔註224〕?雖然詔書中沒有明言賜死，但面對著這樣的責問，燕王只好和他的家人二十餘人選擇自盡。在廣陵王劉胥案和燕王劉旦案的終結，可以發現這樣一個現象，即在宗室及其妻妾自殺之後，其子嗣得到了赦免。七國之亂中，濟北王爲了「幸全其妻子」目的選擇了自殺。〔註225〕可見當時朝廷與犯罪的宗室會有默契，即本人自殺之後，其後代會被赦免。當然，犯罪的諸侯王還被賜予了惡謚。如燕王劉旦被賜謚爲「剌」，廣陵王劉胥被賜謚爲厲王，關於宗室諸侯王的賜謚問題，本文會在後面的章節中詳細論述。

日本學者鐮田重雄認爲漢代有罪大官的自殺是一種強制性自殺行爲，是不給大官施加刑辱的倫理性措施。〔註226〕也可算作對這種現象的一種合理解釋。與其如此說，倒不如將其看做一種特殊的死刑執行方式。因爲獲罪宗室選擇自殺並非出於自己的意志，而是皇帝決意令其以死謝罪。我們再來看燕

〔註223〕《漢書》卷63《武五子傳》，第2758～259頁。
〔註224〕《漢書》卷63《武五子傳》，第2758頁。
〔註225〕《漢書》卷51《鄒陽傳》，第2356頁。
〔註226〕鐮田重雄:《漢代官僚的自殺》(《秦漢政治制度的研究》)，日本學術振興會，1962年。

王劉定國的案件：

> （燕王定國）與父康王姬姦，生子男一人。奪弟妻爲姬。與子女三人姦。定國有所欲誅殺臣肥如令郢人，郢人等告定國，定國使謁者以他法劾捕格殺郢人以滅口。至元朔元年，郢人昆弟復上書具言定國陰事，以此發覺。詔下公卿，皆議曰：「定國禽獸行，亂人倫，逆天，當誅。」上許之。定國自殺，國除爲郡。〔註 227〕

可見，皇帝在首肯了公卿議定的「當誅」刑罰之後，定國選擇了自盡。是否將宗室的自殺看做一種特殊的死刑方式，取決於其自盡是否遵循皇帝的意志，畢竟，皇帝擁有著最高的司法裁決權力。在案情調查明白之後，皇帝派出官吏進行「雜治」、「即問」，取得迫令其自殺的效果，同樣屬於執行死刑。按照這個標準，有些案件中宗室最終的自殺並不能視作爲朝廷的處罰。比如宗室有時也會在案件訴訟程序的進行當中自殺，或是在已經被處以某種懲罰之後自殺。這便與朝廷迫責下的自殺有所不同了，一種是具有強制性的自殺，一種是自我選擇的自殺，這其中微妙的區別在於宗室是否按照朝廷的擺佈接受了自己的命運。如淮南王劉長因謀反被廢徙蜀郡，他慨歎到：「人生一世間，安能邑邑如此。」〔註 228〕遂絕食自殺。淮南王自殺後引起的社會輿論壓力使得漢文帝狼狽不堪。宣帝時廣川王劉去犯罪，被廢遷上庸，劉去亦在途中自殺：

> 議者皆以爲去詩虐，聽后昭信讒言，燔燒亨煮，生割剝人，距師之諫，殺其父子。凡殺無辜十六人，至一家母子三人，逆節絕理，其十五人在赦前，大惡仍重，當憂顯戮以示眾。制曰：「朕不忍致上於法，議其罰。」有司請廢勿王，與妻子徙上庸。奏可。與湯沐邑百户。去道自殺，昭信棄市。〔註 229〕

雖然公卿要求將廣川王顯戮，但皇帝最終還是決定廢掉劉去的王爵，將其妻子遷徙到上庸，這當中應當包括了王后昭信，不過，劉去在廢徙的途中卻自盡而死，按照史書記載的順序揣摩，劉去的行爲似乎直接引起了王后昭信被處棄市之刑，無獨有偶，漢哀帝時東平王劉雲因祝詛之罪而被遷徙房陵，劉雲卻自殺而死，結果王后被殺〔註 230〕。這或許是因爲宗室的自盡違背了皇帝

〔註 227〕《史記》卷 51《荊燕世家》，第 1998 頁。
〔註 228〕《史記》卷 118《淮南衡山列傳》，第 3080 頁。
〔註 229〕《漢書》卷 53《景十三王傳》，第 2432 頁。
〔註 230〕《漢書》卷 80《宣元六王傳》，第 3325 頁。

對其命運的安排，引發了皇帝的憤怒。

但這種情況畢竟罕見，更多的宗室，默默接受了皇帝對他們的裁決。不管怎樣，這種類似於賜死的方式，還是保障了宗室的尊嚴。「棄市」一類的死刑，在執行過程中都會使得受刑者的肉體和聲譽都受到毀滅，而如果宗室選擇自殺，則是以生命換得了最後的尊嚴。這便如賈誼所說：「廉恥節禮以治君子，故有賜死而亡戮辱。」〔註231〕

允許宗室自殺是對於宗室威嚴的維護，但是，將宗室進行顯戮的情況並不罕見，我們在前面看到的公卿在議定廣川王劉去的刑罰時便特別要求「顯戮」，這雖然沒有被皇帝批准，但依然表明了宗室是可能被處以棄市罪的。史書中也確實記載了一部分宗室侯被棄市處死的情況（參見表2）：

表2　王子侯受棄市刑

王子侯	罪行	死刑執行方式
茲侯明	殺人	棄市
攸輿侯則	篡死罪囚	棄市
葛魁侯戚	殺人〔註232〕	棄市
有利侯釘	坐遺淮南書稱臣	棄市
鈞丘侯毋害	使人殺兄	棄市
原洛侯敢	殺人	棄市
甘井侯光	殺人	棄市
修故侯福	首匿群盜	棄市
陽興侯昌	使庶子殺人	棄市
平邑侯敞	殺一家二人	棄市
宜城侯福	殺弟	棄市

依據《禮記・王制》的描述：棄市的含義是「刑人於市，與眾棄之」。在漢代歷史中，被處以棄市刑罰的宗室人數絕對是不可忽視的。而且，棄市刑罰的適用，也並非均爲謀反、祝詛等大逆不道之罪，相比之下，諸侯王的待遇便

〔註231〕《漢書》卷48《賈誼傳》，第2255頁。
〔註232〕《史記》、《漢書》之中記載葛魁侯的案情並不一致，《史記》中記載爲殺人棄市，而《王子侯表》中則記載爲綁縛家吏，恐嚇勒索錢財，如果這是同一件事的話，有可能是葛魁侯最終將家吏殺死了。

大不相同，即使其罪行是謀反、祝詛皇帝等大逆罪，也沒有被處以顯戮的情況。反觀王子侯，有祝詛皇帝行爲的，則會被處以腰斬的極刑。如漢武帝時趙敬肅王之子鄗侯舟便因祝詛而被處以腰斬〔註 233〕。同樣在漢武帝時代，著名的宗室丞相澎侯劉屈氂也是因爲祝詛皇帝而被處以腰斬之刑〔註 234〕。王與侯一級之差，就造成了命運的巨大不同。

另外一種死刑的執行方式，史書中記載爲「誅」，按照《說文解字》的解釋，誅有討伐的意思。所謂「大刑用甲兵，其次用斧鉞」〔註 235〕。按照這種說法，可以將朝廷對於造反宗室的討伐也視作一種刑罰，我們知道，刑罰的起源很可能就來自於氏族時代的戰爭，以及戰後對於外族俘虜的懲罰。而對於起兵造反的宗室，正常的司法權力無法介入，只好借助於甲兵對犯罪宗室施予懲罰。在漢文帝時第一位起兵造反的同姓諸侯王劉興居便受到了朝廷討伐：

> 濟北王興居聞帝之代，欲往擊胡，乃反，發兵欲襲滎陽。於是詔罷丞相兵，遣棘蒲侯陳武爲大將軍將十萬往擊之。祁侯賀爲將軍，軍滎陽。七月辛亥，帝自太原至長安。乃詔有司曰：「濟北王背德反上，詿誤吏民，爲大逆。濟北吏民兵未至先自定，及以軍地邑降者，皆赦之，復官爵。與王興居去來，亦赦之。」八月，破濟北軍，虜其王。赦濟北諸吏民與王反者。〔註 236〕

兵敗被俘的濟北王最終自盡而死，即《史記・齊悼惠王世家》中記載的「使棘蒲侯柴將軍擊破虜濟北王，王自殺」〔註 237〕，但其在同書同傳中，卻記載爲「二年，濟北王反，漢誅殺之，地入於漢。」〔註 238〕兩處記載並不相牴牾，而是起兵造反者受到朝廷征討失敗之後一律被記載爲「誅」。史書中詳細記載了七國之亂中反叛朝廷的膠西王劉卬兵敗後的結局：

> 三王之圍齊臨菑也，三月不能下。漢兵至，膠西、膠東、菑川王各引兵歸。膠西王乃袒跣，席稿，飲水，謝太后。王太子德曰：「漢兵遠，臣觀之已罷，可襲，願收大王余兵擊之，擊之不勝，乃逃入

〔註 233〕《漢書》卷 15《王子侯表》，第 478 頁。
〔註 234〕《漢書》卷 15《王子侯表》，第 480 頁。
〔註 235〕《漢書》卷 23《刑法志》，第 1079 頁。
〔註 236〕《史記》卷 10《孝文本紀》，第 426 頁。
〔註 237〕《史記》卷 52《齊悼惠王世家》，第 2010 頁。
〔註 238〕《史記》卷 52《齊悼惠王世家》，第 2005 頁。

海，未晚也。」王曰：「吾士卒皆已壞，不可發用。」弗聽。漢將弓高侯穨當遺王書曰：「奉詔誅不義，降者赦其罪，復故。不降者滅之。王何處，須以從事。」王肉袒叩頭漢軍壁，謁曰：「臣卬奉法不謹，驚駭百姓，乃苦將軍遠道至於窮國，敢請菹醢之罪。」弓高侯執金鼓見之，曰：「王苦軍事，願聞王發兵狀。」王頓首膝行對曰：「今者，鼂錯天子用事臣第，變更高皇帝法令，侵奪諸侯地。卬等以爲不義，恐其敗亂天下，七國發兵，且以誅錯。今聞錯已誅，卬等謹以罷兵歸。」將軍曰：「王苟以錯不善，何不以聞？乃未有詔虎符，擅發兵擊義國。以此觀之，意非欲誅錯也。」乃出詔書爲王讀之。讀之訖，曰：「王其自圖。」王曰：「如卬等死有餘罪。」遂自殺。太后、太子皆死。膠東、菑川、濟南王皆死，國除，納於漢。酈將軍圍趙十月而下之，趙王自殺。〔註239〕

我們可以看到，按照詔書中所說「降者赦其罪，復故。不降者滅之。」兵敗請降的劉卬應當受到赦免，但在劉卬肉袒歸降之後，弓高侯的言辭卻迫令其自殺。實際上，除去逃跑的吳王劉濞是受到了懸賞緝拿中被人殺死以外，楚王戊、趙王遂、膠西王卬、膠東王雄踞、濟南王辟光、淄川王賢六位反王均在七國兵敗之後自殺而死。但是按照《史記・漢興以來諸侯王年表》和《漢書・諸侯王表》中的記載，七國之亂中造反的諸侯王最終都是受「誅」而死。而且按照兩《表》記錄的句式來看，顯然也是將「誅」當作爲一種刑罰方式。因此，我們可以將兩《表》中所記的「誅」解釋爲受到討伐而死，並將「誅」或「誅死」當做對於起兵造反者的特殊刑罰。此外，《漢書・王子侯表》中，在七國之亂中隨同諸侯王造反的王子侯同樣也被記爲因「反」而「誅」。

最後，可以做出結論，對於宗室來說，死刑的適用有著很大的不同，宗室諸侯王犯有謀反祝詛之罪，才會被處以死刑，且死刑的執行方式都是勒令自殺，王子侯的死刑適用則更爲廣泛，謀反和祝詛皇帝當然會被處死，殺人等罪行亦有可能遭到顯戮，相比於諸侯王，王子侯的死刑執行方式也要嚴酷的多，在此可以列出一個諸侯王與王子侯的死刑適用表，加以對照觀察。（參見表3、表4）

〔註239〕《史記》卷106《吳王劉濞列傳》，第2836頁。

表 3　諸侯王死刑適用

諸侯王	罪行	死刑執行方式
濟北王興居	反	發兵討伐，誅
濟北王寬	禽獸行、祝詛皇帝	有司請誅，自殺
淮南王安	謀反	有司請誅，自殺
吳王濞	反	發兵討伐，誅
楚王戊	反	發兵討伐，誅
楚王延壽	謀反	有司請誅，自殺
趙王遂	反	發兵討伐，誅
膠東王雄踞	反	發兵討伐，誅
濟南王辟光	反	發兵討伐，誅
淄川王賢	反	發兵討伐，誅
衡山王賜	謀反	迫令自殺
燕王定國	禽獸行	有司請誅，自殺
江都王建	淫亂、殺人、謀反	有司請誅，自殺
廣陵王胥	謀反、祝詛皇帝	有司請誅，自殺
燕王旦	謀反	迫令自殺
東平王匡	起兵反莽	兵敗被殺

表 4　王子侯死刑適用

王子侯	罪行	死刑執行方式
管侯戎奴	反	誅
氏兵侯偃	反	誅
營侯廣	反	誅
宛朐侯埶	反	誅
茲侯明	殺人	棄市
洛陵侯童	殺人	自殺
攸輿侯則	篡死罪囚	棄市
葛魁侯戚	殺人	棄市
有利侯釘	坐遺淮南書稱臣	棄市
鈞丘侯毋害	使人殺兄	棄市
鄗侯周	祝詛上	腰斬
爰戚侯當	謀反	自殺
澎侯屈釐	祝詛上	腰斬
原洛侯敢	殺人	棄市
膚侯餘	有罪	死
甘井侯光	殺人	棄市
修故侯福	首匿群盜	棄市
陽興侯昌	使庶子殺人	棄市
平邑侯敞	殺一家二人	棄市
嚴鄉侯信	起兵反莽	兵敗被殺
宜城侯福	殺弟	棄市
武平侯璜	起兵反莽	兵敗被殺

從表中可見，王子侯的死刑適用更爲廣泛，包括了殺人、首匿群盜、謀反等等罪行，且絕大多數宗室侯是因殺人而被棄市，而諸侯王則一般是謀反才會被處死，唯一的例外是燕王定國因禽獸行而被迫自殺。一般來說，如果諸侯王犯有殺人罪行，則一般是處以削地，或者免爵的處罰，也就是說，宗室成員內部也存在著嚴重的同罪不同罰的現象，毫無疑問，在宗室群體當中，爵位的高低也代表了不同的法律特權。

（二）廢遷

秦代已經廣泛使用遷刑。據《法律答問》記載：「五人盜，贓不盈二百廿錢以下到一錢，遷之。」〔註 240〕又有「嗇夫不以官爲事，以姦爲事，論何也？當遷」。〔註 241〕及至漢代，遷刑依然存在。秦漢時期的政府對於犯罪人員施用遷刑，其目的有二，一是對犯罪人員進行處罰，二便是徙民實邊，增加邊疆的國防力量。如我們在《史記》中記載：「魏獻安邑，秦出其人，募徙河東賜爵，赦罪人遷之。涇陽君封宛。……二十六年，赦罪人遷之穰。侯冉復相。二十七年，錯攻楚。赦罪人遷之南陽。」〔註 242〕這便是將罪人遷徙到新征服的土地之上。至秦滅六國之後，這一方式依然被保留下來，朝廷會將犯罪者遷徙到邊疆地區，「秦時已併天下，略定楊越，置桂林、南海、象郡，以謫徙民」〔註 243〕，《漢書·南粵傳》對此也有類似的記錄，「秦併天下，略定揚粵，置桂林、南海、象郡，以適徙民與粵雜處。」據顏師古注曰：「有罪者，徙之於越地，與其土人雜居。」〔註 244〕正因爲遷刑具有著鞏固邊防的目的，被處遷刑的罪犯，還要擔任戍邊的勞役，如東漢時著名文學家蔡邕便受到遷刑徙往朔方，「事奏，中常侍呂強愍邕無罪，請之，帝亦更思其章，有詔減死一等，與家屬髡鉗徙朔方，不得以赦令除。」〔註 245〕可見，受到遷刑發往邊郡的罪犯有時還會同時被處以髡鉗之刑。蔡邕在戍邊時曾經向皇帝上書，稱其「既到徙所，乘塞守烽，職在候望，憂怖焦灼，無心復能操筆成草，致章闕庭。」而在勞累的同時，匈奴的進攻也使得戍邊者的生命面臨著巨大的威脅，「所在

〔註 240〕睡虎地秦墓竹簡整理小組：《睡虎地秦墓竹簡》，文物出版社，1990 年版，第 92 頁。

〔註 241〕《睡虎地秦墓竹簡》，第 107～108 頁。

〔註 242〕《史記》卷 5《秦本紀》，第 213 頁。

〔註 243〕《史記》卷 113《南越列傳》，第 2968 頁。

〔註 244〕《漢書》卷 95《南粵傳》，第 3847 頁。

〔註 245〕《後漢書》卷 60《蔡邕傳》，第 2002 頁。

孤危，懸命鋒鏑，湮滅土灰，呼吸無期。」〔註 246〕可見，遷刑對於一般的官吏來說，也是一種非常嚴酷的刑罰。但是，徙民實邊作爲一項重大的國策，在漢代一直被執行，吏民們對於遷刑的歎息和怨望，絲毫不會改變皇帝的決定。有時皇帝還會下詔親自安排受到遷刑的罪犯。如漢明帝頻頻命令將罪犯及其家屬徙往北方邊郡，以防禦匈奴：

> 詔三公募郡國中都官死罪繫囚，減罪一等，勿笞，詣度遼將軍營，屯朔方、五原之邊縣。〔註 247〕
>
> 詔郡國死罪囚減罪，與妻子詣五原、朔方占著，所在死者皆賜妻父若男同產一人復終身。〔註 248〕
>
> 詔令郡國中都官死罪繫囚減死罪一等，勿笞，詣軍營，屯朔方、敦煌。〔註 249〕

當然，爲了達到鞏固邊防或者強本弱枝的目的，漢代政府也會將無罪的豪族、居民遷徙到一些特定的地點，採用的手段或是招募，或是帶有半強制的措施，但這純粹是一種國家的移民政策，與遷刑並沒有直接的關聯。

不管怎樣，在漢代人的意識中，遷徙是一種非常可怕的刑罰。《潛夫論·實邊篇》所說：「且夫士重遷，戀慕墳墓，賢不肖之所同也。民之於徙，甚於伏法。伏法不過家一人死爾，諸亡失財貨，奪土遠移，不習風俗，不便水土，類多滅門，少能還者。代馬望北，狐死首丘，邊民謹頓，尤惡內留」。〔註 250〕農耕文明具有安土重遷的傳統，且在當時的技術條件下，人們一旦背離自己的土地，則面臨著巨大的生存挑戰，在現實的折磨和思鄉的情懷之下，被遷徙者寧願選擇死亡。

對於漢代的宗室來說，遷刑是作爲一種死罪的替代刑而存在的。其適用的罪行，也是有司請求判處死刑的重罪，不過，被處以遷刑的宗室，很少有犯謀反、祝詛皇帝等大逆罪的，而一般是殘虐殺人等惡劣的刑事犯罪或者居喪而姦、與同產相姦等。換句話說，對於謀反、祝詛皇帝的宗室，一般被處以死刑，比如諸侯王會被迫令自殺，甚至王子侯還會被腰斬等等。而如果犯

〔註 246〕《後漢書·律曆志》，第 3082 頁。
〔註 247〕《後漢書》卷 2《顯宗孝明帝紀》，第 111 頁。
〔註 248〕《後漢書》卷 2《顯宗孝明帝紀》，第 112 頁。
〔註 249〕《後漢書》卷 2《顯宗孝明帝紀》，第 121 頁。
〔註 250〕（漢）王符：《潛夫論箋校正》，（清）汪繼培箋，中華書局，1985 年，第 281～282 頁。

有殺人的罪行，王子侯可能會被棄市，而諸侯王則會被處以廢遷的刑罰。

當然，對於漢代的遷刑是否被納入到漢代正式的刑律體系當中，學界還頗有爭議。〔註 251〕犯有死罪的宗室，在天子的恩典之下，會被赦免徙邊。如宣帝時廣川王劉去暴虐殺人，大臣認爲其「逆節絕理」，應當處以顯戮。但皇帝明確下令：「朕不忍致上於法，議其罰」。這個含義是很明顯的，即不以現存的刑律體系中的規定來對宗室諸侯王施用處罰。於是，接下來有司便「請廢勿王，與妻子徙上庸」。〔註 252〕由此可以認爲，廢遷不屬於漢法規定的刑罰，而是在皇帝的特殊要求之下所作出的一種從輕處理地懲罰，以顯示皇帝的親親之義，因此，似乎可以將廢遷刑視作死刑的替代刑。實際上，我們不能把這種處罰視作簡單的遷徙刑，對於擁有王侯爵位的宗室而言，廢與遷是有著相同份量的處罰。遷刑是以王爵的廢除爲前提的：

> （梁王）坐射殺其中尉，有司請誅，武帝弗忍，廢爲庶人，徙房陵，國除。〔註 253〕
>
> 有司奏（清河王）年淫亂，年坐廢爲庶人，徙房陵，與湯沐邑百户。〔註 254〕
>
> 有司請誅（濟東王），武帝弗忍，廢爲庶人，徙上庸，國除，爲大河郡。〔註 255〕
>
> 有司奏（河間王）元殘賊不改，不可君國子民廢勿王，處漢中房陵。〔註 256〕
>
> 有司請廢勿王，徙（常山）王勃以家屬處房陵，上許之。〔註 257〕

但是，被執行遷刑的宗室依然有著諸多的優待條件，如淮南王劉長謀反案中，皇帝在提出「不忍致法於王，其赦長死罪，廢勿王」之後，又特別下令「計食長給肉日五斤，酒二斗。令故美人才人得幸者十人從居。」〔註 258〕廣川王

〔註 251〕詳見邢義田《從安土重遷論秦漢時代的徙民與遷徙刑》補記，《秦漢史論稿》，東大圖書公司，1988 年。

〔註 252〕《漢書》卷 53《景十三王傳》，第 2432 頁。

〔註 253〕《漢書》卷 47《文三王傳》，第 2213 頁。

〔註 254〕《漢書》卷 47《文三王傳》，第 2212 頁。

〔註 255〕《漢書》卷 47《文三王傳》，第 2213 頁。

〔註 256〕《漢書》卷 53《景十三王傳》，第 2412 頁。

〔註 257〕《漢書》卷 53《景十三王傳》，第 2434 頁。

〔註 258〕《史記》卷 118《淮南衡山列傳》，第 3079 頁。

劉去被廢遷上庸後也是「與湯沐邑百戶。」〔註 259〕而被廢徙漢中房陵的原河間王劉元也是在廢徙之後「妻若共乘朱輪車」，似乎生活並無特別困苦。東漢時楚王英被廢遷丹陽，執行遷刑的方式簡直不像是在對待一個犯罪的宗室：「帝以親親不忍，乃廢英，徙丹陽涇縣，賜湯沐邑五百戶。遣大鴻臚持節護送，使伎人奴婢工技鼓吹悉從，得乘輜軿，持兵弩，行道射獵，極意自娛。」〔註 260〕這顯然與受到遷徙的百姓處境迥異。自西周時期，便出現了對於宗室的遷刑，而受到這一刑罰的宗室，同樣享受著相當高規格的待遇，據《史記・管蔡世家》記載：「周公旦承成王命伐誅武庚，殺管叔，而放蔡叔，遷之，與車十乘，徒七十人從」。在遷刑執行過程中，還享有如此優厚的待遇，這對於普通吏民來說是無法想像的。漢代宗室的遷徙目的地也與吏民不同。在漢代，吏民（甚至包括其他的貴族）一般被遷徙到邊郡遠方，其遷徙目的地一般是南方的合浦，以及帝國北疆的朔方，這樣的用意是非常明顯的，它配合徙民實邊的國策，希冀取得鞏固邊疆的功效：

元壽二年，（孔鄉侯傅晏）坐亂妻妾位免，徙合浦。〔註 261〕

元壽二年，（方陽侯孫寵）坐前爲姦讒免，徙合浦。〔註 262〕

京兆尹王章訟商忠直，言鳳顓權，鳳誣章以大逆罪，下獄死，妻子徙合浦。〔註 263〕

躬母聖，坐祠灶祝詛上，大逆不道。聖棄市，妻充漢與家屬徙合浦。〔註 264〕

及大將軍竇憲被誅，舉以憲女婿謀逆，故父子俱下獄死，家屬徙合浦，宗族爲郎吏者，悉免官。〔註 265〕

先是融有事忤大將軍梁冀旨，冀諷有司奏融在郡貪濁，免官，髡徙朔方。單超積懷忿恨，遂以事陷種，竟坐徙朔方。〔註 266〕

〔註 259〕《漢書》卷 53《景十三王傳》，第 2431 頁。
〔註 260〕《後漢書》卷 42《光武十王傳》，第 1429 頁。
〔註 261〕《漢書》卷 18《外戚恩澤侯表》，第 711 頁。
〔註 262〕《漢書》卷 18《外戚恩澤侯表》，第 713 頁。
〔註 263〕《漢書》卷 27《五行志》，第 1334 頁。
〔註 264〕《漢書》卷 45《息夫宮傳》，第 2187 頁。
〔註 265〕《後漢書》卷 10《皇后紀》，第 404 頁。
〔註 266〕《後漢書》卷 60《馬融傳》，第 1972 頁。

酺部吏楊章等窮究，正海罪，徙朔方。〔註 267〕

可見，遷刑無論是作爲本刑，還是作爲緣坐刑都得到了廣泛應用，犯罪的官吏及其家屬都受到了遷刑的處罰。而遷徙地選擇帝國北部邊疆的朔方，或者是作爲南方邊郡的合浦，其徙民實邊的意義非常明顯。另外，如以蔡邕戍邊爲例，表明這些人也會擔當著邊防守衛的任務，且面臨著戰爭帶來的生命威脅。然而，當遷刑施用到犯罪的宗室時，又發生了變化，史書中未見受到廢遷之刑的宗室被遷往上述地點。顯然，朝廷對於宗室的遷徙地點，有著特殊的安排，經過對史料的梳理，可以發現，宗室遷徙地點一般爲蜀地，尤其集中在漢中房陵，或者上庸兩地，詳見表 5：

表 5　諸侯王廢遷地一覽

封國	姓名	罪行	刑罰
淮南王	劉長	謀反	廢徙蜀嚴道，死雍
梁王	劉立	坐與平帝外家中山衛氏交通	廢徙漢中，自殺
濟川王	劉明	坐殺中傅	廢徙房陵
濟東王	劉彭離	殺人劫財	廢遷上庸
清河王	劉年	禽獸行	廢徙房陵
河間王	劉元	殺人	廢徙房陵
廣川王	劉去	坐亨姬不道	廢遷上庸，道自殺，王后棄市
廣川王	劉海陽	淫亂，殺人	廢徙房陵
常山王	劉勃	不孝，匿丘	廢徙房陵
東平王	劉雲	祝詛	廢徙房陵，道自殺，王后棄市
楚王	劉英	謀反	廢徙丹陽涇縣，自殺

昭帝死後繼任的昌邑王被廢，有人也建議廢徙至房陵：「古者廢放之人屛於遠方，不及以政，請徙王賀漢中房陵縣」，但皇太后「詔歸賀昌邑，賜湯沐邑二千戶。」〔註 268〕也就是說，史書所載兩漢 11 位受到廢遷刑的宗室諸侯王中（如果我們將昌邑王劉賀也包含其中的話），有 8 位被廢徙到房陵或者上庸，而淮南王劉長雖然被廢徙到這兩地，但依然是被遷徙到蜀。惟有昌邑王劉賀和東

〔註 267〕《後漢書》卷 45《張酺傳》，第 1531 頁。

〔註 268〕《漢書》卷 68《霍光傳》，第 2946 頁。

漢時的楚王英是特例。實際上，東漢諸王中受到廢遷處罰的，也只有楚王英一人，廢帝昌邑王最終的歸宿是原來的昌邑國。當然，其封國已經被取消，更名爲山陽郡了。由此看來，朝廷在安置廢遷的宗室成員時，首選的遷徙地便是房陵和上庸。同屬漢中郡的房陵與上庸，相比起朔方、合浦等地，其地理條件和自然條件顯然要優越很多。如晉人潘岳便在《閑居賦》中說：「房陵朱仲之李，靡不畢殖。」〔註 269〕這樣看來，宗室們在房陵、上庸等地的生活，是沒有那麼艱辛的，也更不會負擔充實邊塞，防禦侵略的任務。正因如此，將獲刑者遷到房陵或者上庸，便失掉了徙民實邊的意義，而僅具備了懲罰犯罪者的目的。此外，從史料中不難發現，房陵上庸兩地卻並不是其他受遷刑處罰者的遷徙目的地，它們似乎對於身份有著嚴格的限制，包括王子侯在內的其他宗室、貴族、外戚、官吏都被排除在外。房陵和上庸成爲了宗室諸侯王的特定流放地點。那麼，爲什麼在遷徙刑方面，同姓諸侯王顯得如此特殊呢？大致有以下兩點原因，第一，由於諸侯王皇親與王爵的雙重身份，儘管失去了對王國的實際控制，但他們依然具備相當的影響力。廢遷的目的，是令其離開自己的封國。他們在房陵、上庸等地受到政府的有力監管，可以有效地防止他們繼續實施刑事犯罪。如河間王劉元，他被廢遷房陵之後數年，因笞擊其妻而受到漢中太守的告發。可見朝廷官員對廢黜諸侯王的監管力度。第二，執行廢遷刑要動用巨大的司法、行政資源。受到廢遷處罰的諸侯王依然不會缺乏物質享受，朝廷會賜予他們湯沐邑，甚至派遣伎人奴婢工技鼓吹跟隨等等。這就要耗費相當的財富。如此優厚待遇顯然不可能惠及其他宗室，遑論普通吏民。

但是，儘管如此，依然可見許多受到廢遷處罰的宗室諸侯王在前往遷徙地的路途之上選擇了自殺，史書中記載的 11 位受到廢遷的宗室中（昌邑王劉賀亦包含其中），有淮南王劉長、廣川王劉去、梁王劉立，楚王劉英 4 人在被處以廢遷刑之後，選擇了自殺。但這並非皇帝本人的意願，而是諸侯王對廢遷刑所帶來的屈辱使得他們無法忍受。如淮南王劉長在被判遷蜀之後，被「載以輜車，令縣以次傳。」遷徙中的淮南王發出這樣的感歎：「誰謂乃公勇者？吾安能勇。吾以驕故不聞吾過至此。人生一世間，安能邑邑如此。」此後便絕食自殺了。〔註 270〕或許，對於漢代的諸侯王來說，雖然廢遷後物質上並不

〔註 269〕《晉書》卷 55《潘岳傳》，第 1505 頁。
〔註 270〕《史記》卷 118《淮南衡山列傳》，第 3079 頁。

匱乏，但是精神上的屈辱卻是無法忍受的。

（三）廢、削封爵封地

宗室們通過血統所獲得的最直接權益，便是朝廷授予的爵位，以及與封爵相應的封地。若宗室王侯犯罪，朝廷針對其爵位以及封地進行處置，削減其憑藉宗室身份得來的權利。具體處罰方式有三種：廢除爵位、降低爵位，以及削除封地。這一類與宗室的爵位封地相關的處罰適用範圍非常廣泛，它使得爵位與封地具備了抵罪的作用。漢景帝時便是以封地抵罪的名義執行的削藩國策，「楚王朝，晁錯因言楚王戊往年為薄太后服，私姦服舍，請誅之。詔赦，罰削東海郡。」〔註271〕這是以楚國的東海郡來抵消楚王劉戊的「私姦服舍」之罪。西晉最早將這一做法納入法律明文之中，「天子又下詔改定刑制，命司空陳群、散騎常侍劉邵、給事黃門侍郎韓遜、議郎庾嶷、中郎黃休、荀詵等刪約舊科，傍採漢律，定為魏法，製《新律》十八篇，《州郡令》四十五篇，《尚書官令》、《軍中令》，合百八十餘篇。……改漢舊律不行於魏者皆除之，更依古義製為五刑。其死刑有三，髡刑有四，完刑、作刑各三，贖刑十一，罰金六，雜抵罪七，凡三十七名，以為律首」〔註272〕。雜抵罪便是以官爵土地來免除刑罰，不過，在漢代時雖然已經開始施行了這一方法，卻並沒有被記載於法律條文之中。

無論宗室所犯何罪，都有可能令其受到免爵或削減封地的處罰，它不單是一種常見的處罰宗室的方式，同時也是皇帝管理控制其親屬的常用手段。前文提到，漢代諸侯王常被處以廢遷刑，也就是廢黜後遷徙他鄉。當然，廢除王國的形式可能比較靈活：

> 子（平干）繆王元嗣，二十五年薨。大鴻臚禹奏：「元前以刃賊殺奴婢，子男殺謁者，為刺史所舉奏，罪名明白。病先令，令能為樂奴婢從死，迫脅自殺者凡十六人，暴虐不道。故《春秋》之義，誅君之子不宜立元雖未伏誅，不宜立嗣。」奏可，國除。〔註273〕

平干王劉元王生前的罪行未受到懲罰，在其死後卻被朝廷追究罪責。由於劉元生前殺人，又命人為其殉葬，死後為大鴻臚劾奏，援引春秋之義，「誅君之子不宜立」，最終國除。當然，這是對已故的平幹繆王本人的處罰，也可視作

〔註271〕《史記》卷106《吳王濞列傳》，第2825頁。
〔註272〕《晉書》卷30《刑法志》，第925頁。
〔註273〕《漢書》卷53《景十三王傳》，第2421頁。

是漢朝政府對獲罪諸侯王的後代的處罰。這並不是單一的事例，在武帝朝亦有相似的情況出現：

> 子繆王齊嗣，四十四年薨。初齊有幸臣乘距，已而有罪，欲誅距。距亡，齊因禽其宗族。距怨王，乃上書告齊與同產姦。是後，齊數告言漢公卿及幸臣所忠等，又告中尉蔡彭祖捕子明，罵曰：「吾盡汝種矣。」有司案驗，不如王言？劾齊誣罔，大不敬，請繫治。齊恐，上書願與廣川勇士奮擊匈奴，上許之第未發，病薨。有司請除國，奏可。〔註274〕

與平干王一案不同的是，廣川王的罪行生前即被揭發，只不過他迎合了漢武帝征討匈奴的夙願，爭取到了贖罪的機會。但不幸的是，他未完成這一贖罪任務便死去了，漢武帝並沒有就此原諒他，而是依照法律機關的懇請，將其封國撤銷。

除國是一種處罰，但也有皇帝格外加恩，特旨爲犯罪諸侯置後的情況。漢景帝平定七國之亂後，即欲冊封吳王濞之弟德侯劉廣爲吳王，楚王戊的叔父劉禮爲楚王，但受到竇太后阻攔，最終只保存了楚王一系，而吳國則被廢除：

> 漢已平吳楚，孝景帝欲以德侯子續吳，以元王子禮續楚。竇太后曰：「吳王，老人也，宜爲宗室順善。今乃首率七國，紛亂天下，奈何續其後。」不許吳，許立楚後。是時禮爲漢宗正。乃拜禮爲楚王，奉元王宗廟，是爲楚文王。〔註275〕

對於王子侯來說，犯罪後被免除侯爵的現象也很常見。最著名的案例便是漢武帝時的酎金奪爵。當時，因獻祭酎金成色不足，被奪爵的列侯有 106 人。據筆者統計，其中有王子侯 64 人，使得大批宗室侯失掉了封國。當然，宣帝時也有因酎金而被奪爵的王子侯，只不過比起武帝時期，受到這類處罰的王子侯人數大大減少了。此外，據《史記·建元以來王子侯者年表》以及《漢書·王子侯表》中的記載，因殺人、不朝天子、禽獸行、藏匿罪人、恐嚇國人、擅取財物等等罪行被廢黜的王子侯數量極多，王子侯因殺人被棄市者也不在少數。這種同罪不同罰的現象恰恰說明了皇帝對於宗室犯罪處理的隨意性，正是由於制度上的規定，使得皇帝更多的介入到宗室犯罪案件的訴

〔註274〕《漢書》卷53《景十三王傳》，第2427頁。
〔註275〕《史記》卷50《楚元王世家》，第1988～1989頁。

訟程序之中，整個審訊過程、也包括最後的定刑，都帶有了太多的皇帝個人色彩。

受到貶爵處罰的宗室諸侯王則並不是太多，西漢時貶爲侯者只有代王劉仲 1 人。東漢被貶爲侯者有 5 人。其中劉仲受封代國，肩負捍衛帝國北疆的任務，但他在面臨匈奴進攻時卻棄城逃跑。據史書記載「高帝已定天下七年，立劉仲爲代王。而匈奴攻代，劉仲不能堅守，棄國亡，間行走洛陽，自歸天子。天子爲骨肉故，不忍致法，廢以爲郃陽侯」。〔註 276〕當然，劉邦與劉仲之間的關係，可能是比較微妙的，據史書記載：

> 未央宮成。高祖大朝諸侯群臣，置酒未央前殿。高祖奉玉卮，起爲太上皇壽，曰：「始大人常以臣無賴，不能治產業，不如仲力。今某之業所就孰與仲多？」殿上群臣皆呼萬歲，大笑爲樂。〔註 277〕

劉邦手創帝業的洋洋自得，以及對太上皇當年偏愛劉仲的不滿，都隨著這一句話中流露出來。劉仲被廢爲侯，與當年的這些家庭內部的恩怨，究竟有沒有關係，在此不敢妄斷。不過，不治產業、游手好閒的劉邦，的確與其家庭成員的關係不夠融洽：

> 始高祖微時，嘗闢事，時時與賓客過巨嫂食。嫂厭叔，叔與客來，嫂詳爲羹盡，櫟釜，賓客以故去。已而視釜中尚有羹，高祖由此怨其嫂。及高祖爲帝，封昆弟，而伯子獨不得封。太上皇以爲言，高祖曰：「某非忘封之也，爲其母不長者耳。」於是乃封其子信爲羹頡侯。〔註 278〕

從這兩件小事便可以大略看出劉邦對自己的兄、嫂都頗有不滿，正是由於這種不滿，使得劉邦給自己的侄子劉信封爲「羹頡侯」以示譏諷。更有趣的是，漢代第一位受到貶爵處罰的宗室侯正是這位羹頡侯劉信，據《史記》記載，在劉邦死後，劉信因有罪，被「削爵一級，爲關內侯。」〔註 279〕此外，西漢時被降爵的宗室還有祚陽侯劉仁。據史書記載，他「坐擅興繇賦削爵一級，爲關內侯，九百一十戶」〔註 280〕。至漢武帝時代以降，侯爵便對應著固定的食邑封戶，有功會受到益封，有過則會減少食邑。因此，《漢書》中記載劉仁

〔註 276〕《史記》卷 106《吳王濞列傳》，第 2821 頁。
〔註 277〕《史記》卷 8《高祖本紀》，第 386 頁。
〔註 278〕《史記》卷 50《楚元王世家》，第 1987 頁。
〔註 279〕《史記》卷 18《高祖功臣侯者表》，第 933 頁。
〔註 280〕《漢書》卷 15《王子侯表》，第 496 頁。

的處罰更爲詳細，將降爲關內侯的食邑封戶數作了詳細記錄。而到了東漢時期，更是將食邑封戶的多少與封爵位次掛鈎，將封戶的削減視爲爵位的降低，如成武侯劉遵「坐與諸王交通」，被「降爲端氏侯。」其實，按照《後漢書》的記載，成武和端氏都是縣級行政區劃，分別屬於山陽郡和河東郡，只不過成武侯當初「邑戶最大，租入倍宗室諸家。」〔註 281〕但端氏的戶數顯然不如成武。因此，雖然兩者同屬縣侯，但依然被視爲降等，或者說是降低了位次。同書同卷中記載的順陽侯劉參獲罪被削爲南鄉侯也是類似的情況。東漢的諸侯王中，也有一些人受到了削爵的處罰。如光武帝之子淮陽王劉延因「招姦猾，作圖讖，祠祭祝詛」，而被處以徙封阜陵爲王，食二縣的處罰，後又因被告「與子男魴造逆謀」，被貶爵爲阜陵侯，食一縣。〔註 282〕漢章帝時的齊王劉晃、利侯劉剛兩兄弟，和他們的母親互相提出告訴，被認定爲不孝，結果兄弟二人雙雙受到處罰，劉晃被貶爲蕪湖侯，劉剛則被削三千戶。〔註 283〕安帝時的賢王平原王劉翼，也因爲受到誣告而被貶爲都鄉侯。〔註 284〕此外，還有一些特殊的例子，如漢桓帝時的渤海王劉悝因不道罪，被貶爲僅食一縣的廮陶王。以及前面提到的淮陽王被徙封爲阜陵王，雖然王爵沒有被革除，但東漢時諸侯王通常受封一郡，若改封爲縣王，即是封地的減少，也是一種位次上的降低。

除去廢爵、貶爵兩種處罰之外，便是對封國土地的削減。這種處罰方式保留了宗室原來的封爵，但卻使其封地減少，一般也被施用在封國廣大的諸侯王身上。這種處罰方式削弱了諸侯王的經濟實力，另一方面又增加了中央政府的收入，因此成爲漢代的統治者利用來懲罰諸侯王的有效方式。據筆者統計，東西兩漢時犯罪被處以削地的諸侯王共有 20 人，其中西漢時有 11 人，東漢時則有 8 人。如表 6 所示：

表 6　兩漢受削地處罰之諸侯王

朝代	封國	姓名	罪行	犯罪時間	刑罰
西漢	楚王	劉戊	往年爲薄太后服，私姦服舍	景帝時	削東海郡

〔註 281〕《後漢書》卷 14《宗室四王三侯傳》，第 566 頁。
〔註 282〕《後漢書》卷 42《光武十王傳》，第 1444 頁。
〔註 283〕《後漢書》卷 14《宗室四王三侯傳》，第 553 頁。
〔註 284〕《後漢書》卷五十五《章帝八王傳》，1808 頁。

西漢	吳王	劉濞	不朝天子	景帝時	削豫章、會稽二郡
西漢	膠西王	劉卬	賣爵有姦	景帝時	削六縣
西漢	淮南王	劉安	廢格明詔	武帝時	削二縣
西漢	趙王	劉遂	有罪	景帝時	削河間郡
西漢	梁王	劉襄	不孝	武帝時	削五縣，王后梟首
西漢	梁王	劉立	毆傷郎、夜私出宮	成帝時	削戶
西漢	梁王	劉立	殺人、篡死罪囚	成帝時	削五縣
西漢	河間王	劉元	殺人	宣帝時	削二縣，萬一千戶
西漢	菑川王	劉終古	禽獸行、亂君臣夫婦之序	宣帝時	削四縣
西漢	長沙王	劉建德	縱火燔民家，殺人、誣告內史	宣帝時	削八縣
西漢	燕王	劉旦	坐臧匿亡命	武帝時	削三縣
西漢	東平王	劉宇	殺人	成帝時	削二縣
東漢	趙王	劉乾	居喪姦、白衣出司馬門	安帝時	削中丘縣
東漢	東海王	劉政	私取簡王姬徐妃，又盜迎掖庭出女	明帝時	削薛縣
東漢	濟南王	劉康	謀議不軌	明帝時	削五縣
東漢	中山王	劉焉	殺人	明帝時	削安險縣
東漢	陳王	劉鈞	僭越，殺人	章帝時	削三縣
東漢	陳王	劉鈞	盜迎掖庭出女	章帝時	削三縣
東漢	樂成王	劉黨	盜迎掖庭出女，殺人	和帝時	削二縣
東漢	梁王	劉暢	欲爲天子，不道	和帝時	削二縣

可見，這種針對宗室諸侯王的處罰適用範圍廣泛，且處罰尺度完全由皇帝操控。如章帝時「盜迎掖庭出女」的陳思王劉鈞便被削三縣，和帝時的樂成王劉黨犯有同罪之外，還有殺人行爲，卻僅被削二縣，因此，削縣的多少與罪行的嚴重程度並沒有明確對應關係，而是完全按照皇帝一時的喜怒好惡決定。

西漢時遭到削地處罰的諸侯王人數頗多，所削土地亦較大。尤其景帝時的幾位諸侯王被削除了數郡，而不是後來多見的削縣。此時朝廷對宗室諸侯王執行削地，是秉承了漢景帝與晁錯的削藩決策，其唯一目的，就是爲了減弱諸侯王的國力，談不上是以法律來管轄約束諸侯王。但隨著七國之亂的結束，漢代政府對諸侯王建立起了更爲有效的監督控制措施，削地這一處罰方式的目的也發生了根本的變化，它不再具有強烈的政治戰略意義，而僅僅是對於諸侯王犯罪行爲的一種處罰。縱觀東西兩漢，宗室王侯中極多人都受到削地處罰，據筆者統計，在52位犯罪受罰的諸侯王中，受到削地處罰的有19人，佔了諸侯王犯罪受罰者的36.5%。這樣的數據表明，削地處罰可被視作針對宗室諸侯王的主要懲罰手段。除此以外，還存在一種更側重於經濟制裁的處罰方式。「（任城王）安性輕易貪吝，數微服出入，遊觀國中，取官屬車馬刀劍，下至衛士米肉，皆不與直。元初六年，國相行弘奏請廢之。安帝不忍，以一歲租五分之一贖罪。〔註285〕此外，還有西漢宣帝時的廣陵王劉胥，其子因有禽獸行而被殺，而廣陵王劉胥也因此受到了責罰，被「奪王射陂草田以賦貧民，」〔註286〕上述這兩種處罰方式幾乎等同於削地，因爲對於失去治民權的諸侯來說，其封地的意義僅在於租稅。不過，這種削地的處罰其實隨時可以被解除，如景帝時期七國之亂爆發，袁盎便建議漢景帝「發使赦吳楚七國，復其故削地」〔註287〕。雖然這一舉措因爲七國之亂的繼續而沒有眞正實施，但在隨後出現過不少將削去的封地返還諸侯的情況，如漢成帝時東平思王劉宇因罪被削二縣，三年之後便「復前所削縣如故」〔註288〕。東漢時期這種情況更爲普遍，安帝時趙惠王因罪削縣，悔過之後，王傅程堅向朝廷彙報，「復所削縣」〔註289〕。漢章帝時濟南王劉康「謀議不軌」，但漢明帝「以親親故，不忍窮竟其事，但削祝阿、隰陰、東朝陽、安德、西平昌五縣。」漢章帝即位之後，又「復還所削地」〔註290〕。在漢明帝時因罪被削縣的中山簡王劉焉也在漢章帝即位後得到了被削去的安險縣。漢章帝將叔父輩諸侯王所削縣一一賜還，也是對父親漢明帝過於嚴苛的治國手段的一種調整。東漢時期諸侯王勢力衰微，封國狹小，本已經無力和中央政府對抗，且在東漢時期儒學氛圍的薰染之下，有悔過表現，則朝廷也樂於將其處罰撤銷，以顯親親之義。

〔註285〕《後漢書》卷四十二《光武十王列傳》，第1443頁。

〔註286〕《漢書》卷63《武五子傳》，第2761頁。

〔註287〕《史記》卷106《吳王濞列傳》，第2830頁。

〔註288〕《漢書》卷80《宣元六王傳》，第3323頁。

〔註289〕《後漢書》卷14《宗室四王三侯傳》，第559頁。

〔註290〕《後漢書》卷42《光武十王傳》，第1431頁。

（四）其他處罰方式

前文中介紹了三種對於宗室的刑罰方式，一是死刑，一是廢遷，一是以封爵封地抵罪，這三種刑罰方式基本上囊括了漢代朝廷對於犯罪宗室王侯的主要處罰手段。

除此之外，漢代對犯罪宗室王侯還有一些其他的懲罰方式。史書曾記載某些宗室侯被處以勞役刑。如漢景帝時楊丘侯劉偃「坐出國界，耐爲司寇」〔註 291〕，武帝時的沈猷侯劉受「坐爲宗正聽請，不具宗室，耐爲司寇。」〔註 292〕此外，還有平城侯劉禮，因「恐猲取雞」而受到免爵處罰，由此心懷怨恨，或是有怨望輕慢之言，又被「完爲城旦。」〔註 293〕武帝時代的畢梁侯劉嬰，因「坐首匿罪人，爲鬼薪」，又有離石侯劉綰，同樣也在武帝朝「坐上書謾」，被「耐爲鬼薪。」〔註 294〕此外，在元帝時也有樂侯劉義「坐使人殺人」，被「髡爲城旦」〔註 295〕。本來，勞役刑對於帝國的編戶齊民是得到廣泛適用的，但宗室畢竟擁有著皇親國戚的貴重身份，爲什麼他們還會被處以勞役刑、甚至是恥辱刑呢？《漢書》中記載的惠帝在登基之後發佈的一項政令：「上造以上及內外公孫耳孫有罪當刑及當爲城旦舂者，皆耐爲鬼薪白粲」。按照顏師古的解釋，「內外公孫，國家宗室及外戚之孫也」。〔註 296〕這樣看來，雖然漢惠帝時明確了在執行刑罰時對宗室成員有相當的優待，但他們還是有可能被處以勞役刑，《張家山漢墓竹簡》中有亦有律文對此有明確反映：「上造、上造妻以上，及內公孫、外公孫、內公耳玄孫有罪，其當刑及當爲城旦舂者，耐以爲鬼薪白粲。」〔註 297〕類似的處罰也會被施加到其他官員身上，如成帝時原丞相薛宣之子薛況犯罪，廷尉便要求將其處以勞役刑：

> 以況爲首惡，明手傷爲大不敬，公私無差。《春秋》之義，原心定罪原況以父見謗發忿怒，無它大惡。加詆欺，輯小過成大辟，陷死刑，違明詔，恐非法意，不可施行。聖王不以怒增刑。明當以賊

〔註 291〕《漢書》卷 15《王子侯表》，第 431 頁。
〔註 292〕《漢書》卷 15《王子侯表》，第 434 頁。
〔註 293〕《漢書》卷 15《王子侯表》，第 449 頁。
〔註 294〕《漢書》卷 15《王子侯表》，第 453 頁。
〔註 295〕《漢書》卷 15《王子侯表》，第 503 頁。
〔註 296〕《漢書》卷 2《惠帝紀》注引師古曰，第 85 頁。
〔註 297〕《張家山漢墓竹簡》（二四七號墓），第 20 頁。

傷人不直，況與謀者皆爵減完為城旦。」〔註 298〕

但事實上，宗室王侯被處以勞役刑，甚至受到耐刑、髡刑的恥辱刑等處罰的情況，是極為少見的。在東漢的史書中，很難發現類似的案件。在《漢書》中記載的 6 起宗室被處以勞役刑的例子中，有 4 起發生在漢武帝時，武帝時代執法嚴苛，尤其對於同姓宗室採取著不遺餘力的壓制政策。因此，針對宗室的勞役刑集中出現在此時，也符合當時的政治環境。還有一點需要明確，這些被處以勞役刑的宗室，也同樣被剝奪了封爵和領地。不過，這種勞役刑的處罰，似乎局限在王子侯這一群體中，諸侯王似乎無人受到同樣處罰。

上文所提均是犯罪的宗室在生前所受到刑罰。實際上，即使在死後，犯罪的宗室成員依然無法擺脫朝廷對他的制裁，生前犯法的宗室，死後的葬制也有可能遭到減免。這種做法並不限於漢代，先秦時期也可以追溯到一些類似的現象，如趙簡子這樣談起貴族獲罪後的死後處罰：「若其有罪，絞縊以戮，桐棺三寸，不設屬闢，素車樸馬，無入於光，下卿之罰也」〔註 299〕。可見，對於下卿身份的貴族，犯罪之後的葬制也有著特殊的規定。《荀子・禮論》中也記載：「刑餘罪人之喪，不得合族黨，獨屬妻子，棺槨三寸，衣衾三領，不得飾棺，不得晝行，以昏殣，凡緣而往埋之，反無哭泣之節，無衰麻之服，無親疏月數之等，各反其平，各復其始，已葬埋，若無喪者而止，夫是之謂至辱。」這也是要在喪制上體現對犯罪者的處罰和羞辱。在現代於山東雙乳山發現的西漢濟北王墓中，不見諸侯王下葬時必備的玉衣，只有一副玉敷面，這顯然有悖於漢代諸侯王的喪葬禮制。有些學者推斷雙乳山漢墓的主人即武帝時祝詛皇帝的濟北王劉寬，因其犯有重罪，所以沒有資格再使用玉衣。〔註 300〕此外，江蘇省邗江甘泉二號漢墓的墓主人被推斷為東漢時的廣川思王劉荊〔註 301〕，劉荊是漢明帝的兄弟，因祭祀祝詛、圖謀不軌而自殺謝罪。根據發掘簡報，墓中並沒有出土玉衣的情況。需知在東漢時期玉衣陪葬的制度已經相當規範，身為諸侯王，應有銀縷玉衣陪葬，甘泉二號墓中並沒有發現玉片的痕迹，當然，甘泉二號墓遭受了非常嚴重的盜掘，但根據以往被盜諸侯王墓的情況看，盜賊一般的做法是將串聯玉片的貴重金屬私抽走，如果當時真的陪葬有玉衣的話，墓

〔註 298〕《漢書》卷 83《薛宣傳》，第 3395 頁。

〔註 299〕楊伯峻編著：《春秋左傳注》，中華書局，1981 年，第 1615 頁。

〔註 300〕任相宏：《雙乳山一號漢墓墓主考略》，《考古》，1997 年第 3 期。

〔註 301〕南京博物院：《江蘇邗江甘泉二號漢墓》，《文物》1981 年 11 期。

室現場應該會殘留玉片。就如河南淮陽北關一號漢墓的情況，其墓主人被推定爲東漢時的陳王劉崇，北關一號漢墓在東漢末年及後代經過了反覆的盜掘，依然有銀縷玉衣出土。〔註 302〕因此，甘泉二號墓中的情況，似乎是表明死者廣川思王劉荊沒有使用玉衣下葬。按照東漢時諸侯王的葬制，這當然是一種降格。

同樣，曾參與七國之亂的宗室侯死後的葬制也有所改變，據宛朐侯劉埶墓發掘簡報描述：

> 該墓在墓葬結構及隨葬品方面表現出與其他同類型墓葬不同的特徵。豎穴北壁距底 2 米處有一水平凹槽，說明修墓時是準備開鑿洞室的，由於時間倉促或其他原因，並沒有將開鑿洞室的工作進行下去，而是以豎穴底部爲墓室放置棺槨，並開鑿了東、西兩個小的龕室。此墓有陪葬俑坑，卻未發現車馬坑或車馬器；用 9 層封石，隨葬了金印、金帶扣等標誌其身份、地位的物品，但少見銅器和玉器，特別是未見玉衣（或玉面罩）、琀、握具、塞等殮葬玉器，在葬制方面表現出明顯的特殊性。〔註 303〕

從發掘報告中，其葬制的降低顯而易見，以吳王劉濞爲首的七國叛亂，雖然禍首是七位諸侯王。但某些宗室侯在叛亂中可能也起到了很大的作用，比如景帝在詔書中便特別提到被封爲宛朐侯的劉埶。據史書記載：「楚元王子蓺等與濞等爲逆，朕不忍加法，除其籍，毋令污宗室。〔註 304〕」被除去宗室屬籍的劉埶，死後的葬制顯然不能再與其他列侯相比。還有一例，便是赫赫有名的徐州獅子山的楚王墓，據人們判斷，1994 年 12 月開始進行發掘的獅子山西漢墓的墓主人有可能是七國之亂中的主要叛王之一——楚王劉戊，根據發掘報告，當時出土了表示諸侯王身份的金縷玉衣以及官印、具有楚國特色的精美玉器、金銀器、甚至發現了兵馬俑陪葬坑。但整個陵墓的主體建築結構不全，建造粗糙，內部修飾簡陋〔註 305〕，但這都不能等同於喪制的減免，何況，出土的金縷玉衣，似乎也說明了楚王劉戊依然是按照最高規格下葬的。如果

〔註 302〕周口地區工作隊、淮陽縣博物館：《河南淮陽北關一號漢墓發掘簡報》，《文物》1991 年 4 期。

〔註 303〕徐州博物館：《徐州西漢宛朐侯劉埶墓（發掘簡報）》，《文物》，1997 年第 2 期。

〔註 304〕《漢書》卷 5《景帝紀》，第 142 頁。

〔註 305〕韋正、李虎仁、鄒厚本：《徐州獅子山西漢墓發掘紀要》，《東南文化》1998 年第 3 期。

獅子山漢墓的主人眞的是劉戊的話，那麼就出現了一個問題，比照前面提到的雙乳山漢墓墓主濟北王劉寬、以及楚地王子侯宛朐侯劉埶的例子，作爲起兵叛亂的諸侯王，爲什麼楚王戊的喪葬規格沒有發生變化呢？從史書中似乎可找到一些線索，在吳楚七國之亂被平定之後，七國叛王均被誅殺，漢景帝曾經對吳國和楚國做出了安排：

> 漢已平吳楚，孝景帝欲以德侯子續吳，以元王子禮續楚。竇太后曰：「吳王，老人也，宜爲宗室順善。今乃首率七國，紛亂天下，奈何續其後。」不許吳，許立楚後。是時禮爲漢宗正。乃拜禮爲楚王，奉元王宗廟，是爲楚文王。〔註306〕

吳楚兩國的命運迥異，吳國不被立後，封國撤銷，而對於漢初聲望極高的楚元王劉交的後代，漢景帝母子顯然是手下留情，使楚國的封號的以繼續保留，以「奉元王宗廟」，因此，朝廷也就有意或者無意地忽視了楚王劉戊的喪葬規格的問題。但儘管如此，非正常死亡的劉戊依然不得不倉促下葬。總之，這些犯有重大罪行的宗室，不只在生前要接受處罰，在其死後，葬制上依然要體現出朝廷對他們的懲罰。

（五）宗室犯罪案件中的連坐

一人犯罪，家人連坐的制度是建立在法家重刑主義的基礎之上的，其目的在於推動人們自發建立起一個互相監督、告發罪行的舉報機制，以此來對國民進行有效控制。不過，漢文帝即位之後將連坐制廢除，這成爲其變革漢代刑法制度的重大舉措：

> 上曰：「法者，治之正也，所以禁暴而率善人也。今犯法已論，而使毋罪之父母妻子同產坐之，及爲收帑，朕甚不取。其議之。」有司皆曰：「民不能自治，故爲法以禁之。相坐坐收，所以累其心，使重犯法，所從來遠矣。如故便。」上曰：「朕聞法正則民愨，罪當則民從。且夫牧民而導之善者，吏也。其既不能導，又以不正之法罪之，是反害於民爲暴者也。何以禁之？朕未見其便，其孰計之。」有司皆曰：「陛下加大惠德甚盛，非臣等所及也。請奉詔書，除收帑諸相坐律令」。〔註307〕

不過，這一善政是否得到後世的遵守還有爭議，如三國時期還有人提到「漢

〔註306〕《史記》卷50《楚元王世家》，第1988頁。
〔註307〕《史記》卷10《文帝本紀》，第418頁。

律，罪人妻子沒爲奴婢，黥面」〔註 308〕。而漢代的某些宗室家屬也確實遭到連坐，如漢武帝曾經下令「赦吳楚七國帑輸在官者」〔註 309〕。即說明七國之亂中的主謀者的家屬，都受到了連坐而被沒爲官奴隸，當然，按照日本學者冨谷至的解釋，七國之亂具有顛覆漢朝政權的企圖，具有戰爭意義，在此，超越了純粹按照刑法處理的框架，受七國之亂的主謀者的家屬，具有了戰俘的意義〔註 310〕。不過，冨谷至的這一說法並不能說明爲何漢代的宗室普遍存在對於連坐的擔心。如衡山王劉賜涉嫌謀反，其子劉孝擔心自己受到連坐，於是便向朝廷舉報，據史書記載：「孝以爲陳喜雅數與王計謀反，恐其發之，聞律先自告除其罪」〔註 311〕。爲了避免自己受到牽連，甚至不惜舉報自己的父親，可見漢代的連坐制度對社會產生了巨大的震懾。更有甚者，淮南王謀反案發時，其弟衡山王也受到了「連坐」威脅：

> 吏因捕太子、王后，圍王宮，盡求捕王所與謀反賓客在國中者，索得反具以聞。上下公卿治，所連引與淮南王謀反列侯二千石豪傑數千人，皆以罪輕重受誅。衡山王賜，淮南王弟也，當坐收，有司請逮捕衡山王。天子曰：「諸侯各以其國爲本，不當相坐。〔註 312〕

若非漢武帝的阻止，衡山王劉賜便有可能因其兄謀反案的牽連而獲刑。實際上，犯有謀反等罪行的宗室，其家屬的命運是非常悲慘的，如淮南王謀反事發後，淮南王劉安自殺，而「王后荼、太子遷諸所與謀反者皆族。」武帝時江都王劉建屢犯重罪，朝臣們認爲：「（劉）建失臣子道，積久，輒蒙不忍，遂謀反逆。所行無道，雖桀紂惡不至於此。天誅所不赦，當以謀反法誅」。劉建被迫自殺，而王后及其他家人均被處以棄市之刑〔註 313〕。我們在前文中提到，有些犯有重罪的宗室，朝廷會加恩將其廢遷到蜀地，而家屬也會一起被處以遷徙刑。如常山王劉勃犯罪，有司請誅，而漢武帝則手下留情，認爲「勃無良師傅，不忍致誅。」於是「有司請廢勿王，徙王勃以家屬處房陵，上許之」〔註 314〕。不過，需要注意的是，宗室被開恩免死，本是皇帝以親親

〔註 308〕《三國志》卷 12《毛玠傳》，第 376 頁。
〔註 309〕《漢書》卷 6《武帝紀》，第 157 頁。
〔註 310〕（日）冨谷至：《秦漢刑罰制度研究》，2006 年，廣西師範大學出版社，第 167 頁。
〔註 311〕《史記》卷 118《淮南衡山列傳》，第 3097 頁。
〔註 312〕《史記》卷 118《淮南衡山列傳》，第 3093 頁。
〔註 313〕《漢書》卷 53《景十三王傳》，第 2417 頁。
〔註 314〕《史記》卷 59《五宗世家》，第 2103 頁。

之義，賜予宗室的司法特權，其家屬的刑罰同樣得到減輕，是與宗室共享了皇帝的恩典。但如果免於死罪的宗室選擇自殺，則這種「法外之恩」也會隨之失效，其家屬會被加重處罰，甚至連坐處以死刑：

> 本始三年，相内史奏狀，具言赦前所犯。天子遣大鴻臚、丞相長史、御史丞、廷尉正雜治鉅鹿詔獄，奏請逮捕去及后昭信。制曰：「王后昭信、諸姬奴婢證者皆下獄。」辭服。有司復請誅王。制曰：「與列侯、中二千石、二千石、博士議。」議者皆以爲去誖虐，聽后昭信讒言，燔燒亨煮，生割剝人，距師之諫，殺其父子。凡殺無辜十六人，至一家母子三人，逆節絕理，其十五人在赦前，大惡仍重，當憂顯戮以示眾。制曰：「朕不忍致上於法，議其罰。」有司請廢勿王，與妻子徙上庸。奏可。與湯沐邑百户。去道自殺，昭信棄市。〔註 315〕

本被免除死罪，與劉去一統廢徙上庸的王后昭信，在劉去自盡之後依然被處以死刑。而且，在案件的審訊過程中，王后、諸姬還曾經受到逮捕和刑訊。不過，王后昭信被處死，恐怕也與她參與實施殘殺罪行有關。漢哀帝時東平王劉雲涉嫌謀反，皇帝下令將其廢遷房陵，但東平王卻自殺身死，此後，其家屬也被處以棄市極刑，如《漢書・哀帝紀》記載：「東平王雲、雲后謁、安成恭侯夫人放皆有罪。雲自殺，謁、放棄市。」可見，在漢代的司法實踐中，如果宗室本人犯有重罪，其家人一般是會受到牽連的。東漢時這種情況依然存在，鄧太后就曾下詔說「自建武之初以至於今，八十餘年，宮人歲增，房御彌廣。又宗室坐事沒入者，猶託名公族，甚可愍焉〔註 316〕」。於是「詔諸園貴人，其宮人有宗室同族若羸老不任使者，令園監實覈上名，自禦北宮增喜觀閱問之，恣其去留，即日免遣者五六百人」〔註 317〕。可見當時宗室犯罪者因連坐而沒入宮中充作奴婢者，估計不在少數。漢靈帝時渤海王劉悝被誣謀反，劉悝本人自殺，而且家人也未能幸免：

> 使尚書令廉忠誣奏颯等謀迎立悝，大逆不道。遂詔冀州刺史收悝考實，又遣大鴻臚持節與宗正、廷尉之勃海，迫責悝。悝自殺，妃妾十一人，子女七十人，伎女二十四人，皆死獄中。傅、相以下，

〔註 315〕《漢書》卷 53《景十三王傳》，第 2431 頁。
〔註 316〕《後漢書》卷 4《孝和帝紀》，第 197 頁。
〔註 317〕《後漢書》卷 10《皇后紀》，第 422 頁。

以輔導王不忠，悉伏誅。悝立二十五年國除。眾庶莫不憐之〔註318〕。

不過，皇帝有時也會法外開恩，對犯罪宗室的家屬進行特赦，如燕剌王劉旦謀反事敗而自殺後，宣帝便「赦王太子建爲庶人」〔註319〕，廣川王劉胥的謀反結局，與其兄長燕剌王劉旦如出一轍，他也是在事敗之後自殺，據史書記載：

胥謂太子霸曰：「上遇我厚，今負之甚。我死，骸骨當暴。幸而得葬，薄之，無厚也。」即以綬自絞死。及八子郭昭君等二人皆自殺。天子加恩，赦王諸子皆爲庶人，賜謚曰厲王。立六十四年而誅，國除〔註320〕。

以上種種，基本屬於無辜的宗室家屬受到連坐。不過，在部分宗室犯罪案件中，某些家屬或諸侯的屬官扮演了罪行參與者的角色，或者屬官沒有盡到引導諸侯向善責任，而受到朝廷追究。這些人也有可能遭到嚴厲處罰。比如武帝時梁平王襄與王后任氏對祖母李太后不孝，劉襄甚至下令中郎胡等阻止李太后面見漢朝使者，在爭奪當中使李太后受傷，後被人舉報，梁王被處以削縣的懲罰。任后被梟首於市，中郎胡等人被殺。〔註321〕又如廣川王劉去與王后昭信殘殺多人，劉去被廢遷上庸，途中自殺，而王后昭信也被繩之以法，被處以棄市之刑。

漢代懲於七國之亂，對宗室謀反處罰極爲嚴苛，如西漢時淮南、衡山謀反案，東漢楚王英案，均釀成牽連極廣的大案，不少官員因此被誅殺。如《史記‧淮南衡山列傳》中所載：「王后荼、太子遷諸所與謀反者皆族。天子以伍被雅辭多引漢之美，欲勿誅。廷尉湯曰：『被首爲王畫反謀，被罪無赦。』遂誅被」〔註322〕。衡山案中「諸與衡山王謀反者皆族」〔註323〕。漢宣帝時燕剌王劉旦謀反，使得鼎鼎大名的蘇武牽連在燕王謀反之獄中：

武來歸明年，上官桀子安與桑弘羊及燕王、蓋王謀反。武子男元與安有謀，坐死。初桀、安與大將軍霍光爭權，數疏光過失予燕王，令上書告之。又言蘇武使匈奴二十年不降，還乃爲典屬國，大

〔註318〕《後漢書》卷55《章帝八王傳》，第1798頁。
〔註319〕《漢書》卷63《武五子傳》，第2759頁。
〔註320〕《漢書》卷63《武五子傳》，第2762頁。
〔註321〕《漢書》卷47《文三王傳》，第2215頁。
〔註322〕《史記》卷118《淮南衡山列傳》，第3094頁。
〔註323〕《史記》卷118《淮南衡山列傳》，第3094頁。

將軍長史無功勞，爲搜粟都尉，光顓權自恣。」及燕王等反誅，窮治黨與，武素與桀、弘羊有舊，數爲燕王所訟，子又在謀中，廷尉奏請逮捕武。霍光寢其奏，免武官〔註 324〕。

東漢時楚王英謀反案中，漢明帝不惜窮治其事，於是「辭語相連」，使得「自京師親戚諸侯州郡豪傑及考案吏，阿附相陷，坐死徙者以千數」〔註 325〕。根據《後漢書》記載，「坐楚事」被處死或者奪爵者人數極多。不過，有一點值得注意的是，楚王獄雖然牽連吏民甚眾，但楚王英的家屬似乎並沒有受到連坐：

明年，英至丹陽，自殺。立三十三年，國除。詔遣光祿大夫持節弔祠，贈賵如法，加賜列侯印綬，以諸侯禮葬於涇。遣中黃門占護其妻子。悉出楚官屬無辭語者。制詔許太后曰：「國家始聞楚事，幸其不然。既知審實，懷用悼灼，庶欲宥全王身，令保卒天年，而王不念顧太后，竟不自免。此天命也，無可奈何。太后其保養幼弱，勉強飲食。諸許願王富貴，人情也。已詔有司，出其有謀者，令安田宅。」於是封燕廣爲折姦侯。楚獄遂至累年，其辭語相連，自京師親戚諸侯州郡豪桀及考案吏，阿附相陷，坐死徙者以千數。十五年，帝幸彭城，見許太后及英妻子於內殿，悲泣，感動左右。建初二年，肅宗封英子種楚侯，五弟皆爲列侯，並不得置相臣吏人。元和三年，許太后薨，復遣光祿大夫持節弔祠，因留護喪事，賻錢五百萬。又遣謁者備王官屬迎英喪，改葬彭城，加王赤綬羽蓋華藻，如嗣王儀，追爵，謚曰楚厲侯。章和元年，帝幸彭城，見英夫人及六子，厚加贈賜。〔註 326〕

可以看到，雖然楚王獄使得諸多列侯、官員受到牽連，但楚王英的直系親屬反而沒有被追究罪行，漢明帝甚至特意囑咐王太后「保養幼弱，勉強飲食」，爲保留楚王英的後嗣做出了官方保證。

宗室的屬官負有勸誡宗室王侯、并監督管理他們的義務。若宗室犯法，即使其屬官不是案件的直接參與者，也要被追究失職的責任。如元帝時東平思王劉宇通姦犯法，皇帝以親貴不治罪，而傅相卻因教導不嚴而連坐〔註 327〕。靈帝

〔註 324〕《漢書》卷 54《蘇武傳》，第 2467 頁。
〔註 325〕《後漢書》卷 42《光武十王傳》，第 1430 頁。
〔註 326〕《後漢書》卷 42《光武十王傳》，第 1430 頁。
〔註 327〕《後漢書》卷 80《宣元六王傳》，第 3320 頁。

時渤海王劉悝被誣謀反，其國中的官員也受到了牽連，「傅、相以下，以輔導王不忠，悉伏誅。〔註 328〕」不過，如同對宗室的家屬進行特赦一樣，皇帝有時也會對受到宗室裹挾而犯罪的人員和屬官給予赦免。這樣既顯示了朝廷的寬宏，也起到了穩定社會的效果。如前文提到的武帝赦免景帝時謀反的七國反王的家屬。文帝時濟北王興居造反，文帝便下詔：「濟北王背德反上，詿誤吏民，爲大逆。濟北吏民兵未至先自定，及以軍地邑降者，皆赦之，復官爵。與王興居去來，亦赦之。」〔註 329〕燕王劉旦謀反時，昭帝亦有赦令「獨赦吏民」〔註 330〕。但是，特赦的情況並不多見。一般來說，如果宗室犯罪對朝廷的統治造成惡劣影響，其懲罰措施是頗爲嚴苛的，不僅是犯罪的宗室、涉案的屬官受到追究，即使是無罪的親屬也會被株連其中。

第五節　訴訟行爲的擾亂

訴訟行爲是與訴訟程序對應的一系列行爲活動，在涉及宗室王侯的犯罪案件中，由於案件當事人身份的特殊，其訴訟行爲往往會受到其他因素的干擾。帝制時代，帝國制定法律的目的是維護統治，刑罰被利用來對破壞秩序者進行懲處。不能否認，每一部法律都體現著制定者的價值觀，但法律依然保存有一些自然正義的因素，因此，即使是作爲天潢貴冑的宗室，也會在犯罪後面對法律制裁。不過，帝國的統治者無意對每一位犯罪的宗室都依法處置。法律對於皇帝來說，是一個可以靈活運用的道具，在宗室犯罪案件的訴訟程序中，時時刻刻可以看到皇帝的干擾，這些行爲都導致了訴訟程序的中止。按照皇帝的意願，宗室或者免於處罰，或者從輕發落。

在實際的訴訟進行中，經常可見皇帝以「不忍」爲名進行干擾，尤其當宗室的罪行已經調查明白，有司進行議罪時，皇帝會表示不忍致其於法，於是便避開法律，親自下詔決定犯罪宗室的命運：

> （膠西王）數犯上法，漢公卿數請誅端，天子爲兄弟之故不忍，而端所爲滋甚。有司再請削其國，去太半。端心慍，遂爲無訾省。府庫壞漏盡，腐財物以鉅萬計，終不得收徙。令吏毋得收租賦。端

〔註 328〕《後漢書》卷 55《章帝八王傳》，第 1798 頁。
〔註 329〕《史記》卷 10《孝文帝本紀》，第 426 頁。
〔註 330〕《漢書》卷 63《武五子傳》，第 2758 頁。

皆去衛，封其宮門，從一門出遊。數變名姓，爲布衣，之他郡國。〔註331〕

天子以骨肉之故，不忍致法於胥，下詔書無治廣陵王，獨誅首惡楚王。〔註332〕

（劉旦）即與劉澤謀爲姦書，言少帝非武帝子，大臣所共立，天下宜共伐之。使人傳行郡國，以搖動百姓。澤謀歸發兵臨淄，與燕王俱起。旦遂招來郡國姦人，賦斂銅鐵作甲兵，數閱其車騎材官卒，建旌旗鼓車，旄頭先敺，皆號侍中。旦從相、中尉以下，勒車騎，發民會圍，大獵文安縣，以講士馬，須期日。郎中韓義等數諫旦，旦殺義等凡十五人。會瓶侯劉成知澤等謀，告之青州刺史雋不疑，不疑收捕澤以聞。天子遣大鴻臚丞治，連引燕王。有詔勿治，而劉澤等皆伏誅。益封瓶侯。〔註333〕

皇帝的不忍做法基本上都與現行的法律相誖，他否定了司法部門的建議，使得訴訟程序在皇帝的過問下戛然而止。如前文所述，由於遷刑並不是漢代法律規定的刑罰，而皇帝應用遷刑來懲罰宗室，是爲顯示其對宗室的優容。可以說，在皇帝拋開司法機構，下令對宗室處以法律規定之外的處罰時，便是中止了訴訟程序：

高帝已定天下七年，立劉仲爲代王。而匈奴攻代，劉仲不能堅守，棄國亡，閒行走洛陽，自歸天子。天子爲骨肉故，不忍致法，廢以爲郃陽侯。〔註334〕

其後旦復與左將軍上官桀等謀反，宣言曰「我次太子，太子不在，我當立，大臣共抑我」云云。大將軍光輔政，與公卿大臣議曰：「燕王旦不改過悔正，行惡不變。」於是修法直斷，行罰誅。旦自殺，國除，如其策指。有司請誅旦妻子。孝昭以骨肉之親，不忍致法，寬赦旦妻子，免爲庶人。〔註335〕

當憂顯戮以示眾。制曰：「朕不忍致上於法，議其罰。」有司請

〔註331〕《史記》卷59《五宗世家》，第2097頁。
〔註332〕《史記》卷60《三王世家》，第2117頁。
〔註333〕《漢書》卷63《武五子傳》，第2755頁。
〔註334〕《史記》卷106《吳王濞列傳》，第2821頁。
〔註335〕《史記》卷60《三王世家》，第2119頁。

廢勿王，與妻子徙上庸。奏可。與湯沐邑百戶。去道自殺，昭信棄市。〔註 336〕

所殺者子上書言。漢有司請誅，上不忍，廢以爲庶人，遷上庸，地入於漢，爲大河郡。〔註 337〕

淮南王劉長謀反案中，有司列舉了劉長的一系列罪行：「淮南王長廢先帝法，不聽天子詔，居處毋度，出入擬於天子，擅爲法令，與棘蒲侯太子奇謀反，遣人使閩越及匈奴，發其兵，欲以危宗廟社稷。」於是，群臣皆稱劉長罪「當棄市」。但文帝下令：「朕不忍致法於王，其與列侯二千石議。」第二次群臣依舊請求依法處罰，於是文帝乾綱獨斷，下令「朕不忍致法於王，其赦長死罪，廢勿王。〔註 338〕」在群臣請求「論如法」和皇帝的「不忍」的往來交鋒中，最終皇帝的意志得到了執行。這其實恰恰顯示了在帝制時代中的一個矛盾：官僚集團作爲中堅力量，試圖以法律維護著國家的威嚴。而皇帝作爲帝國的領袖，卻具有雙重身份，他既是整個官僚集團的領導，卻又是整個帝國中唯一的世襲領袖，在帝制時代，需要這樣的世襲制度來維持政局的穩定，但這又爲整個帝國蒙上了濃鬱的血緣政治的色彩。在宗室犯罪的問題上，這一矛盾便彰顯無遺，帝國的官僚希望「論如法」，依據法律程序行事，而皇帝則會爲宗室們開脫，這就引起了皇帝對宗室訴訟案件的頻繁干擾。

除此之外，皇帝對犯罪的宗室「寢而不治」，同樣是皇帝以其權威終結了訴訟過程，極大地破壞了法律程序的正義。在史書中，可見一些宗室諸侯王犯罪而不受任何處罰的記錄，詳見表 7：

表 7　免於處罰的諸侯王一覽

時代	封國	姓名	譜系	罪行	犯罪時間	刑罰
西漢	梁王	劉立	梁孝王劉武八世孫	禽獸行	成帝時	寢而不治
西漢	梁王	劉立	梁孝王劉武八世孫	殺人	哀帝時	會赦，不治
西漢	江都王	劉建	江都易王非之子	殺人	武帝時	會赦，不治

〔註 336〕《漢書》卷 53《景十三王傳》，第 2432 頁。
〔註 337〕《史記》卷 58《梁孝王世家》，第 2089 頁。
〔註 338〕《史記》卷 118《淮南衡山列傳》，第 3097 頁。

西漢	趙國太子	劉丹	趙敬肅王之子	禽獸行，椎埋攻剽	武帝時	逮捕下獄，後赦出
西漢	膠東王	劉寄	景帝子，武帝從母子	私作兵車鏃矢	武帝時	無處罰
西漢	常山王	劉舜	景帝子	驕淫，犯禁	武帝時	無處罰
西漢	燕王	劉旦	武帝子	謀反	昭帝時	有詔不治
西漢	廣陵王	劉胥	武帝子	楚王謀反，辭語相連	宣帝時	有詔不治
西漢	淮陽王	劉欽	宣帝子	交通大臣，不舉誖逆	元帝時	有詔不治
西漢	東平王	劉宇	宣帝子	通姦犯法	元帝時	有詔不治，傅相連坐
西漢	東平王	劉宇	宣帝子	不孝	元帝時	有詔不治
東漢	沛王	劉輔	光武帝子	與劉鯉殺盆子兄故式侯恭	光武帝時	坐繫詔獄，三日乃得出。
東漢	濟南王	劉錯	濟南安王劉康之子	殺人	和帝時	有詔不治
東漢	廣陵王	劉荊	光武帝子	謀逆	明帝時	不治，徙封，遣之國

在武帝時期犯罪的膠東王劉寄與常山王劉舜，都是漢武帝的手足兄弟，其中劉寄之母是武帝母王皇后之妹，所以「於上最親」，而常山王則是景帝少子，想必漢武帝對這個幼弟也頗爲縱容，因此他雖然「數犯禁」，依然受到皇帝的寬宥，免於受罰。武帝子燕王劉旦作爲昭帝之兄，在第一次圖謀造反的嘗試失敗後也能免於追究。此外，東漢時的廣陵王劉荊是明帝的兄弟，圖謀造反但卻並未受到處罰，只是被徙往他國，繼續爲王，可見，作爲皇帝的手足兄弟，在犯罪之後是很有可能被從寬處理。此外，還有一些宗室被捕入獄後，又被赦免無罪的情況。如光武帝子沛王劉輔，因參與謀殺劉盆子之兄而引得光武帝大怒。因爲赤眉背景的高層人物被害，顯然是一個重大的政治事件，他被捕入詔獄，可能本身就是一種懲罰。在三天之後，劉輔便被釋放了。趙國太子劉丹雖遇赦免死，但依然遭到了廢黜，失去了繼承趙國的權力。此外，成帝時梁王劉立的禽獸行被告發，有司請求誅戮梁王，但皇帝聽從了太中大夫谷永的勸告，以爲帷幕不修之事，不宜大肆張揚，於是「寢而不治」：

積數歲，永始中，相禹奏立對外家怨望，有惡言。有司案驗，因發淫亂事，奏立禽獸行，請誅。太中大夫谷永上疏曰：「臣聞『禮，天子外屏，不欲見外』也。是故帝王之意，不窺人閨門之私，聽聞中冓之言。《春秋》爲親者諱。《詩》云『戚戚兄弟，莫遠具爾。』今梁王年少，頗有狂病，始以惡言按驗，既亡事實，而發閨門之私，非本章所指。王辭又不服，猥強劾立，傳致難明之事，獨以偏辭成罪斷獄，亡益於治道，污蔑宗室，以內亂之惡披布宣揚於天下，非所以爲公族隱諱，增朝廷之榮華，昭聖德之風化也。臣愚以爲王少，而父同產長，年齒不倫。梁國之富，足以厚聘美女，招致妖麗。父同產亦有恥辱之心。案事者乃驗問惡言，何故猥自發抒？以三者揆之，殆非人情，疑有所迫切，過誤失言，文吏躡尋，不得轉移萌牙之時，加恩勿治，上也。既已案驗舉憲，宜及王辭不服，詔廷尉選上德通理之吏，更審考清問，著不然之效，定失誤之法，而反命於下吏，以廣公族附疏之德，爲宗室刷污亂之恥，甚得治親之誼。」天子由是寢而不治。〔註 339〕

通過以上事例可知，無論是皇帝下詔不予治罪，還是因爲案件遇到赦免，都產生了將訴訟程序中斷的後果。

除此之外，皇帝還會勒令以特定方式懲罰宗室，如武帝時衡山王劉賜犯法，皇帝下令朝廷爲衡山國「置吏二百石以上」〔註 340〕，以示薄懲。明帝時廣陵王荊犯法，明帝「下詔不得臣屬吏人，唯食租如故，使相、中尉謹宿衛之」〔註 341〕。西漢時廣川繆王劉齊被劾大不敬，於是他「上書願與廣川勇士奮擊匈奴」。竟然得到了皇帝的同意。東漢時任城王劉安擅取他人財物，「國相行弘奏請廢之。安帝不忍，以一歲租五分之一贖罪」〔註 342〕。

總之，對於宗室犯罪案件的訴訟過程，尤其是最終的議罪環節，皇帝可以按照自己的意願進行控制，其施予的處罰，也完全可以拋開律文的規定，由皇帝靈活掌握懲罰的力度和方式。在皇權面前，所謂的程序正義顯得微不足道。從「有罪先請」到後面司法程序中皇權的深刻影響，犯罪宗室的命運

〔註 339〕《漢書》卷 47《文三王傳》，第 2216 頁。
〔註 340〕《史記》卷 118《淮南衡山列傳》，第 3095 頁。
〔註 341〕《後漢書》卷 42《光武十王傳》，第 1448 頁。
〔註 342〕《後漢書》卷 42《光武十王傳》，第 1443 頁。

完全由皇帝來左右。最後需要補充的是，皇權的干涉並不是擾亂宗室犯罪案件訴訟程序的唯一原因，有些宗室在面臨朝廷的調查時會想盡辦法爲自己脫罪。比如淮南王謀反案中，江都王劉建受到牽連，於是，他「使人多持金錢，事絕其獄。」〔註343〕此外，還有求人說情免罪的，如吳楚七國之亂中與吳王相約起兵反漢，但吳王濞舉事之後，「濟北王城壞未完，其郎中令劫守其王，不得發兵。」〔註344〕事後，有謀反意圖，但卻未能付諸行動的濟北王劉志害怕被朝廷之罪，於是請求剛剛在七國叛亂中立下大功的梁王劉武爲其說情：

初，吳王濞與七國謀反，及發，齊、濟北兩國城守不行。漢既破吳，齊王自殺，不得立嗣。濟北王亦欲自殺，幸全其妻子。齊人公孫玃謂濟北王曰：臣請試爲大王明說梁王，通意天子，說而不用，死未晚也。」公孫玃遂見梁王，曰：「……，孝王大說，使人馳以聞。濟北王得不坐，徙封於淄川。〔註345〕

當然，還有人爲了阻止朝廷調查而殺人滅口手段，如梁王劉武刺殺袁盎等人，後來又將其謀士殺死：

梁王怨袁盎及議臣，乃與羊勝、公孫詭之屬陰使人刺殺袁盎及他議臣十餘人。逐其賊，未得也。於是天子意梁王，逐賊，果梁使之。乃遣使冠蓋相望於道，覆按梁，捕公孫詭、羊勝。公孫詭、羊勝匿王後宮。使者責二千石急，梁相軒丘豹及內史韓安國進諫王，王乃令勝、詭皆自殺，出之。上由此怨望於梁王。梁王恐，乃使韓安國因長公主謝罪太后，然後得釋。〔註346〕

梁孝王的這一做法，導致朝廷調查的中斷，當然，如果不是竇太后的干預，梁孝王的圖謀恐怕並不能得逞。

〔註343〕《史記》卷59《五宗世家》，第2096頁。
〔註344〕《史記》卷106《吳王濞列傳》，第2827頁。
〔註345〕《漢書》卷51《鄒陽傳》，第2357頁。
〔註346〕《史記》卷58《梁孝王世家》，第2085頁。

第三章　漢代宗室王侯犯罪的時代特徵分析

在第一章中對漢代宗室王侯的犯罪行爲被劃分爲危害國家安全的罪行、違反倫理道德的罪行、侵犯人身或財產的罪行三大類。本章將對這三種犯罪行爲發生的時間分佈進行分析，可以看到宗室王侯犯罪具有鮮明的時代特徵。實際上，刑罰的適用也是隨著時代而變化的。在對宗室王侯的罪行進行處罰時，司法部門並不能起到決定性作用。犯罪宗室王侯面臨的刑罰，完全由皇帝獨裁專斷，這就依據當時的政治形勢，產生不同的結局。遇到嚴苛的君主，則宗室所受之刑罰重，如遇到寬和柔仁的君主，則犯罪宗室也往往被從寬處理。更何況，隨著時代的變化，司法制度、社會環境、政治局勢、宗室的生活狀態都會發生改變，這就使得宗室王侯犯罪案件的判決、量刑也因時代不同而有了很大的差別。因此，本章會結合政治形勢，社會環境的變化，對漢代宗室王侯不同歷史時期的犯罪特徵、犯罪原因及相關問題進行討論。

政治環境與社會環境的演變對於宗室王侯的犯罪行爲有著決定性的影響，皇帝的性格及政局變化也會對議罪定刑起到關鍵作用。因此，要要考察宗室犯罪的時代特徵，可以將皇帝在位的時段來作爲劃分時代的標記。兩漢共歷時四百餘年，可將其分爲四個主要階段，第一階段：西漢初期，也就是高帝至景帝時期。第二階段：西漢中期，也就是武帝至元帝時期。第三階段，西漢末期，也就是漢成帝至王莽攝政時期。第四階段，東漢時期。最後，若將漢代的宗室王侯犯罪放在一個更大的歷史環境中，將其與前代諸侯犯罪進行比較，這也有助於我們從一個新的角度瞭解宗室王侯犯罪的時代特徵。

第一節　西漢初期

高帝至景帝時期，也就是公元前 206 年至公元前 141 年，時間跨度爲 66 年。這段時期內，漢代宗室與朝廷的關係正處於一種互相適應，互相調整的時期，而這種調整，有時候還會非常的劇烈。我們都知道，高帝劉邦在片面地總結秦代二世而亡的教訓之後，將帝國安定的希望寄託在宗室的支持上，從而分封同姓諸侯，並給與了他們極大的封地和權力。這一時期宗室的犯罪現象幾乎是鳳毛麟角，但隨著諸侯勢力的增大，與皇帝血緣關係的疏遠，再加上一些其他偶然因素，宗室諸侯卻與朝廷的產生了尖銳的矛盾，劉邦希望見到的宗室拱衛皇權的狀況並沒有出現，皇帝和諸侯們的關係反而急轉直下，最後到了兵戎相見的地步，宗室犯罪行爲以起兵造反的形式出現，而吳楚七國之亂後，漢代政府似乎找到了在親情和政治權利分享上的平衡，由此，可對這 66 年的時間再做一次劃分，將其分爲高帝至高后時期，以及文景時期兩段，以便更清晰地觀察到宗室犯罪在這一段時期內呈現的急劇變化。

一、高帝至高后時期

高帝至高后時期可以算作是宗室犯罪的空白期，在這段時間內，眞正因罪而受到處罰的宗室僅有兩位。除了身爲劉邦兄長的代王劉仲違反軍法，在匈奴的進攻中因臨陣脫逃被奪爵之外，還有劉邦的一個侄子，也就是他已經過世的長兄劉伯的兒子——被封爲羹頡侯的劉信，有罪被削爵一級。不過，眾所周知，高帝在未發迹時的家庭關係並不融洽，從羹盡櫟釜的故事即可略窺一斑。從某種程度上說，高帝時期這兩位與劉邦血緣關係親密的宗室之所以受罰，都與劉邦年輕時與家人的恩怨有著千絲萬縷的聯繫。由於劉邦對長嫂的不滿，導致劉信遲遲沒有被封侯，在太上皇的求情之下，劉信才被封爲羹頡侯，這個封號本身便蘊含著劉邦的情緒宣泄。而劉邦死後，劉信又因罪被貶爲關內侯。代王劉仲受罰一事，也是值得推敲的，劉仲不過是普通農夫，並沒有參與到劉邦反秦、爭霸的戰爭當中，而偏偏就是這樣一位缺乏軍事經驗的人，被封爲代王，委派到了與匈奴頻繁衝突的前線，而後劉仲逃脫戰陣，貶爵爲侯的結局，恐怕也並不出人意料。不過，總體來說，高帝時期的宗室，並不被視爲朝廷的威脅，相反，他們還是朝廷值得依仗的力量。因此，在高帝時期，宗室的犯罪案件並不多見。在呂后主政的八年當中，劉姓宗室的勢力受到了極大的壓抑，呂后爲了提高呂氏家族的政治影響力，開始逐漸屠戮劉姓宗室，不過，呂后卻並沒有爲宗室羅織罪名，借法律名義進行處罰，而是直接以毒殺、幽殺的方式進行戕害，如我們熟知的趙王如意，被呂后毒殺，趙王友因諸呂女之讒言，被幽禁於邸，最終餓死。此後，趙王恢也在呂氏的壓迫之下，自殺身亡。除此之外，齊悼惠王在與惠帝宴飲之際也曾接到呂后的毒酒。這些簡單粗暴的做法使得呂氏家族在政治上更加孤立。正如齊王所說：「高帝平定天下，王諸子弟，悼惠王於齊。悼惠王薨，惠帝使留侯張良立臣爲齊王。惠帝崩，高后用事，春秋高，聽諸呂擅廢高帝所立，又殺三趙王，滅梁、燕、趙」〔註1〕，呂后的一系列壓制劉姓宗室的政治舉措，激起了皇族的普遍不滿，最終在其死後釀成政變。不過，這些被誅殺、除國的宗室，並沒有得到適當的罪名。總之，在高帝呂后時期，正値賈誼所說的「大國之王幼弱未壯，漢之所置傅相方握其事。〔註2〕」宗室諸侯實力不足，犯罪問題還並不凸顯，不過，龐大的封國，以及朝廷賦予的巨大權力，已經爲宗室王侯犯罪埋下了隱患。

二、文景時期

隨著劉邦和呂后兩位政治強人死去，宗室的勢力開始發生了巨大的變化。諸呂之亂中，宗室王侯發揮了極其重要的作用，尤其朱虛侯劉章等人的積極表現更是爲其撈足了政治資本。惠帝留下的法定繼承人在變亂之中被殺，最終代王以諸侯王身份入繼大統，這樣的權力交接顯然不具備充分的說服力。因此漢文帝在建立太子之時，才會說出「楚王，季父也，春秋高，閱天下之義理多矣，明於國家之大體。吳王於朕，兄也，惠仁以好德。淮南王，弟也，秉德以陪朕。豈爲不豫哉。諸侯王宗室昆弟有功臣，多賢及有德義者，若舉有德以陪朕之不能終，是社稷之靈，天下之福也。今不選舉焉，而曰必子，人其以朕爲忘賢有德者而專於子，非所以憂天下也。朕甚不取也。〔註3〕」父死子繼的權力交接制度在諸呂之亂中遭到破壞，文帝這番話，絕不是謙遜之詞，而是眞切地說錯了他對宗室強大的憂慮。賈誼也曾經向漢文帝指出這些宗室威福自專的現象：

> 臣請試言其親者。假令悼惠王王齊，元王王楚，中子王趙，幽

〔註1〕《史記》卷9《呂太后本紀》，第407頁。
〔註2〕《漢書》卷48《賈誼傳》，第2233頁。
〔註3〕《史記》卷10《孝文本紀》，第419頁。

王王淮陽，共王王梁，靈王王燕，厲王王淮南，六七貴人皆亡恙，當是時陛下即位，能爲治虖？臣又知陛下之不能也。若此諸王，雖名爲臣，實皆有布衣昆弟之心，慮亡不帝制而天子自爲者。擅爵人，赦死罪，甚者或戴黃屋，漢法令非行也。雖行不軌如厲王者，令之不肯聽，召之安可致乎。幸而來至，法安可得加。動一親戚，天下圜視而起，陛下之臣雖有悍如馮敬者，適啓其口，匕首已陷其匈矣。陛下雖賢，誰與領此？〔註4〕

統治者開始切身感覺到了來自宗室的壓力，而這一時期，宗室們的犯罪行爲也確實更多地屬於政治犯罪。如漢文帝時濟北王劉興居的起兵造反，和淮南厲王劉長的謀反，再加上景帝朝赫赫有名的七國之亂，整個文景時期雖然號稱盛世，但卻進入了宗室王侯政治犯罪的高發期。在文景時期，諸侯王、王子侯的犯罪情況可見表8、表9：

表8　文景時期諸侯王犯罪情況

封國	姓名	譜系	罪行	犯罪	刑罰
楚王	劉戊	楚元王劉交之孫	私姦服舍	景帝時	削一郡
楚王	劉戊	楚元王劉交之孫	反	景帝時	誅
吳王	劉濞	代王仲之子	不朝天子	景帝時	削二郡
吳王	劉濞	代王仲之子	反	景帝時	誅
濟北王	劉興居	齊悼惠王子	反	文帝時	誅
濟南王	劉闢光	齊悼惠王子	反	景帝時	誅
淄川王	劉賢	齊悼惠王子	反	景帝時	誅
膠西王	劉卬	齊悼惠王子	賣爵有姦	景帝時	削六縣
膠西王	劉卬	齊悼惠王子	反	景帝時	誅
膠東王	劉熊渠	齊悼惠王子	反	景帝時	誅
淮南王	劉長	高祖子	謀反	文帝時	廢徙，自殺
趙王	劉遂	趙幽王劉友之子	有罪	景帝時	削河間郡
趙王	劉遂	趙幽王劉友之子	反	景帝時	誅
梁王	劉武	文帝子	殺袁盎等大臣	景帝時	未治罪
臨江王	劉榮	景帝子	坐侵廟壖地爲宮	景帝時	自殺

〔註4〕《漢書》卷48《賈誼傳》，第2234頁。

表 9　文景時期王子侯犯罪情況

封地	姓名	譜系	罪行	犯罪時間	刑罰
管侯	劉戎奴	齊悼惠王子管共侯罷軍之子	反	景帝時	誅
氏兵侯	劉偃	齊悼惠王子氏兵共侯寧國之子	反	景帝時	誅
營平侯	劉廣	齊悼惠王子營平侯信都之子	反	景帝時	誅
楊丘侯	劉偃	齊悼惠王子楊丘共侯劉安之子	出國界	景帝時	耐爲司寇
休侯	劉富	楚元王子	坐兄子楚王戊反	景帝時	免
宛朐侯	劉埶	楚元王子	反	景帝時	誅

可見，這一時期宗室王侯的主要犯罪行爲集中於起兵謀反等政治犯罪，尤其吳楚七國之亂這一重大的歷史事件中，有極多宗室參與，其中有記載可查的是諸侯王 7 人：吳王劉濞、楚王劉戊、濟南王劉闢光、淄川王劉賢、膠西王劉卬、膠東王劉雄渠、趙王劉遂，宗室侯 4 人：管侯劉戎奴、氏兵侯劉偃、營平侯劉廣、宛朐侯劉埶。再加上文帝時的濟北王劉興居和淮南王劉長，文景時期謀反、造反者多達 13 人。而這一時期犯罪的宗室共有 17 人，其中王子侯 6 人，諸侯王 11 人。造反者占全部犯罪宗室的 76.5%。可以說，起兵造反成爲了這一時期宗室犯罪的主要內容。而即使如楊丘侯劉偃、臨江王劉榮等，雖然並不是因造反獲罪，但同樣也是由於政治犯罪而受到處罰。此時，朝廷與宗室的對立達到巔峰。

那麼，爲什麼文景時期會爆發如此大規模的宗室王侯起兵作亂呢？或者說，宗室王侯的政治犯罪高峰期是如何產生的呢？大致可以找出三個原因。首先是地方分權與中央集權的矛盾。文景時期的同姓諸侯國，承繼了漢初異姓王國的疆域和權力。如《漢書・百官表》云：

> 諸侯王，高帝初置，金璽盭綬，掌治其國。有太傅輔王，內史治國民，中尉掌武職，丞相統衆官，群卿大夫都官如漢朝。〔註 5〕

又據《後漢書・百官志》云：

> 漢初立諸王，因項羽所立諸王之制，其官職傅爲太傅，相爲丞

〔註 5〕《漢書》卷 19《百官公卿表》，第 741 頁。

相，又有御史大夫及諸卿，皆秩二千石，石官皆如朝廷。國家唯爲置丞相，其御史大夫以下皆自置之。〔註 6〕

諸侯王可以自置官吏，行政權力極大。於是，他們在王國中威福自專，稱霸一方。這就必將影響到中央集權，招致朝廷對於諸侯王的制裁。其實，這種對抗在呂后時期已經開始，劉邦死後，呂后先殺趙王如意，後徙淮陽王友爲趙王，又殺趙王友，又徙梁王恢爲趙王，殺恢，廢其嗣。燕王建死，殺其嗣而除其國。劉姓諸侯王在呂后時期受到了殘酷的打壓。呂后去世後，朝政仍然爲呂氏把持，劉姓諸侯聯合部分功臣，發動了政變。人們通常將劉氏諸侯的此次起兵視爲誅滅諸呂之亂，恢復劉姓江山。但換個角度，也可將齊王的此次發兵看作地方諸侯反抗中央政府控制的濫觴。而在當時，雖然分封王子爲侯還並沒有成爲定制，但受封侯者也基本上是諸侯王的子弟，他們隨王就國，和自己血緣親近的諸侯王也形成了更爲緊密的利益共同體。況且，漢初擁有食邑之權的宗室侯的經濟力量，也不容小視，因此，一旦他們對朝廷不滿，也完全可以依附諸侯王起兵作亂。此後，文景兩帝以削藩的措施來弱化諸侯王。最終使得諸侯王與漢朝積累的矛盾爆發，導致了地方勢力與中央政府的暴力對抗，這就是七國之亂。

第二個原因是文景時期朝廷宗室政策的失誤。如果說宗室實力的強大是導致其起兵作亂的客觀原因的話，那麼文景兩代統治者的宗室政策的失誤，則是引發宗室造反的導火索。朱虛侯劉章和東牟侯劉興居，在誅滅諸呂時立有大功，朝中大臣許諾「盡以趙地王朱虛侯，盡以梁地王東牟侯（劉興居）」。當文帝即位之後，聽說他們本來要用力勸哀王爲帝，因此「絀其功」。後僅僅割齊二郡冊封二人爲王。無怪二人「自以失職奪功」。有功不酬，必然會引起不滿。劉興居一直對此事耿耿於懷。這也成爲了他造反的主要原因。此後「興居聞匈奴大入漢，漢多發兵，使丞相灌嬰擊之，文帝親幸太原，以爲天子自擊胡，遂發兵反於濟北」〔註 7〕。劉興居的叛亂雖被平定，但文帝對劉章劉興居兩兄弟有功不賞的做法，直到七國之亂時還被吳王劉濞用爲政治籌碼，「（吳王）遂發使約齊、菑川、膠東、濟南、濟北，皆許諾，而曰『城陽景王（劉章）有義，攻諸呂，勿與，事定分之耳』」〔註 8〕。本可即位的齊王因功臣集

〔註 6〕《後漢書・百官志》，第 3626 頁。

〔註 7〕《史記》卷 52《齊悼惠王世家》，第 2010 頁。

〔註 8〕《史記》卷 106《吳王濞列傳》，第 2827 頁。

團的反對不得不忍氣吞聲，而代王劉恒即位之後更是極力壓制齊王一系的宗室，這必然會激起他們對朝廷的怨恨，因此，人們才會在吳楚七國之亂中發現有眾多齊悼惠王的子孫加入到這一反抗朝廷的戰爭當中。景帝即位之後，重用晁錯，兩人均爲急功近利之輩。本來文帝採納賈誼建議，「眾建諸侯而少其力」，「分齊爲六國，盡立悼惠王六子爲王」，「分淮南爲三國，盡立厲王三子以王之」〔註 9〕。這樣，諸侯國得以削弱，但諸侯王的子弟卻得以封王，因此可以避免引起他們的不滿。所謂「下無背叛之心，上無誅伐之志，上下歡親，諸侯順附」〔註 10〕。文帝採用這一政策，初步削弱了關東諸國，應該說是很成功的。但晁錯主張「請諸侯之罪過，削其地，收其枝郡」〔註 11〕。景帝採納了這一方針，引起了諸侯王的惶恐，激化了矛盾，使得戰爭爆發。此外，景帝在宴飲之際說出將傳位於梁孝王劉武，更是因酒後失言，引發了劉武對皇位不切實際的期待。據《史記・梁孝王世家》記載：「上與梁王燕飲，嘗從容言曰：『千秋萬歲後傳於王。』王辭謝。雖知非至言，然心內喜。太后亦然。〔註 12〕」由於袁盎等人諫阻景帝傳位於梁王，引起了梁王劉武的嫉恨。這就爆發了梁王派人刺殺朝中大臣的案件。由此引發了朝廷對梁王的調查，史書稱「文吏窮本之，謀反端頗見」〔註 13〕。最終因爲田叔、呂季主二人迎合太后寬縱梁王的意願而燒毀了證據。可以說，梁王劉武涉嫌謀反，與景帝戲言立其爲嗣君有極大的關係。

第三個原因是皇帝對宗室的刻意寬縱。文景兩帝，都對身爲諸侯王的弟弟過分驕縱。朝廷對他們的犯罪行爲不加追究，使得他們更加無視國家的法度。如淮南王劉長，「自以爲最親，驕蹇，數不奉法。上以親故，常寬赦之」。而劉長對於文帝，幾乎沒有人臣的禮儀。「入朝。甚橫。從上入苑囿獵，與上同車，常謂上『大兄』」。此後，劉長又椎殺辟陽侯。文帝則「爲親故，弗治」，致使其「不用漢法，出入稱警蹕，稱制，自爲法令，擬於天子」。〔註 14〕這是明顯的僭越了。此後，昏聵的劉長竟交結閩越、匈奴，圖謀以馬車四十輛謀反。劉長終因文帝的驕縱，犯下了謀逆的大罪。這次皇帝不再赦免他，而是

〔註 9〕《漢書》卷 48《賈誼傳》，第 2264 頁。
〔註 10〕《漢書》卷 48《賈誼傳》，第 2237 頁。
〔註 11〕《史記》卷 101《袁盎晁錯列傳》，第 2747 頁。
〔註 12〕《史記》卷 58《梁孝王世家》，第 2082 頁。
〔註 13〕《史記》卷 58《梁孝王世家》，第 2092 頁。
〔註 14〕《史記》卷 118《淮南衡山列傳》，第 3076 頁。

派使者將其招致長安，準備以法治之。此番舉動幾乎是春秋時期鄭莊公縱容公叔段的翻版：鄭莊公任由公叔段橫行不法，待其弟惡貫滿盈而誅。無論漢文帝的初衷與鄭莊公是否相同，其行爲及導致的後果卻和鄭莊公有太多相似之處。而他比鄭莊公高明的是，借助了一系列的政治作秀來表示自己對於幼弟的親愛，以避免背上殺弟的罪名。

於是，在淮南王劉長絕食自殺後，文帝立刻將各縣傳送劉長而不打開門送食物的人處死。在聽到民謠諷刺後，立劉長三子爲王，都是爲了堵天下悠悠之口，洗刷自己殺弟的名聲。梁孝王劉武是景帝同母之弟，甚得竇太后喜愛，因此大治宮室，賜天子旌旗，出入警蹕，擬於天子，金錢珠寶，多於京師，景帝對此縱容遷就，又違反法治，令其自置丞相兩千石。太后欲令景帝以梁王爲嗣，遭到朝臣反對，後景帝立膠東王爲太子，梁王銜恨，派刺客刺殺袁盎等十餘人，景帝令逐兇犯，梁王將他們藏匿不交，朝廷追查，終於查出了梁王的「反辭」〔註 15〕。若不是竇太后的緣故，梁王很有可能會因謀反而被朝廷處置。

可以說，以上這三種原因，促成了漢代宗室政治犯罪高發期的到來。但經過七國之亂的洗禮，朝廷開始認眞檢討自己的宗室政策，並逐漸剝奪了宗室諸侯王的治民之權，極大的削弱了其力量，後世幾乎再沒有宗室能夠起兵倡亂，與朝廷公開對抗了。

第二節　西漢中期

西漢中期，即武昭宣元時期，自公元前 140 年至公元前 33 年，共經歷了 108 年。經過七國之亂的劇烈衝突後，朝廷全面反省自己的宗室政策並開始做出改變，宗室在封國內的行政權力遭到剝奪。至漢武帝時期，開始鞏固前代留下的政治遺產。這一時期，正是漢代宗室犯罪多發的時代。漢武帝依靠對宗室犯罪的打擊，檢驗著朝廷在宗室成員面前的權威。對比文景時期，就可以發現，武帝時期的宗室王侯已經被完全納入到漢代政府的有效管理之中。其所犯的罪行，也基本處於體制的監督範圍內，並得到了朝廷及時的處理。反觀文景時期宗室的犯罪，多爲具有內戰性質的戰爭行爲，即使是景帝時期晁錯爲了削藩，加諸於諸侯王的種種罪名，並給與了相應的處罰。但這些遲

〔註 15〕《史記》卷 58《梁孝王世家》，第 2092 頁。

來的判決，與其說是法律程序，不如說是一種政治謀略：

> 晁錯爲太子家令，得幸太子，數從容言吳過可削。數上書說孝文帝，文帝寬，不忍罰，以此吳日益橫。及孝景帝即位，錯爲御史大夫，說上曰：「昔高帝初定天下，昆弟少，諸子弱，大封同姓，故王孽子悼惠王王齊七十餘城，庶弟元王王楚四十餘城，兄子濞王吳五十餘城：封三庶孽，分天下半。今吳王前有太子之郤，詐稱病不朝，於古法當誅，文帝弗忍，因賜几杖。德至厚，當改過自新。乃益驕溢，即山鑄錢，煮海水爲鹽，誘天下亡人，謀作亂。今削之亦反，不削之亦反。削之，其反亟，禍小。不削，反遲，禍大。」三年冬，楚王朝，晁錯因言楚王戊往年爲薄太后服，私姦服舍，請誅之。詔赦，罰削東海郡。因削吳之豫章郡、會稽郡。及前二年趙王有罪，削其河間郡。〔註 16〕

可見，楚王戊、吳王濞都是被追究了以前的行爲責任，從而受到了處罰。晁錯的目的，只是通過處罰削減諸侯封地，並還無暇顧及朝廷法律對宗室的約束力。不過，晁錯的方法畢竟開啓了朝廷法律對宗室進行制裁的先例。自武帝朝始，朝廷方可對宗室實施有效管理，違反朝廷法度的宗室，即使顯貴如諸侯王，也要受到朝廷的懲罰。這一時期，也可以分作兩個部分進行討論，首先是武帝時期，朝廷以打擊犯罪的方式，剪除了宗室中的潛在競爭者。接下來是昭帝至元帝時期，經過武帝對宗室的嚴厲管轄，朝廷與宗室的關係逐漸趨於穩定，皇帝需要面對的威脅，不再是龐大的宗室群體，而僅僅限於前任皇帝的子嗣們，這期間的牽涉宗室的主要大案，也集中在先皇帝的皇子身上。

一、武帝時期

漢代宗室犯罪在武帝時期呈現出明顯的多樣化趨勢，文景時期宗室王侯罪行多爲謀反或造反。武帝時期宗室謀反案開始出現減少的趨勢，其他政治犯罪，倫理犯罪，刑事犯罪都大大增加。具體來說，就是祝詛皇帝、誣告大臣、禽獸行，殺人的現象在這時開始出現。在漢武帝執政的時代，有犯罪行爲的諸侯王（含王太子）有 14 人。2 人有謀反行爲，2 人有祝詛皇帝的行爲、3 人有禽獸行。此外，還有人犯有藏匿亡命、私作兵車、殺人、劫財等行爲（參見表 10）。比起漢代初期，宗室諸侯王的犯罪行爲有著明顯的多樣化趨勢。王

〔註 16〕《史記》卷 106《吳王濞列傳》，第 2824 頁。

子侯的犯罪行爲則更加瑣細，犯罪者共有 99 人，其中 64 人是因酎金不足，32 是由於各種政治、刑事等罪行。如殺人、禽獸行、謀反等等罪行。在王子侯中還出現巧取豪奪他人錢財的現象。諸如「縛家吏恐猲受賕」〔註 17〕、「貸子錢不占租，取息過律」〔註 18〕、「坐恐猲取雞以令買償」〔註 19〕、「不使人爲秋請」〔註 20〕、「知人盜官母馬爲臧」〔註 21〕等。這些罪行也導致其被削去封國，甚至被處以死刑。當時由於種種罪名被處死的王子侯共有 16 人（參見表 11）。此外，漢代王子侯在武帝朝遭遇到的最沉重打擊便是酎金奪爵事件，漢武帝對諸侯中無人獻金充爲軍費憤恨不已，不久，他藉口諸侯祭祀時使用的酎金不足而將眾多諸侯廢黜，其中王子侯中有 64 人因此失國（參見表 12）。

表 10　武帝時期諸侯王犯罪情況

封國	姓名	譜系	罪行	犯罪時間	刑罰
淮南王	劉安	淮南厲王劉長子	謀反	武帝時	自殺
衡山王	劉賜	淮南厲王劉長子	謀反	武帝時	自殺
濟北王	劉寬	淮南厲王劉長曾孫	禽獸行，祝詛	武帝時	自殺
齊王	劉次昌	齊悼惠王曾孫	禽獸行	武帝時	自殺
燕王	劉定國	燕敬王澤之孫	禽獸行	武帝時	自殺
梁王	劉襄	梁孝王孫	不孝	武帝時	削五縣，王后梟首
濟川王	劉明	梁孝王子	坐殺中傅	武帝時	廢徙房陵
濟東王	劉彭離	梁孝王子	殺人劫財	武帝時	廢遷上庸
江都王	劉建	江都易王非之子	殺人	武帝時	會赦，不治
江都王	劉建	江都易王非之子	居喪姦、淫虐殺人、祝詛、謀反	武帝時	自殺

〔註 17〕《漢書》卷 15《王子侯表》，第 440 頁。
〔註 18〕《漢書》卷 15《王子侯表》，第 447 頁。
〔註 19〕《漢書》卷 15《王子侯表》，第 449 頁。
〔註 20〕《史記》卷 21《建元以來王子侯者年表》，第 1100 頁。
〔註 21〕《漢書》卷 15《王子侯表》，第 452 頁。

趙國太子	劉丹	趙敬肅王之子	禽獸行，椎埋攻剽	武帝時	逮捕下獄，後赦出，廢黜繼承王位資格
平幹王	劉元	趙敬肅王之孫	殺人、使人殉葬	武帝時	死後不立嗣，除國
廣川王	劉齊	廣川惠王之子	禽獸行、誣罔，大不敬	武帝時	出征匈奴贖罪，病薨，國除
廣川王	劉去	廣川繆王劉齊之子	坐亨姬不道	武帝時	廢遷上庸，道自殺，王后棄市
膠東王	劉寄	景帝子，武帝從母子	私作兵車鏃矢	武帝時	無處罰
常山王	劉舜	景帝子	驕淫，數犯禁	武帝時	無處罰
常山王	劉勃	景帝子常山憲王舜之子	不孝，匿囚	武帝時	廢徙房陵
燕王	劉旦	武帝子	坐臧匿亡命	武帝時	削三縣

表 11　武帝時期王子侯犯罪情況

封國	姓名	譜系	罪行	犯罪時間	刑罰
沈猷侯	劉受	楚元王子歲之子	坐爲宗正聽請，不具宗室	武帝時	耐爲司寇
茲侯	劉明	河間獻王子	殺人	武帝時	棄市，國除
房光侯	劉殷	河間獻王子	貸子錢不占租，取息過律	武帝時	會赦，免
成平侯	劉禮	河間獻王子	坐恐猲取雞以令買償	武帝時	國除
成平侯	劉禮	河間獻王子	復謾	武帝時	完爲城旦
千鍾侯	劉陰	河間獻王子	不使人爲秋請	武帝時	國除
洛陵侯	劉童	長沙定王子	殺人	武帝時	自殺
攸輿侯	劉則	長沙定王子	篡死罪囚	武帝時	棄市
建成侯	劉拾	長沙定王子	不朝	武帝時	國除
湖孰侯	劉聖	江都易王子胥行之子	知人脫亡名數，以爲保	武帝時	免
葛魁侯	劉戚	淄川懿王子寬之子	坐縛家吏恐猲受賕	武帝時	棄市，國除

		之子			
宜成侯	劉福	淄川懿王子偃之子	殺弟	武帝時	棄市，國除
東莞侯	劉吉	城陽共王子	有痼疾，不朝	武帝時	廢，國除
利鄉侯	劉嬰	城陽共王子	有罪	武帝時	國除
有利侯	劉釘	城陽共王子	坐遺淮南書稱臣	武帝時	棄市，國除
東平侯	劉慶	城陽共王子	與姊妹姦	武帝時	國除（漢書作下獄瘐死）
陰城侯	劉蒼	趙敬肅王子	嗣子有罪	武帝時	國除
南䜌侯	劉佗	趙敬肅王子	徵和二年坐酎金	武帝時	免
南陵侯	劉慶	趙敬肅王子	坐爲沛郡太守橫恣罔上	武帝時	下獄瘐死
鄗侯	劉舟	趙敬肅王子	祝詛上	武帝時	腰斬
安檀侯	劉福	趙敬肅王子	坐爲常山太守祝詛上	武帝時	訊未竟，病死。
爰戚侯	劉當	趙敬肅王子	坐與兄廖謀反	武帝時	自殺
澎侯	劉屈氂	中山靖王子	作爲丞相祝詛	武帝時	腰斬
蒲領侯	劉嘉	廣川惠王子	有罪	武帝時	絕
畢梁侯	劉嬰	廣川惠王子	坐首匿罪人	武帝時	爲鬼薪
榮簡侯	劉騫	濟北貞王子	謀殺人，會赦，免	武帝時	國除
平侯	劉遂	濟北貞王子（《漢書·王子侯表》作濟北式王子）	坐知人盜官母馬爲臧，會赦，復作。	武帝時	免
富侯	劉龍	濟北貞王子（漢書·王子侯表作濟北式王子）	坐使奴殺人，下獄瘐死。	武帝時	下獄瘐死
離石侯	劉綰	代共王子	坐上書謾	武帝時	耐爲鬼薪。
邵侯	劉順	代共王子	坐殺人及奴凡十六人，以捕匈奴千騎	武帝時	免
五原侯	劉罷軍	代共王子	坐盜賊	武帝時	免

原洛侯	劉敢	城陽頃王子	坐殺人	武帝時	棄市
庸侯	劉餘	城陽頃王子	有罪	武帝時	死
甘井侯	劉光	廣川繆王子	坐殺人	武帝時	棄市
祝茲侯	劉延年	膠東康王子	坐棄印綬出國	武帝時	免

表 12　武帝時酎金奪爵之王子侯

封地	姓名	譜系	罪行	獲罪時間	刑罰
德侯	劉何	劉邦之兄劉喜玄孫	坐酎金	武帝時	免
棘樂侯	劉慶	楚元王子調之孫	坐酎金	武帝時	免
距陽侯	劉渡	河間獻王子之孫	坐酎金	武帝時	國除
廣侯	劉順	河間獻王子	坐酎金	武帝時	國除
蓋胥	劉讓	河間獻王子	坐酎金	武帝時	國除
宜春侯	劉成	長沙定王子	坐酎金	武帝時	國除
句陵侯	劉福	長沙定王子	坐酎金	武帝時	國除
葉侯	劉喜	長沙定王子	坐酎金	武帝時	國除
杏山侯	劉成	楚安王子	坐酎金	武帝時	國除
浮丘侯	劉霸	楚安王子	坐酎金	武帝時	國除
廣戚侯	劉始	魯共王子擇之子	坐酎金	武帝時	國除
郁狼侯	劉騎	魯共王子	坐酎金	武帝時	國除
西昌侯	劉敬	魯共王子	坐酎金	武帝時	國除
盱臺侯	劉象之	江都易王子	坐酎金	武帝時	國除
睢陵侯	劉定國	江都易王子	坐酎金	武帝時	國除
龍丘侯	劉代	江都易王子	坐酎金	武帝時	國除
壽梁侯	劉守	淄川懿王子	坐酎金	武帝時	國除
雷侯	劉豨	城陽共王子	坐酎金	武帝時	國除
鬫侯	劉朋	城陽共王子節侯壯之子	坐酎金	武帝時	國除
運平侯	劉欣	城陽共王子	坐酎金	武帝時	國除
山州侯	劉齒	城陽共王子	坐酎金	武帝時	國除
海常侯	劉福	城陽共王子	坐酎金	武帝時	國除
廣陵侯	劉成	城陽共王子裘之子	坐酎金	武帝時	國除
杜原侯	劉皐	城陽共王子	坐酎金	武帝時	國除
尉文侯	劉犢	趙敬肅王子丙之子	坐酎金	武帝時	國除

榆丘侯	劉受福	趙敬肅王子	坐酎金	武帝時	國除
襄嚵侯	劉建	趙敬肅王子	坐酎金	武帝時	國除
邯平侯	劉順	趙敬肅王子	坐酎金	武帝時	國除
歊安侯	劉延年	趙敬肅王子	坐酎金	武帝時	免
將梁侯	劉朝平	中山靖王子	坐酎金	武帝時	免
薪館侯	劉未央	中山靖王子	坐酎金	武帝時	免
陸城侯	劉貞	中山靖王子	坐酎金	武帝時	免
薪處侯	劉嘉	中山靖王子	坐酎金	武帝時	免
陸地	劉義	中山靖王子	坐酎金	武帝時	免
高平侯	劉喜	中山靖王子	坐酎金	武帝時	免
廣川侯	劉頗	中山靖王子	坐酎金	武帝時	免
柳宿侯	劉蘇	中山靖王子劉蓋之子	坐酎金	武帝時	免
戎丘侯	劉讓	中山靖王子	坐酎金	武帝時	免
曲成侯	劉萬歲	中山靖王子	坐酎金	武帝時	免
安險侯	劉應	中山靖王子	坐酎金	武帝時	免
安道侯	劉恢	中山靖王子	坐酎金	武帝時	免
沂陵侯	劉喜	廣川惠王子	坐酎金	武帝時	免
參酈侯	劉則	廣川惠王子	坐酎金	武帝時	免
周望侯	劉當時	濟北貞王子劉何之子	坐酎金	武帝時	免
陪侯	劉邑	濟北貞王子劉則之子	坐酎金	武帝時	免
前侯	劉信	濟北貞王子	坐酎金	武帝時	免
五椐侯	劉臒丘	濟北貞王子	坐酎金	武帝時	免
胡母侯	劉楚	濟北貞王子	坐酎金	武帝時	免
高俞侯	劉賢	代共王子	坐酎金	武帝時	免
夏丘侯	劉遇	代共王子	坐酎金	武帝時	免
博陽侯	劉終古	齊孝王子劉就之子	坐酎金	武帝時	免
終弋侯	劉廣置	衡山賜王子	坐酎金	武帝時	免
麥侯	劉昌	城陽頃王子	坐酎金	武帝時	免
鉅合侯	劉發	城陽頃王子	坐酎金	武帝時	免
昌侯	劉差	城陽頃王子	坐酎金	武帝時	免

蕢侯	劉方	城陽頃王子	坐酎金	武帝時	免
文成侯	劉光	城陽頃王子	坐酎金	武帝時	免
挍靖侯	劉雲	城陽頃王子	坐酎金	武帝時	免
翟侯	劉壽	城陽頃王子	坐酎金	武帝時	免
鱣侯	劉應	城陽頃王子	坐酎金	武帝時	免
彭侯	劉強	城陽頃王子	坐酎金	武帝時	免
東淮侯	劉類	城陽頃王子	坐酎金	武帝時	免
拘侯	劉賢	城陽頃王子	坐酎金	武帝時	免
淯侯	劉不疑	城陽頃王子	坐酎金	武帝時	免

一方面，武帝時期宗室犯罪行爲確實呈現多樣化趨勢，從另一角度看，武帝朝對於宗室的法網也比較嚴密，王子侯的一些細微過錯都有可能引來嚴重的懲罰，而犯武帝大忌，有祝詛行爲的宗室，甚至要受到腰斬的酷刑。

若對上列圖表中展示出的變化的原因進行分析，首先可將謀反行爲的減少歸因於諸侯王國實力的大幅度削弱。眾所周知，吳楚七國之亂後，諸侯王不得復治國，天子爲置吏。改丞相曰相，省御史大夫、廷尉、少府、宗正、博士官。大夫，謁者，郎，諸官長丞，皆損其員。其事在孝景中五年，武帝即位之後，又改漢內史爲京兆尹，中尉爲執金吾，郎中令爲光祿勳。而王國如故，這也是爲了提升漢朝官吏的地位，無形中諸侯國官吏的地位再次下降。武帝又以立法的形式來削弱諸侯王國。如頒佈推恩令和左官律。因此，武昭宣時期的諸侯王，已經從擁有實權的一國之主轉化成了被朝廷供養在各地的富家翁。他們無力掌控整個國家，無法支配軍隊，更不可能像吳王劉濞一樣傾全國之力與朝廷對抗。因此，自武昭宣時期開始，起兵造反的諸侯王便不再出現。總體來看，圖謀造反，對抗漢朝的諸侯王比前一時期大大下降。諸侯王無力造反，宗室侯便更不具備實力和號召力來對抗朝廷了。當然，諸侯王權力的削弱是一個逐漸的過程，武帝前期的諸侯王如淮南王劉安和衡山王劉賜的實力依然不容忽視。

其次，朝廷對於宗室的嚴密監控使得更多罪行受到懲處，且在刑罰也較爲嚴厲。換句話說，針對宗室的監督制度已經建立，並且在有效地發揮作用。正是由於監控力度的加強，使得宗室們的陰私才被更多的披露出來，親屬之間的亂倫行爲被公之於眾，便是最好的證明。不過，一些不習慣於這種改變的宗室，會採取行動，來反抗朝廷的監督。如趙敬肅王劉彭祖、膠西於王劉端便利用諳熟法典的優勢，極力將有限的實權控制於自己手中，抵制朝廷對他們的管轄：

每相二千石至，彭祖衣帛布單衣，自行迎除舍，多設疑事以詐動之，得二千石失言，中忌諱，輒書之。二千石欲治者，則以此迫劫。不聽，乃上書告之，及污以姦利事。彭祖立六十餘年，相二千石無能滿二歲，輒以罪去，大者死，小者刑。以故二千石莫敢治，而趙王擅權。〔註22〕

相二千石至者，奉漢法以治，端輒求其罪告之，亡罪者詐藥殺之。所以設詐究變，強足以距諫，知足以飾非。相二千石從王治，則漢繩以法。故膠西小國，而所殺傷二千石甚眾。〔註23〕

第三，漢代政府對於宗室的管理手段還在摸索當中。且自文景之亂後，僅僅確定了宗室王侯不掌握政治權力的原則，而對於宗室們生活中的其他方面還欠缺規範。因此，富有一國，卻不任政事的宗室王的精力沒有正當的宣泄渠道，明哲保身者如中山王劉勝還能夠「日聽音樂，御聲色」〔註24〕，有些人可能就會因犯罪而身陷法網。

從列表10中還可以發現一些值得關注的現象，比如漢武帝對於文景兩朝中實力雄厚的兩個諸侯王——淮南王和梁王的後代極爲嚴苛。尤其是淮南王劉長留下的三個兒子所分封的王國，都在武帝朝被剪除。若仔細推敲淮南王劉安和衡山王劉賜的犯罪經過，就很難否認這兩起案件中含有政治動因，淮南王劉安在當時的人望極高，史稱他「爲人好讀書鼓琴，不喜弋獵狗馬馳騁，亦欲以行陰德拊循百姓，流譽天下。〔註25〕」而漢武帝對於文學的愛好和嚮往也是頗爲有名，如果說他對這位同樣愛好文學的從叔父有一些競爭情緒，也並非沒有可能。在《漢書》中記載了這樣一段二人之間的軼事：漢武帝每次與淮南王劉安有文字往來，總是要擅長文辭的司馬相如等人將文章核對潤飾之後再發出〔註26〕。若漢武帝不是認爲劉安的文才勝於自己，必不會如此小心。況且，淮南王劉安遠在荊楚之地，又頗有賢名，作爲漢武帝這樣的雄主，當然無法容忍劉安的存在。在漢武帝征討閩越的作戰行動中，就可以觀

〔註22〕《漢書》卷53《景十三王傳》，第2419頁。
〔註23〕《漢書》卷53《景十三王傳》，第2419頁。
〔註24〕《漢書》卷53《景十三王傳》，第2426頁。
〔註25〕《史記》卷118《淮南衡山列傳》，第3082頁。
〔註26〕《漢書》卷44《淮南厲王劉長傳》，第2145頁。

察到劉安與朝廷的利益衝突。此次軍事行動，是其開疆拓土，施展抱負的重大舉措，而劉安卻上書勸阻漢武帝的軍事行動。實際上，維持諸越的現狀，使其保持與朝廷的距離，是符合劉安利益的。地理位置的接近，使得劉安更加希望諸越能夠成爲自己的盟友，而不是朝廷的臣屬。後來伍被爲淮南王謀劃起兵時，便提到：「南收衡山以擊廬江，有尋陽之船，守下雉之城，結九江之浦，絕豫章之口，強弩臨江而守，以禁南郡之下，東收江都、會稽，南通勁越，屈強江淮間，猶可得延歲月之壽。〔註 27〕」淮南國與諸越之間的微妙關係，漢武帝也有所察覺。因此，漢武帝拒絕了劉安的建議，並迅速出兵使閩越降服，事後，漢武帝特意派遣嚴助告諭劉安：

> 今者大王以發屯臨越事上書，陛下故遣臣助告王其事。王居遠，事薄遽，不與王同其計。陛下甚恨之。夫兵固兇器，明主之所重出也，然自五帝三王禁暴止亂，非兵，未之聞也。漢爲天下宗，操殺生之柄，以制海內之命，危者望安，亂者卬治。今閩越王狼戾不仁，殺其骨肉，離其親戚，所爲甚多不義，……陛下爲萬民安危久遠之計……故遣兩將屯於境上，震威武，揚聲鄉。屯曾未會，天誘其衷，閩王隕命，輒遣使者罷屯，毋後農時。南越王甚嘉被惠澤，蒙休德，願革心易行，身從使者入謝。……此一舉，不挫一兵之鋒，不用一卒之死，而閩王伏辜，南越被澤，威震暴王，義存危國，比則陛下深計遠慮之所出也。事效見前，故使臣助來諭王意。」〔註 28〕

細讀這篇文字，可以體察到漢武帝君臣對於此次軍事行動所取得成果的得意，並隱隱含有威懾之意，嚴助提到「漢爲天下宗，操殺生之柄，以制海內之命」，很顯然是在劉安面前強調皇帝的無上權威。因此，劉安不得不表示屈服：

> 於是王謝曰：「雖湯伐桀，文王伐崇，誠不過此。臣安妄以愚意狂言，陛下不忍加誅，使使者臨詔臣安以所不聞，臣不勝厚幸。」助由是與淮南王相結而還。上大說。〔註 29〕

雖然漢武帝對劉安的此次表態非常滿意，但淮南國這個政治實體的存在依然會讓漢武帝心存疑忌。再加上同爲淮南厲王劉長之子的衡山王劉賜，更是讓

〔註 27〕《史記》卷 118《淮南衡山列傳》，第 3092 頁。
〔註 28〕《漢書》卷 44《淮南厲王劉長傳》，第 2788 頁。
〔註 29〕《漢書》卷 44《淮南厲王劉長傳》，第 2789 頁。

漢武帝難以釋懷。因此，在淮南王劉長謀反案發後，有司才會揣摩上意，要求對衡山王以連坐之名治罪。雖然武帝拒絕了這一請求，但衡山王最終並沒有逃脫厄運，在淮南王謀反案發自殺的同年，也就是元狩元年（公元前 122 年）衡山王也因謀反而死。這樣，自高帝時起便擁有廣闊土地和雄厚實力的淮南國就此除國，地入於漢，是爲九江郡。時隔數十年後，在漢武帝後元二年（公元前 87 年），濟北王劉寬也因祝詛皇帝而自殺，淮南厲王劉長一支就此斷絕。司馬遷對於淮南、衡山兩國的命運曾經有過這樣一番評價：「淮南、衡山親爲骨肉，疆土千里，列爲諸侯，不務遵蕃臣職以承輔天子，而專挾邪僻之計，謀爲畔逆，仍父子再亡國，各不終其身，爲天下笑。此非獨王過也，亦其俗薄，臣下漸靡使然也。夫荊楚僄勇輕悍，好作亂，乃自古記之矣」。〔註 30〕對於太史公的這段評論，也許可以做出這樣的解讀：在民風彪悍的荊楚之地，朝廷是不願意見到與朝廷離心離德的淮南王房的宗室〔註 31〕繼續稱王，因此將他們的封國一一削除。

淮南厲王劉長的後代在武帝朝無一幸免，都落得國除身死，而同樣實力雄厚，曾經爭當儲君的梁孝王劉武的後代，也在武帝時期因犯罪而飽受挫折。梁孝王欲作嗣君，與漢武帝有著直接的利益衝突，在梁孝王死後，梁國被一分爲五，而在漢武帝時期，「支子四王，皆絕於身。」〔註 32〕其中，山陽哀王劉定和濟陰哀王劉不識是病薨無子國除。而濟川王劉明和濟東王劉彭離則是因殺人罪而受到了廢徙的處罰。梁孝王劉武的嫡孫，梁平王劉襄也因爲不孝罪被削五縣，王后還被處以了棄市之刑。梁王房的宗室們經過這一番打擊，實力被大大削弱，根本不可能對皇權再構成威脅。

而齊王房〔註 33〕的宗室在漢武帝時期也有多人因犯罪而受到處罰。在前文中已經提到過齊王房的宗室與漢文帝之間無法化解的政治矛盾，尤其是在文景兩朝，齊王房的宗室都有起兵造反的惡劣先例。這樣的矛盾並沒有隨著時間的推移而消失。漢武帝實際上一直對齊王房的諸侯保持著警惕。主父偃

〔註 30〕《史記》卷 118《淮南衡山列傳》，第 3098 頁。

〔註 31〕在此，爲行文簡便，我們借助《宋史・宗室世系表》的表述，將首封諸侯王及其所繁衍的子孫冠以該國國號稱某某房，因爲在《宋史・宗室世系表》中的「房」可以準確無誤地表達我們在這裡所要表達的含義。

〔註 32〕《漢書》卷 47《文三王傳》，第 2213 頁。

〔註 33〕即齊悼惠王劉肥的子孫，包括了文帝時受封的濟北王、城陽王、以及後來齊國被分爲七，而首封的菑川王、膠東王、膠西王、濟南王的子孫。

深知漢武帝的不安，他說：「齊臨菑十萬戶，市租千金，人眾殷富，巨於長安，非天子親弟愛子不得王此。今齊王於親屬益疏。」這些話可謂正中武帝下懷。接著，主父偃又提到「呂太后時齊欲反，及吳楚時孝王幾為亂。今聞齊王與其姊亂」等等。在主父偃的邏輯中，齊王作為宗室疏屬卻佔據著強大的封國不利於朝廷，因此需要對此採取行動。而接下來提到齊王的罪行，更像是一個奪取齊國土地的藉口。漢武帝認同了主父偃的說法，派遣他去辦理齊國事務。這充分表現出當時朝廷處理宗室犯罪時是以政治因素為主要考量。無論是主父偃還是漢武帝，都首先預設一個想要達到的結果，而法律就淪為了實現這個政治目標的手段。漢武帝「拜偃為齊相」，主父偃到齊國之後，「急治王後宮宦者為王通於姊翁主所者，辭及王。〔註 34〕」最終逼得齊王自殺。齊國也就此絕嗣，自此以後「悼惠王後唯有二國：城陽、菑川。」也就是說，漢文帝把齊地分為七國，齊悼惠王七個兒子各自受封為諸侯王，經過了景帝時的七國之亂和武帝時的因罪自殺，最終只有城陽、菑川兩個王國得以保存。不過，事情到此還遠遠沒有結束，如果再檢查王子侯犯罪的譜系，可以發現城陽共王的兒子共被分封了 13 個王子侯。而在武帝時期，這 13 個諸侯國的國君幾乎全部因為犯罪而被削除了封國，有些人甚至還被處死，僅南城侯與騶丘敬侯得以幸免。城陽共王一支的諸侯國所遭受的毀滅性打擊，讓人更加懷疑這其中含有政治因素。但是，為什麼城陽國及其子孫受到特別「關照」，幾乎人人因罪失國呢？只要我們進行分析，就不難發現其中的原因。城陽共王劉喜的父親，正是在諸呂之亂中叱吒風雲的朱虛侯劉章，他在文帝登基之後受到排擠，使得宗室中人憤憤不平，而朱虛侯劉章就是首封城陽王，他封王之後兩年便死去了。其子城陽共王劉喜即位，劉喜在漢武帝即位之前便已經死去，他留下的 13 個王子侯便成為了漢武帝的眼中釘。在這些人當中，有 7 位王子侯是因酎金奪爵，1 人因兄妹亂倫而被處死，1 人因受淮南獄牽連而慘遭棄市，1 人因有痼疾，不朝天子而被廢黜，1 人亦因罪被廢，罪名不詳。城陽共王死後，其子城陽頃王即位，頃王所生二十子，亦被封為王子侯，在這 20 個侯國中，又有 14 人因罪被除國或被殺，其中 12 人是酎金不足失國，1 人因殺人而被棄市，1 人被處死，罪名不詳。如果把兩任城陽王的王子侯合在一起統計的話，受封者共 33 人，其中 25 人因罪受罰，概率高達 75.6%，這樣的數據極為引人注意。不過，若將這些王子侯被治罪全部歸因於政治陰謀，

〔註 34〕《史記》卷 52《齊悼惠王世家》，第 2008 頁。

可能過於武斷。不過，有司揣摩上意，對這些受到皇帝疑忌的齊王房的宗室施加更爲嚴格的監管，甚至捕風捉影、羅織罪名也極有可能。反觀同爲齊王王宗室的菑川懿王劉志的子孫的境遇，相對來說就好得多，劉志共有 18 個庶子被封爲王子侯，獲罪者僅有 3 人。絕大多數可以傳國後世。何以會有這種區別呢？或許是因爲菑川懿王劉志（原封濟北王）在吳楚七國之亂中有過立功表現，堅守城池，抗拒叛軍，由此贏得了皇帝的信任。因此，朝廷似乎並不將菑川王及其子孫與其他齊王房的宗室等而視之。但有一點頗爲奇怪，城陽王爲什麼能幸免呢？生活於武帝朝的城陽王共有三位，即頃王延、敬王義以及惠王武，觀察這三個人的謚號，可推測這祖孫三人必是謹小慎微之輩，因此，才沒有被人捉到把柄。況且，齊王一支的宗室之遭遇，早已經引起了人們的普遍不滿，因此，漢武帝才會將逼死齊王次昌的主父偃處決，以塞天下悠悠之口。

可以說，齊王房、梁王房、淮南王房的宗室都曾對漢武帝的父祖造成威脅，漢武帝才會將此三房的宗室成員視爲心腹大患，使得他們當中的絕大多數都身陷法網，落得廢黜爵位，甚至身首異處的下場。實際上，不僅僅是歷史上有過不良記錄，且屬於與皇帝血緣教疏遠的齊、梁、淮南三房中的宗室成員犯罪現象突出，漢武帝的手足兄弟及其後嗣的犯罪情況，也值得關注。

河間獻王劉德是漢代有名的賢王，不過，正因其才能出眾，引起了漢武帝的嫉恨。「河間獻王經術通明，積德累行，天下雄俊眾儒皆歸之。孝武帝時，獻王朝，被服造次必於仁義。問以五策，獻王輒對無窮。孝武帝艴然難之，謂獻王曰：『湯以七十里，文王百里，王其勉之。』王知其意，歸即縱酒聽樂，因以終。〔註 35〕」再從表 11 來看河間王房的其他宗室的犯罪情況，就可以發現，河間獻王共有 12 子在武帝時被封王子侯， 其中共有 7 人在武帝朝中因罪被除國，2 人是酎金不足失國，另外 5 人獲罪情由分別是：殺人、貸子錢不占租，取息過律，恐猲取雞、不使人爲秋請。如果說殺人、對天子失禮而被治罪免爵，還是可以理解的話，那麼因取息過律、強取人雞等等原因而被廢黜，則顯得有些嚴厲了。

同樣頗有權謀的趙敬肅王的子嗣，也有多人犯罪被處刑。趙敬肅王劉彭祖在當時的諸侯王中，顯然是一個另類。史稱他「爲人巧佞卑諂，足恭而心刻深。好法律，持詭辯以中人。」在武帝朝大力壓制宗室權力的政治環境下，

〔註 35〕《史記》59《五宗世家》注引《漢名臣奏》，第 2094 頁。

他卻得以遊刃有餘地應對朝廷派來的官吏。「彭祖多內寵姬及子孫。相、二千石欲奉漢法以治，則害於王家。是以每相、二千石至，彭祖衣皂布衣，自行迎，除二千石舍，多設疑事以作動之，得二千石失言，中忌諱，輒書之。二千石欲治者，則以此迫劫。不聽，乃上書告，及污以姦利事。彭祖立五十餘年，相、二千石無能滿二歲，輒以罪去，大者死，小者刑，以故二千石莫敢治。〔註 36〕」正是因爲他狡黠的性格，才能夠即擅權弄權的同時，又保證自己不會受到傷害。在漢武帝這樣的皇帝治下能夠保持自己在諸侯國中的權威，不能不說是了不起的成就。不過，即使劉彭祖本人沒有受到朝廷的制裁，他的子孫們卻沒有那麼幸運。如趙王太子被劉丹因江充的告發而被廢黜。

其實，被漢武帝廢黜的趙王繼承人還不只劉丹一人：

> 彭祖取江都易王寵姬，王建所姦淖姬者，甚愛之，生一男，號淖子。彭祖以徵和元年薨，謚敬肅王。彭祖薨時，淖姬兄爲漢宦者，上召問：「淖子何如？」對曰：「爲人多欲。」上曰：「多欲不宜君國子民。」問武始侯昌，曰：「無咎無譽。」上曰：「如是可矣。」遣使者立昌，是爲頃王。〔註 37〕

正因爲漢武帝對於趙王房的宗室成員心懷疑慮，因此才會親自過問趙國繼承者事宜，並免去原定繼承人的嗣位之權，指定了另外一位才能平庸，恭順朝廷的繼承者。趙敬肅王子共有 25 人受封爲侯，其中 12 人犯法失爵。6 人因酎金不足失爵，1 人謀反、2 人祝詛，1 人對皇帝不敬，1 人因嗣子有罪，而廢黜封國，1 人罪行不明，雖然趙王房的王子侯犯罪比率相比併不是很高，但他們當中有 3 人犯下嚴重政治罪行則引人關注，而且，謀反的爰戚侯當還是與其兄共同謀反，可見趙王房的宗室成員和朝廷確實存著比較尖銳的的對立。

與趙敬肅王命運相似的，還有江都易王劉非。根據史書的記載，劉非在軍事方面頗有天分，十五歲時便在吳楚七國之亂中有立功表現，因此受到了父親漢景帝的嘉獎，得以「治吳故國，以軍功賜天子旌旗。」史書又稱他「好氣力，治宮觀，招四方豪桀，驕奢甚。〔註 38〕」武帝元光五年，匈奴大肆侵擾漢地，他還曾躍躍欲試地要求攻打匈奴，不過，漢武帝拒絕了劉非的請求，顯然是擔心這位不甘平庸的赳赳武夫率領軍隊會朝廷產生威脅。劉非本人雖

〔註 36〕《史記》59《五宗世家》，第 2098 頁。
〔註 37〕《漢書》卷 53《景十三王傳》，第 2421 頁。
〔註 38〕《史記》卷 59《五宗世家》，第 2096 頁。

得以善終，但其子劉建依然驕縱橫行，屢屢犯法，劉建在做太子之時，便犯下殺人之罪，遇赦不治。繼承王位後，又在服喪之際與父親的姬妾有亂倫行爲，不僅如此，他還有兄妹相姦的禽獸之行，此事風傳出去之後，其祖母魯恭王太后進行勸阻。而劉建依然怙惡不悛。又虐殺無辜姬妾等共三十五人。爲了滿足他的病態欲望，他還要求「強令宮人裸而四據，與羝羊及狗交。」希望人能與獸雜交生子，種種惡行，令人髮指。史書稱他「專爲淫虐，自知罪多，國中多欲告言者，建恐誅，心內不安」。背負著沉重的心裏負擔的劉建不單沒有收斂自己的行爲，反而變得更加暴戾，他說：「漢廷使者即復來覆我，我決不獨死。」這就漸漸與朝廷公開對抗起來，此後，他「刻皇帝璽，鑄將軍、都尉金銀印。作漢使節二十，綬千餘。具置軍官品員，及拜爵封侯之賞。具天下之輿地及軍陳圖。遣人通越繇王閩侯」，並放出狂言：「我爲王，詔獄歲至，生又無歡怡日，壯士不坐死，欲爲人所不能爲耳」，幾年之後，這些罪行被揭發出來，有司議定其罪，稱「建失臣子道，積久，輒蒙不忍，遂謀反逆。所行無道，雖桀紂惡不至於此。天誅所不赦，當以謀反法誅。」。劉建最終自殺謝罪，而與他的王后成光也被處以棄市之刑。顯赫一時的江都國，在劉非死去之後六年，便被剪除，地入於漢，是爲廣陵郡〔註 39〕。江都王劉非被封爲王子侯的 5 個庶子，也沒有能夠守住自己的封國，其中 2 人無後國除，2 人酎金不足國除，1 人因殺人而免爵。江都王房的宗室，無一幸免，都失去了爵位。

而反觀一些與漢武帝私人關係較親密的諸侯王，則不被視爲政治威脅，在發生違反法律的情況時還得到皇帝的寬宥：

> 常山憲王舜以孝景中五年立。舜，帝少子，驕淫，數犯禁，上常寬之〔註 40〕。
>
> 淮南王謀反時，(膠東康王) 寄微聞其事，私作兵車鏃矢，戰守備，備淮南之起。及吏治淮南事，辭出之。寄於上最親，意自傷，發病而死，不敢置後。於是上聞寄有長子賢，母無寵，少子慶，母愛幸，寄常欲立之，爲非次，因有過，遂無所言。上憐之，立賢爲膠東王〔註 41〕。

〔註 39〕《漢書》卷 53《景十三王傳》，第 2414～2417 頁。
〔註 40〕《漢書》卷 53《景十三王傳》，第 2434 頁。
〔註 41〕《史記》卷 59《五宗世家》，第 2101 頁。

可見，在處理宗室犯罪問題時，漢武帝的政治考量是決定性因素，這位強勢的君主不能容忍自己的權威受到絲毫損害，將有可能造成危險的宗室勢力被一一消除，漢武帝以法律作爲工具，希望能夠一勞永逸地解決宗室對中央皇權的威脅，這就造成了漢武帝時期針對部分宗室的法網嚴密，定罪嚴苛的時代特色。

當然，政治因素也並非對宗室進行處罰的唯一原因。諸如濟東王劉彭離、江都王劉去等人所犯之罪行確實極爲嚴重，如不施以處罰，難以塞悠悠眾口：

> 彭離驕悍，昏莫私與其奴亡命少年數十人行剽，殺人取財物以爲好。所殺發覺者百餘人，國皆知之，莫敢夜行。所殺者子上書告言，有司請誅，武帝弗忍，廢爲庶人，徙上庸，國除，爲大河郡。〔註42〕

劉彭離殺人劫財，受害者竟然達到一百多人，朝廷當然不可置之不理。不過，即便背負上百條人命，劉彭離也僅僅受到了廢遷的處罰。實際上，宗室諸侯王如果不是犯下謀反、祝詛等嚴重的政治犯罪，一般不會受到生命的威脅，諸侯王的稱號，是其有效護身符。不過，在爵位上低一級的王子侯顯然受到了更爲嚴苛的對待，從表 11 中可見，武帝一朝中因罪被處死的王子侯有 16 人之多，其中棄市者 7 人，自殺者 2 人，獄中考竟致死者 4 人，腰斬者 2 人。堂堂天潢貴胄，不單單因罪處死，而且是被處以顯戮。從這些數據可以看到，在漢武帝時代王子侯在司法上的特權被極大的削弱。因此，漢武帝時期宗室犯罪多發，且罪行多樣化的現象出現，很大程度上要歸因於當時的政治環境。如果將酎金奪爵視作是一種突發的政治事件而將其排除在王子侯犯罪統計之外，則漢武帝時期犯罪的王子侯共有 35 人，其中因犯罪而死者達到 45.7%，接近一半的宗室侯犯下死罪或因罪被處死。在武帝朝非常著名的酎金奪爵事件中，被剝奪封國爵位者共有 106 人，而其中有 64 人是王子侯，漢武帝的龍顏大怒，使得諸多王子侯失去了貴族身份。在漢武帝執政的數十年，注定是一段令宗室們戰戰兢兢、惶恐不安的艱難歲月。因此漢武帝的兄長中山靖王劉勝才會在朝覲天子時失聲痛哭，他的一番談話，也多少反映出了宗室成員的心聲：

> 今臣心結日久，每聞幼眇之聲，不知涕泣之橫集也。……臣身

〔註42〕《漢書》卷47《文三王傳》，第2213頁。

> 遠與寡，莫爲之先，眾口鑠金，積毀銷骨，叢輕折軸，羽翮飛肉，紛驚逢羅，潸然出涕。……臣雍閼不得聞，讒言之徒蜂生。道遼路遠，曾莫爲臣聞，臣竊自悲也。臣聞社鼷不灌，屋鼠不熏。何則？所託者然也。臣雖薄也，得蒙肺附。位雖卑也，得爲東藩，屬又稱兄。今群臣非有葭莩之親，鴻毛之重，群居黨議，朋友相爲，使夫宗室擯卻，骨肉冰釋。斯伯奇所以流離，比干所以橫分也。《詩》云「我心憂傷，惄焉如擣。假寐永歎，唯憂用老。心之憂矣，疢如疾首」。臣之謂也。〔註43〕

二、昭宣元時期

昭宣元時期自公元前86年至公元前33年，時間跨度爲53年，在漢武帝死去之後，朝廷與宗室的關係眞正趨向了緩和。顯然，憑藉武帝這位政治強人的鐵腕，朝廷對於宗室的有效管理已經開始良好地運行起來。在時間跨度相近的情況下，在漢武帝時期犯罪諸侯王有14人，而昭宣時期下降到10人，王子侯犯罪更大幅度下降，漢武帝時王子侯犯罪者共有 99 人（其中包括 64 人因酎金不足而失國），昭宣元時期僅有 23 人犯罪受罰。即使不考慮漢武帝時代因酎金失爵的宗室人數，這樣的降幅還是相當可觀的。除此之外，對於犯罪宗室的處罰也比漢武帝時期輕緩了許多，比如諸侯王中雖有14人犯法，但他們當中又有 5 人曾受到天子特恩，從而免於處罰，這在漢武帝時代是極爲罕見的。在23個犯罪的王子侯中，有5人被處死，而在漢武帝時期，這個數字是16人（參見表13、表14）。由此可見，昭宣時期對於宗室犯罪行爲的處罰確實有所減輕。但是，武帝時期宗室王侯犯罪多樣化的特徵依然存在，朝廷的處罰卻略微放寬。

表13　昭宣元時期諸侯王犯罪情況

封國	姓名	譜系	罪行	犯罪時間	刑罰
楚王	劉延壽	楚元王五世孫	謀反	宣帝時	誅
菑川王	劉終古	齊悼惠王子菑川王劉志之曾孫	禽獸行，亂君臣夫婦之別，誖逆人倫	宣帝時	削四縣

〔註43〕《漢書》卷53《景十三王傳》，第2423頁。

清河王	劉年	代孝王劉參玄孫	禽獸行	宣帝時	廢徙房陵
河間王	劉元	河間獻王劉德五世孫	殺人	宣帝時	削二縣，萬一千戶
河間王	劉元	河間獻王劉德五世孫	殺人	宣帝時	廢徙房陵
長沙王	劉建德	長沙定王之曾孫	縱火燔民家，殺人、誣告內史棄市	宣帝時	削八縣
廣川王	劉海陽	廣川繆王劉齊之孫，劉去之侄	淫亂，殺人	宣帝時	廢徙房陵
燕王	劉旦	武帝子	謀反	昭帝時	有詔不治
燕王	劉旦	武帝子	與上官傑、鄂邑蓋長公主謀反	昭帝時	自殺
廣陵王	劉胥	武帝子	楚王謀反，辭語相連	宣帝時	有詔不治
廣陵王	劉胥	武帝子	子有淫亂罪，棄市	宣帝時	奪王射陂草田以賦貧民
廣陵王	劉胥	武帝子	祝詛，殺人	宣帝時	自殺，國除
淮陽王	劉欽	宣帝子	交通大臣，不舉誖逆	元帝時	有詔不治
東平王	劉宇	宣帝子	通姦犯法	元帝時	有詔不治，傅相連坐
東平王	劉宇	宣帝子	不孝	元帝時	有詔不治

表 14　昭宣元時期王子侯犯罪情況

封地	姓名	譜系	罪行	犯罪時間	刑罰
安城侯	劉壽光	長沙定王子劉蒼之孫	與姊亂	宣帝時	下獄病死
益都侯	劉嘉	淄川懿王子	非先侯劉廣之子	昭帝時	免
鈞丘侯	劉毋害	城陽共王子寬之孫	使人殺兄	宣帝時	棄市
朝侯	劉固城	趙敬肅王之孫劉祿之子	坐酎金少四兩	宣帝時	國除
易安侯	劉德	趙敬肅王子劉平	殺人	昭帝時	免

		之孫			
乘丘侯	劉外人	中山靖王子劉將夜之孫	坐爲子時與後母亂	宣帝時	免
安郭侯	劉崇	中山靖王子劉傳富之孫	坐首匿死罪	宣帝時	免
陸元侯	劉延壽	菑川靖王子劉何之孫	坐知女妹夫亡命笞二百，首匿罪	宣帝時	免
襄隄侯	劉聖	廣川繆王子	坐奉酎金斤八兩少四兩	宣帝時	免
溫水侯	劉安國	膠東哀王子	坐上書爲妖言，會赦	宣帝時	會赦，免
修故侯	劉福	清河綱王子	坐首匿 群盜	宣帝時	棄市
江陽侯	劉仁	城陽惠王子	坐役使附落	宣帝時	免
南利侯	劉昌	廣陵厲王子	坐賊殺人	宣帝時	免
南利侯	劉昌	廣陵厲王子	還歸廣陵，與胥姬左修姦	宣帝時	繫獄，棄市
張侯	劉嵩	趙頃王子	賊殺人，上書要上	宣帝時	下獄瘐死。
富陽侯	劉賜	六安夷王子	坐上書歸印綬	元帝時	免八百戶
海昏侯	劉賀	昌邑哀王子	坐故行淫闢	宣帝時	不得置後
祚陽侯	劉仁	平幹頃王子	坐擅興繇賦	元帝時	削爵一級，爲關內侯，九百一十戶。
新利侯	劉偃	膠東戴王子	坐上書謾。	宣帝時	免
平邑侯	劉敞	魯孝王子	坐殺一家二人	元帝時	棄市
藉陽侯	劉顯	城陽荒王子	坐恐猲國民取財物	元帝時	免。六百戶。
庸釐侯	劉端	城陽荒王子劉談之子	坐強姦人妻	元帝時	會赦，免
樂侯	劉義	梁敬王子	坐使人殺人	元帝時	髡爲城旦

這一時期宗室王侯犯罪的最大特點：即先皇帝的皇子在新君即位之後多有圖謀不軌，覬覦大位的行徑，這種情況在昭帝、宣帝、元帝三朝持續出現。這要歸因於漢代政府實行以親製疏的宗室政策所產生的副作用。自漢文帝時，皇帝便開始有意識地將自己的皇子分封於大國，以使他們能夠有力量平

衡其他宗室諸侯的力量。如漢文帝之子梁王劉武在景帝時爆發的七國之亂中頂住了吳國的進攻，發揮了重大的戰略作用。景帝在廢除吳國之後也將皇子劉非封在了吳國舊地，可能也正是考慮到這塊剛剛發生過叛亂而又極為富庶的土地需要罪親信的人來鎮守，而驍勇善戰的兒子劉非正是最合適的人選。漢武帝時齊悼惠王的嫡系子孫齊王次昌因罪自殺，漢武帝也是認識到了齊地富庶，且戰略位置重要，因而「此非天子親弟愛子不得王此」，才將「尤愛幸」〔註44〕的兒子劉閎分封於此。此後，漢武帝又將另兩子劉旦、劉胥分封為燕王和廣陵王。這樣一來，武帝這三位較為年長的皇子，一人守衛帝國東土，一人鎮撫北疆，一人統馭南國，其戰略意義不言自明。不過，一旦老皇帝死去，這種以親情維繫的忠誠便會產生動搖。在漢武帝時期對宗室的鐵腕整治之後，遠支宗室對朝廷的威脅已經不復存在。而血緣親近的宗室，尤其是皇子諸侯王又開始成為新的潛在威脅。所謂的以親製疏策略，便多少有了一點飲鴆止渴的意味。

昭帝在位期間，漢武帝的兩個兒子，燕王劉旦、廣陵王劉胥便相繼有謀反罪行。關於燕王劉旦的謀反罪行，史書記載如下：

> 與宗室中山哀王子劉長、齊孝王孫劉澤等結謀，詐言以武帝時受詔，得職吏事，修武備，備非常。……即與劉澤謀為姦書，言少帝非武帝子，大臣所共立，天下宜共伐之。使人傳行郡國，以搖動百姓。澤謀歸發兵臨淄，與燕王俱起。旦遂招來郡國姦人，賦斂銅鐵作甲兵，數閱其車騎材官卒建旌旗鼓車，旄頭先毆，郎中侍從者著貂羽，黃金附蟬，皆號侍中。旦從相、中尉以下，勒車騎，發民會圍，大獵文安縣，以講士馬，須期日。郎中韓義等數諫旦，旦殺義等凡十五人。會瓶侯劉成知澤等謀，告之青州刺史雋不疑，不疑收捕澤以聞。天子遣大鴻臚丞治，連引燕王。有詔勿治，而劉澤等皆伏誅。〔註45〕

漢昭帝與霍光此時並無將燕王置於死地的打算，雖然其他同謀的遠支宗室被處死，但燕王仍然得以在燕國安享榮華。但不久之後，燕王劉旦故態復萌，又與上官傑、鄂邑長公主糾合起來，準備殺死霍光，自立為帝，事情敗露後，終於激怒朝廷，劉旦只能自殺謝罪。

〔註44〕《漢書》卷63《武五子傳》，第2749頁。
〔註45〕《漢書》卷63《武五子傳》，第2752頁。

廣陵王劉胥則因爲「見上年少無子，有覬欲心。〔註 46〕」於是採取祝詛皇帝的手段來謀奪皇位，不過，這一罪行在昭帝時期並沒有敗露。

漢宣帝時期，廣陵王劉胥依然沒有放棄對皇位的妄想，昌邑王即位之後被廢、昭帝的早夭，都堅定了他以祝詛奪帝位的決心。不久之後，其罪行被漢宣帝發覺，劉胥本人也落得與兄長劉旦同樣的下場——自盡而死。

漢元帝時，宣帝之子淮陽王又開始不軌行爲。漢宣帝本來有意廢掉太子，立淮陽王劉欽爲儲君，據史書記載：「（劉欽）好經書法律，聰達有材，帝甚愛之。太子寬仁，喜儒術，上數嗟歎憲王，曰：『眞我子也。』常有意欲立張倢伃與憲王，然用太子起於微細，上少依倚許氏，及即位而許后以殺死，太子蚤失母，故弗忍也。〔註 47〕」由此可見，淮陽王劉欽確實曾威脅到元帝的地位。因此，元帝即位後，立命劉欽離京就國，使其遠離權力中樞。正張博兄弟後又籌劃助其重返京城，入朝輔政。觸碰漢元帝之大忌，最終淮陽王美夢破滅，遭到元帝嚴厲訓斥，而張博兄弟等人也被處死。

總之，在昭宣元時期，宗室的犯罪稍有減少，但亂倫、殺人、搶劫等犯罪仍處於多發期。所受之處罰卻不似武帝嚴苛。朝廷與宗室的狀態已調整到較爲穩定的狀態。對立情緒的消失，才使得漢武帝的繼任者們屢屢有興滅繼絕的德政。因爲宗室封國的存在，已經不會對朝廷對國家的治理產生任何影響：

> （趙）懷王尊嗣，五年薨。無子，絕二歲。宣帝立尊弟高，是爲哀王。〔註 48〕
>
> （廣川王去）立二十二年，國除。後四歲，宣帝地節四年，復立去兄文，是爲戴王。文素正直，數諫王去，故上立焉。〔註 49〕
>
> （長沙王旦）無子，絕歲餘，元帝初元三年復立旦弟宗，是爲孝王。〔註 50〕
>
> （城陽）哀王雲嗣，一年薨，無子，國絕。成帝復立雲兄俚爲城陽王。〔註 51〕

〔註 46〕《漢書》卷 63《武五子傳》，第 2760 頁。
〔註 47〕《漢書》卷 80《宣元六王傳》，第 3311 頁。
〔註 48〕《漢書》卷 53《景十三王傳》，第 2421 頁。
〔註 49〕《漢書》卷 53《景十三王傳》，第 2433 頁。
〔註 50〕《漢書》卷 53《景十三王傳》，第 2437 頁。
〔註 51〕《漢書》卷 38《高五王傳》，第 1996 頁。

（河間國）絕五歲，成帝建始元年，復立元弟上郡庫令良，是爲河間惠王。〔註52〕

（中山）懷王循嗣，十五年薨，無子，絕四十五歲。成帝鴻嘉二年復立憲王弟孫利鄉侯子雲客，是爲廣德夷王。三年薨，無子，絕十四歲。哀帝復立雲客弟廣漢爲廣平王。薨，無後。平帝元始二年復立廣州惠王曾孫倫爲廣德王，奉靖王後。〔註53〕

（魯）文王晙嗣，十八年薨，亡子，國除。哀帝建平三年，復立頃王子晙弟郚鄉侯閔爲王。〔註54〕

（燕王）定國自殺，立四十二年，國除。哀帝時繼絕世，乃封敬王澤玄孫之孫無終公士歸生爲營陵侯。〔註55〕

整體回顧從漢武帝到漢元帝這一百餘年，不難發現，此時是宗室犯罪最爲頻繁，且犯罪種類最爲繁雜的一個時期。比之文景時期，謀反案件銳減，但惡性刑事案件、違背倫理的罪行，卻顯得非常突出。在皇帝看來，沉迷於酒色，荒唐無恥的宗室絕對不可能威脅其統治。中山景王劉勝即認爲「王者當日聽音樂，御聲色」〔註56〕。事實上，如楚元王劉交、淮南王劉安這樣的能在學術上做出成就的人才在宗室中也確實越來越罕見。再者，武帝之後的諸侯王無法在治民理國當中磨練心智，荒淫生活令其人格開始發生扭曲。如江都王劉建懲罰有過失的宮人，「或置樹上，久者三十日乃得衣；或髡鉗以鉛杵舂，不中程，輒掠或縱狼令齧殺之，建觀而大笑或閉不食，令餓死。凡殺不辜三十五人」。他曾「遊章臺宮，令四女子乘小船，建以足蹈覆其船，四人皆溺，二人死。後遊雷波，天大風，建使郎二人乘小船入波中。船覆，兩郎溺，攀舩，乍見乍沒。建臨觀大笑，令皆死」。時人對此議論：「雖桀紂不至於此」〔註57〕。廣川王劉去聽信王后讒言，疑心他的姬妾與人通姦，竟虐殺十四人：

笞問愛，自誣與醫姦。去縛繫柱，燒刀灼潰兩目，生割兩股，

〔註52〕《漢書》卷53《景十三王傳》，第2412頁。
〔註53〕《漢書》卷53《景十三王傳》，第2426頁。
〔註54〕《漢書》卷53《景十三王傳》，第2413頁。
〔註55〕《漢書》卷35《荊王劉賈傳》，第1903頁。
〔註56〕《漢書》卷53《景十三王傳》，第2425頁。
〔註57〕《漢書》卷53《景十三王傳》，第2414～2417頁。

> 銷鉛灌其口中。愛死，支解以棘埋之。諸幸於去者，昭信輒譖殺之，凡十四人，皆埋太后所居長壽宮中。……使其大婢爲僕射，主永巷，盡封閉諸舍，上籥於後，非大置酒召，不得見。去憐之，爲作歌曰：「愁莫愁，居無聊。心重結，意不舒。内茀鬱，憂哀積。上不見天，生何益。日崔隤，時不再。願棄軀，死無悔。」令昭信聲鼓爲節，以教諸姬歌之，歌罷輒歸永巷，封門。〔註58〕

劉去將宮人們關閉在永巷，居然還做歌感歎，其心理之陰暗，可見一斑。又如長沙剌王建德「宣帝時坐獵縱火燔民九十六家，殺二人」〔註59〕。呂思勉先生曾對諸侯王造成的慘案發出感歎，「人民何辜，徒以有天下者欲廣強庶孽，而遭此荼毒乎？〔註60〕」此外，王子侯殘害人命，恐嚇他人、索取錢財的罪行更是不勝枚舉。可以說，西漢中期的宗室王侯犯罪雖然對帝國的安定不再構成威脅，但卻對普通的平民造成了深重的傷害。

第三節　西漢末期

西漢末期，即成帝至王莽攝政時期，共歷時40年。在此期間，宗室犯罪的現象大大減少。從表15中可見，這一時期犯罪的諸侯王只有4人，即梁王劉立和三任東平王，其中還包括東平王劉匡與翟義合作，起兵反莽。自表16可見，宗室侯犯罪者有11人，同樣包括3人爲反王莽而起兵。

表15　西漢末期諸侯王犯罪情況

封地	姓名	譜系	罪行	犯罪時間	刑罰
梁王	劉立	梁孝王劉武八世孫	歐傷郎、夜私出宮	成帝時	削戶
梁王	劉立	梁孝王劉武八世孫	禽獸行	成帝時	寢而不治
梁王	劉立	梁孝王劉武八世孫	殺人、篡死罪囚	成帝時	削五縣
梁王	劉立	梁孝王劉武八世孫	殺人	哀帝時	會赦，不治

〔註58〕《漢書》卷53《景十三王傳》，第2430頁。
〔註59〕《漢書》卷53《景十三王傳》，第2427頁。
〔註60〕呂思勉：《秦漢史》，上海古籍出版社，2005年，第83 頁。

東平王	劉宇	宣帝子	殺人	成帝時	削二縣
東平王	劉雲	東平思王劉宇之子	祝詛	哀帝時	廢徙房陵，道自殺，王后棄市
東平王	劉匡	東平煬王雲之孫	與翟義舉兵討伐王莽	王莽居攝	兵敗被殺

表 16　西漢末期王子侯犯罪情況

封地	姓名	譜系	罪行	獲罪時間	刑罰
安眾侯	劉崇	長沙定王子劉丹四世孫	發兵討王莽	居攝元年	兵敗被殺
成陵侯	劉德	平幹頃王子劉充之子	坐弟與後母亂，共殺兄，德知不舉，不道	成帝時	下獄瘐死。
陽興侯	劉昌	河間孝王子	坐朝私留它縣，使庶子殺人	成帝時	棄市
承鄉侯	劉德天	魯孝王子劉當之子	坐恐猲國人，受財臧五百以上	成帝時	免
陵鄉侯	劉訢	梁敬王子	坐使人傷家丞，又貸穀息過律	成帝時	免
釐鄉侯固	劉固	梁敬王子	坐上書歸印綬	成帝時	免。四百七十二戶。
昌鄉侯	劉憲	膠東頃王子	坐使家丞封上印綬	成帝時	免
樂平侯	劉	淮陽憲王子	病狂易	哀帝時	免，元壽二年更封共樂侯
嚴鄉侯	劉信	東平煬王子	坐父大逆，免，元始元年復封。六年，王莽居攝二年，東郡太守翟義舉兵，立信爲天子，兵敗，死。	哀帝時，王莽居攝時	免，兵敗被殺
武平侯	劉璜	東平煬王子	坐父大逆，免，元始元年復封，居攝二年舉兵死。	哀帝時，王莽居攝時	免，兵敗被殺
武安侯	劉受	楚思王子	坐使奴殺人	哀帝元壽二年	免，元始元年復封

對比西漢中期，此時宗室王侯犯罪已經成爲偶發現象。這可以歸因爲自文景以來就執行的削弱與控制宗室的政策。一方面，國土被削減並失去治國之權，使其已經無力進行威脅中央的政治犯罪。另一方面，漢朝委派的諸侯國的官吏又嚴密監視其國君的動靜，倫理犯罪和刑事犯罪的機率也大大降低。正如梁王立所說：「大臣皆尚苛刻，刺求微密。……宮殿之裏，毛氂過失，亡不暴陳。〔註 61〕」雖然漢末政治動蕩，朝廷腐敗，但此時「不爲士民所尊，勢與富室亡異」的宗室也根本無力超脫朝廷的約束來進行犯罪了。

除去偶發的刑事案件，西漢末年宗室與王莽的對抗，是非常值得關注的現象。王莽專權之時，正是宗室王侯發揮其拱衛帝座的作用之際。在宗室反抗王莽的一系列軍事行動中，首舉義旗者爲安眾侯劉崇：

> 安眾侯劉崇與相張紹謀曰：安漢公莽專制朝政，必危劉氏。天下非之者，乃莫敢先舉，此宗室恥也。吾帥宗族爲先，海內必和。」紹等從者百餘人，遂進攻宛，不得入而敗。紹者，張竦之從兄也。竦與崇族父劉嘉詣闕自歸，莽赦弗罪〔註 62〕。

經過近二百年的繁衍，到西漢末期，宗室人數已經非常可觀，因此，在安眾侯劉崇起兵案件中，受到影響的宗室極多，如舂陵侯劉敞便因族兄劉崇的起兵而被剝奪了爵位。「歲餘，會族兄安眾侯劉崇起兵，王莽畏惡劉氏，徵（舂陵侯）敞至長安，免歸國」〔註 63〕。此外，據《後漢書・劉隆傳》記載：「劉隆字元伯，南陽安眾侯宗室也。王莽居攝中，隆父禮與安眾侯崇起兵誅莽，事泄，隆以年未七歲，故得免。」〔註 64〕可見，在安眾侯起兵後，許多宗室受到了牽連，有人爲了避禍而不得不改易姓名。「劉宣字子高，安眾侯崇之從弟，知王莽當篡，乃變名姓，抱經書隱避林藪。」〔註 65〕

自劉崇之後影響最著的，則是翟義與劉信的起兵，這次行動名義上的首領是東平王劉匡的父親嚴鄉侯劉信，以軍事實力支持這場戰鬥的是東郡太守翟義：

> 數歲，平帝崩，王莽居攝，義心惡之，乃謂姊子上蔡陳豐曰：「新都侯攝天子位，號令天下，故擇宗室幼稚者以爲孺子，依託周公輔

〔註 61〕《漢書》卷 47《文三王傳》，第 2219 頁。
〔註 62〕《漢書》卷 99《王莽傳》，第 4082 頁。
〔註 63〕《後漢書》卷 14《宗室四王三侯傳》，第 560 頁。
〔註 64〕《後漢書》卷 22《劉隆傳》，第 780 頁。
〔註 65〕《後漢書》卷 25《卓茂傳》，第 872 頁。

成王之義，且以觀望，必代漢家，其漸可見。方今宗室衰弱，外無強蕃，天下傾首服從，莫能亢捍國難。吾幸得備宰相子，身守大郡。父子受漢厚恩，義當爲國討賊，以安社稷。欲舉兵西誅不當攝者，選宗室子孫輔而立之。設令時命不成，死國埋名，猶可以不慚於先帝。今欲發之，乃肯從我乎？豐年十八，勇壯，許諾。義遂與東郡都尉劉宇、嚴鄉侯劉信、信弟武平侯劉璜結謀。及東郡王孫慶素有勇略，以明兵法，徵在京師，義乃詐移書以重罪傳逮慶。〔註 66〕

雖然翟義的軍事行動失敗，但劉氏宗室對王莽的戰爭並沒有結束：

四月，徐鄉侯劉快結黨數千人起兵於其國。快兄殷，故漢膠東王，時改爲扶崇公。快舉兵攻即墨，殷閉城門，自繫獄。吏民距快，快敗走，至長廣死。莽曰：「昔予之祖濟南愍王困於燕寇，自齊臨淄出保於莒。宗人田單廣設奇謀，獲殺燕將，復定齊國。今即墨士大夫復同心殄滅反虜，予甚嘉其忠者，憐其無辜。其赦殷等，非快之妻子它親屬當坐者皆勿治。弔問死傷，賜亡者葬錢，人五萬。殷知大命，深疾惡快，以故輒伏厥辜。其滿殷國户萬，地方百里。」又封符命臣十餘人。〔註 67〕

至王莽六年，（陵鄉侯劉曾）舉兵欲誅莽，死。〔註 68〕

在傳統觀念來看，無論翟義與嚴鄉侯劉信的起兵還是其他宗室的軍事行動，都是維護漢朝法統的忠義之舉。但從掌握國家機器的王莽看來，這些都被歸於起兵反叛。本文在這裡權且將宗室反對執政者的行爲當作謀反來統計。但即便如此，宗室王侯的犯罪已經有了大幅度下降。

第四節　東漢時期

在東漢近二百年的歷史中，犯罪諸侯王爲 24 人，王子侯 11 人（詳見表 17、18、19），很顯然，相比西漢，東漢時觸犯國家法律的宗室人數大大減少。可以說，經過了西漢時期的摸索，帝國的統治者已經逐漸找到了一套行之有效的管理宗室的方法，保證其擁有崇高的地位和優越的物質享受，但將其排

〔註 66〕《漢書》卷 84《翟義傳》，第 3426 頁。
〔註 67〕《漢書》卷 99《王莽傳》，第 4110 頁。
〔註 68〕《漢書》卷 15《王子侯表》，第 519 頁。

除在政治權力之外。與此同時，朝廷對於宗室的規訓機制也在發揮著越來越大的作用，宗室的個人修養得到提升，並越來越被塑造成朝廷希望的人格，因此，違反犯罪者大大減少。此外，漢代的官僚體制更加成熟，漢朝中央政府對於地方的統治已經完全建立起來，被分封在各地的宗室雖然名義上是國君，但對於地方事務已經無權置喙。甚至，分封的意義在此時已經發生了改變。自周代以來的分封，是爲諸侯鎭守，拱衛天子，西漢初年的代王劉仲，爲高祖劉邦之兄，在匈奴的進攻下，棄國逃跑，被劉邦貶爲侯。這種行爲被稱爲「守藩不稱」。顯然是要對求封君忠於職守。但是，東漢末黃巾之亂爆發時，有幾位諸侯王亦棄國逃跑，甚至有被黃巾軍俘虜者，這些人不但沒有受到懲罰，黃巾軍失敗後又復國稱王。如李燮便對此提出異議，認爲諸侯王「在國無政，爲妖賊所虜，守藩不稱，損辱聖朝，不宜復國。〔註 69〕」但皇帝心裏最清楚，諸侯王手中並無實權，又怎能再追究他們「在國無政，守藩不稱」呢？所以說，西漢前期七國之亂的洗禮，朝廷已經在分封宗室的意義上進行了反思，最終，皇帝選擇官僚集團作爲控制地方行政的工具，而宗室成員則只是由分封而獲得一定的食邑，可保生活無憂，以此來延續劉氏子孫的高貴血脈。自此，宗室不再是朝廷加以防範的對象，其犯罪率也大大下降。不過，東漢初期，依然存在著一些較爲嚴重的宗室犯罪

表 17　光武帝至章帝時諸侯王犯罪情況

封國	姓名	譜系	罪行	犯罪時間	刑罰
沛王	劉輔	光武帝子	與劉鯉殺盆子兄故式侯恭	光武帝時	坐繫詔獄，三日乃得出。
東海王	劉政	光武帝子原太子東海恭王強之子	私取簡王姬徐妃，又盜迎掖庭出女	明帝時	削縣
楚王	劉英	光武帝子	謀反	明帝時	廢徙丹陽涇縣，自殺
濟南王	劉康	光武帝子	謀議不軌	明帝時	削縣
阜陵王	劉延	光武帝子	祝詛	明帝時	徙封，削縣
廣陵王	劉荊	光武帝子	謀逆	明帝時	秘其事，不治
廣陵王	劉荊	光武帝子	謀逆	明帝時	徙封，遣之國

〔註 69〕《後漢書》卷 63《李燮傳》，第 2091 頁。

廣陵王	劉荊	光武帝子	謀逆	明帝時	下詔不得臣屬吏人，唯食租如故
中山王	劉焉	光武帝子	殺人	明帝時	削縣
陳王	劉鈞	明帝子陳敬王羨之子	僭越，殺人	章帝時	削縣
陳王	劉鈞	明帝子陳敬王羨之子	盜迎掖庭出女	章帝時	削縣
齊王	劉晃	光武帝劉秀之兄伯升之曾孫	不孝	章帝時	降爵
阜陵王	劉延	光武帝子	造逆謀	章帝時	貶爲侯
下邳王太子	劉卬	明帝子下邳惠王衍之子	有罪	章帝時	廢

表 18　和帝至獻帝時諸侯王犯罪情況

封國	姓名	譜系	罪行	犯罪時間	刑罰
北海王	劉威	北海靖王興爲伯升之子，後過繼光武兄仲爲嗣，威爲劉興庶孫	非前王之子，誹謗	和帝時	檻車徵詣廷尉，道自殺
濟南王	劉錯	濟南安王劉康之子	殺人	和帝時	有詔不治
樂成王	劉黨	明帝子	盜迎掖庭出女，殺人	和帝時	削縣
梁王	劉暢	明帝子	不道	和帝時	有司重奏除暢國，徙九眞，削縣
趙王	劉乾	光武帝叔父趙孝王良之玄孫	居喪姦、白衣出司馬門	安帝時	削縣
任城王	劉尙	光武帝子東平憲王劉蒼之子	數微服出入，取物不與直	安帝時	以一歲租五分之一贖罪
樂成王	劉萇	章帝之子濟北惠王壽子	淫亂，不孝，兇暴	安帝時	廢爲侯
平原王	劉翼	章帝之子河間孝王開之子承	受誣告謀逆	安帝時	廢爲侯，遣歸河間

河間王	劉政	章帝之子河間孝王開之子	慠佷，不奉法憲	順帝時	不治，派強相
清河王	劉蒜	樂安王之孫	涉嫌謀反	桓帝時	廢爲侯
平原王	劉碩	桓帝弟，奉劉翼之後	嗜酒，多過失	桓帝時	令馬貴人（劉翼夫人）領王家事
渤海王	劉悝	桓帝弟	大逆不道	靈帝時	自殺
琅邪王	劉熙	獻帝子	欲渡江	獻帝時	被曹操所殺

表 19　東漢宗室侯犯罪情況

封地	姓名	譜系	罪行	犯罪事件	懲罰
壽光侯	劉鯉	更始帝劉玄之子	因輔結客，報殺盆子兄故式侯恭	光武帝時	未得懲罰
蔡陽侯	劉平	城陽恭王祉之子	坐與諸王交通	光武帝時	國除，永平五年，顯宗更封平爲竟陵侯
竟陵侯	劉隆	南陽安眾侯宗室	南郡太守任上憂饒豪右，侵刻羸弱	光武帝時	坐徵下獄，其疇輩十餘人皆死。帝以隆功臣，特免爲庶人。
成武侯	劉遵	光武族兄成武孝侯劉順之子	坐與諸王交通	光武帝時	降爲端氏侯
順陽侯	劉參	光武族兄順陽懷侯劉嘉之子	有罪	光武帝時	降爲南鄉侯
白牛侯	劉嵩	光武族兄安城孝侯劉賜之子	坐楚事，辭語相連	明帝時	國除
汝陰侯	劉信	宗室，原更始帝所封汝陰王	坐楚事	明帝時	國除
利侯	劉剛	光武兄齊武王劉縯之孫	與母太姬宗更相誣告	漢章帝時	削戶三千
平望侯	劉毅	北海靖王劉興之子	坐事（罪行不明）	漢和帝時	奪爵
西平侯	劉昱	濟南安王劉康之子	坐法	漢和帝時	奪侯
朝陽侯	劉瓌	宗室疏屬	與安帝乳母王聖交通	安帝死後	貶爵爲亭侯。

從表 18、19 中可見，東漢時期犯罪諸侯王共 24 人，在漢明帝時有 6 人，其中明帝的三位兄弟阜陵王、楚王、濟南王都有謀反行爲。宗室侯犯罪現象也是集中在東漢前期，我們可從表 19 可見，東漢時期犯罪宗室侯共有 11 人，其中漢光武帝至漢章帝時期共有 8 人。宗室案件集中在東漢初期，是由於經過西漢末年的動蕩，許多典章制度還有待恢復，有效管理措施還一時無法建立，甚至一些朝廷禮儀都缺失不存，「是時藩王皆在京師，自王莽篡亂，舊典不存，皇太子與東海王等雜止同席，憲章無序。〔註 70〕」這就爲宗室留下了壯大力量的漏洞。因此，諸侯王們交通賓客，勢力曾一度膨脹：

時禁網尚疏，諸王皆在京師，競修名譽，爭禮四方賓客。〔註 71〕

建武中，禁網尚闊，諸王既長，各招引賓客，以儵外戚，爭遣致之，而儵清靜自保，無所交結。〔註 72〕

勢力強大的諸侯王必然再度受到皇帝的疑忌，出現謀反的大案便不足爲奇。但東漢的皇帝沒有忘記前車之鑒，從光武帝開始，就一直在限制諸侯王權力的增長。如光武帝「詔有司申明舊制阿附蕃王法」〔註 73〕。此後，光武帝以嚴厲手段打擊追隨諸侯王的賓客，他借更始子劉鯉刺殺劉盆子兄劉恭一案，「因詔郡縣捕王侯賓客，坐死者數千人」〔註 74〕。不久之後，又勒令皇子離京就國，在表 19 中可見，光武帝對宗室疏屬管理甚嚴，有兩位宗室侯都因交通諸侯王而受到處罰。經此整頓，基本上恢復了西漢時期對宗室們的限制措施。在漢明帝時期，諸王的政治生態又發生了變化。眾所周知，漢明帝劉莊是陰皇后所生。漢光武帝劉秀因郭氏先誕下皇子，所以立其爲皇后，但十五年之後，又郭氏廢黜，改立陰麗華。皇后的改易，由此引發了皇位繼承人的爭議。郭后之子劉強，本已被立爲皇太子，此時戚戚不自安，主動要求讓出儲君之位，退居藩位。漢光武帝最終同意劉強的要求，改立陰皇后所生之子，劉秀對劉強一直懷有歉意，也試圖對他給予補償，因此才「憂以大封，兼食魯郡，合二十九縣。賜虎賁旄頭，宮殿設鍾虡之縣，擬於乘輿。」〔註 75〕但是，在中國古代，世襲權力的交接本來就是一件敏感複雜的事情，

〔註 70〕《後漢書》卷 26《趙熹傳》，第 914 頁。
〔註 71〕《後漢書》卷 42《光武十王傳》，第 1427 頁。
〔註 72〕《後漢書》卷 14《宗室四王三侯傳》，第 556 頁。
〔註 73〕《後漢書》卷 1《光武帝紀》，第 76 頁。
〔註 74〕《後漢書》卷 1《光武帝紀》，第 80 頁。
〔註 75〕《後漢書》卷 42《光武十王傳》，第 1423 頁。

漢光武帝由於個人情感造成的繼承人的變更對於必然會對政局的穩定造成影響。果然，在光武帝死後，廣陵王劉荊便挑起了事端，他冒充原太子劉強的舅舅郭況給劉強寫了一封書信，信中說道：「君王無罪，猥被斥廢，而兄弟至有束縛入牢獄者。太后失職，別守北宮，及至年老，遠斥居邊，海內深痛，觀者鼻酸。」在這裡，所謂的「兄弟至有束縛入牢獄者」應該是指代的沛王劉輔，他是東海王劉強的同母兄弟，都是廢后之子。劉輔因參與壽光侯劉鯉刺殺式侯劉恭案，因此被捕入詔獄。信中還特意提到：「夫受命之君，天之所立，不可謀也。今新帝人之所置，強者爲右。」這是明確質疑了漢明帝即位的合法性。在信中他還不懷好意地鼓動劉強起兵造反：「歸併二國之眾，可聚百萬，君王爲之主，鼓行無前，功易於太山破雞子，輕於四馬載鴻毛，此湯、武兵也。」〔註 76〕原太子的失位、諸王煽動的敵意，都有可能引起漢明帝的不安。劉強一生謹慎，終於得以保全性命，但他另外三位同母兄弟濟南王劉康、淮陽王劉延、中山王劉延卻都在漢明帝時期犯罪受罰。據史書記載：

> 康在國不循法度，交通賓客。其後，人上書告康招來州郡姦猾漁陽顏忠、劉子產等，又多遺其繒帛，案圖書，謀議不軌。事下考，有司舉奏之，顯宗以親親故，不忍窮竟其事，但削祝阿、隰陰、東朝陽、安德、西平昌五縣。〔註 77〕
>
> 延性驕奢而遇下嚴烈。永平中，有上書告延與姬兄謝弇及姊館陶主婿駙馬都尉韓光招姦猾，作圖讖，祠祭祝詛。事下案驗，光、弇被殺，辭所連及，死徙者甚眾。有司奏請誅延，顯宗以延罪薄於楚王英，故特加恩，徙爲阜陵王，食二縣。〔註 78〕
>
> 焉姬韓序有過，焉縊殺之，國相舉奏，坐削安險縣。〔註 79〕

濟南王和淮陽王均因造作圖讖，謀議不軌而受到處罰。郭后之子似乎遭到了朝廷的打壓。反觀明帝同母弟廣陵王劉荊，在漢光武帝劉秀死後僞造書信，挑動東海王起兵謀反，事發之後，卻並沒有被處罰。

爲人苛察的漢明帝「以荊母弟，秘其事，遣荊出止河南宮。」〔註 80〕此

〔註 76〕《後漢書》卷 42《光武十王傳》，第 1447 頁。
〔註 77〕《後漢書》卷 42《光武十王傳》，第 1431 頁。
〔註 78〕《後漢書》卷 42《光武十王傳》，第 1444 頁。
〔註 79〕《後漢書》卷 42《光武十王傳》，第 1449 頁。

後，劉荊又「冀天下因羌驚動有變，私迎能爲星者與謀議。」漢明帝不得已將其從山陽徙封到廣陵，依然沒有治罪。後來劉荊又召見相工，口出謀逆之言，被相工告發，漢明帝依然「不考極其事」，僅僅「下詔不得臣屬吏人，唯食租如故，使相、中尉謹宿衛之。〔註 81〕」但劉荊毫不悔過，又被人舉奏有祝詛之罪，不得不自殺謝罪。但是，在劉荊一系列的不法舉動中，漢明帝依然多次對其進行寬宥，這與郭后之子的境遇，有著極大不同。還有一點值得注意，被後世尊爲賢王，且受到極度優禮的東平憲王劉蒼，正是漢明帝的同母弟。不但如此，劉蒼當時還被拜爲驃騎將軍，身擔輔政重任。這種以至親兄弟輔政的局面，在漢代可謂絕無僅有。漢明帝的意識中，繼承了西漢以來以親製疏的策略，只不過此後東漢的皇帝子嗣艱難，甚至皇統屢絕，使得這一策略也無以爲繼了。但是，漢明帝對於郭后的子孫，以及其他的宗室，是頗爲疑忌的。正是即位存在爭議，才造成了明帝的敏感性格，他懼怕其他兄弟對其皇位合法性做出挑戰，因此緊張地注視著這些天潢貴冑的一舉一動。東漢時期楚王獄牽連極廣，即肇因於此。而阜陵王劉英謀反案同樣也是「辭所連及，死徙者甚眾。〔註 82〕」正因爲當時這種嚴酷的環境，有些諸侯王爲了自身安全的考慮，不得不想盡辦法掩飾鋒芒。如史書所載：

> 中興初，禁網尚闊，而睦性謙恭好士，千里交結，自名儒宿德，莫不造門，由是聲價益廣。永平中，法憲頗峻，睦乃謝絕賓客，放心音樂。然性好讀書，常爲愛玩。歲終，遣中大夫奉璧朝賀，召而謂之曰：「朝廷設廷問寡人，大夫將何辭以對？」使者曰：「大王忠孝慈仁，敬賢樂士。臣雖螻蟻，敢不以實？」睦曰：「吁，子危我哉！此乃孤幼時進趣之行也。大夫其對以孤襲爵以來，志意衰惰，聲色是娛，犬馬是好。」使者受命而行。其能屈申若此。〔註 83〕

劉睦貴爲諸侯王，皇室苗裔，竟然要自污避禍，我們當然可以說他深諳韜晦之道，但皇帝與諸侯王之間的猜忌，亦可見一斑。但如果結合漢明帝對於宗室親疏有別的態度，劉睦的過度謹慎便不能說沒有道理了。總之，明帝由於自身性格的原因以及即位時的爭議，造成了宗室與朝廷之間矛盾的短暫激

〔註 80〕《後漢書》卷 42《光武十王傳》，第 1448 頁。
〔註 81〕《後漢書》卷 42《光武十王傳》，第 1448 頁。
〔註 82〕《後漢書》卷 42《光武十王傳》，第 1445 頁。
〔註 83〕《後漢書》卷 14《宗室四王三侯傳》，第 557 頁。

化，而這一時期也出現了東漢時期宗室王侯犯罪的高峰。不過自此以後，態勢歸於平靜，犯罪現象也漸漸減少。

漢和帝之後，外戚權臣干政的現象越來越突出，他們有時也會與宗室發生衝突。如齊殤王子都鄉侯暢在章帝死後入京弔唁，因為他得幸於太后，引發了權臣竇憲的嫉恨，於是竇憲竟然「遣客刺殺暢於屯衛之中」，隨後又「歸罪於暢弟利侯剛，乃使侍御史與青州刺史雜考剛等。〔註 84〕」這是竇憲與其黨羽上下其手，玩弄法律與股掌之間。除此之外，地方官吏揣摩上意，為了幫助皇帝監控宗室，不惜採用誣告手段：

> 熹平二年，國相師遷追奏前相魏愔與寵共祭天神，希幸非冀，罪至不道。有司奏遣使者案驗。是時，新誅勃海王悝，靈帝不忍復加法，詔檻車傳送愔、遷詣北寺詔獄，使中常侍王酺與尚書令、侍御史雜考。愔辭與王共祭黃老君，求長生福而已。無他冀幸。酺等奏愔職在匡正，而所為不端，遷誣告其王，罔以不道，皆誅死。有詔赦寵不案。〔註 85〕

> 元初三年……國相趙牧……因誣奏恭祠祀惡言，大逆不道。有司奏請誅之。恭上書自訟。朝廷以其素著行義，今考實，無徵，牧坐下獄，會赦免死。〔註 86〕

以上兩個事例是陳國國相與彭城國相誣告其國王以大逆罪。但最終案情被查明，誣告者受罰，諸侯王得以洗清罪名。不過，有些宗室便沒有那麼幸運，確實出現過諸侯王因人誣告而入罪的情況。誣告的原因比較複雜。如權姦與諸侯王有私怨，因此便進行誣告。靈帝時渤海王劉悝，得罪了中常侍王甫，王甫處心積慮，最終命人誣告其謀反，「使尚書令廉忠誣奏颯等謀迎立悝，大逆不道」〔註 87〕。劉悝竟因此自殺。安帝時遭到誣告的平原王劉翼，則是因其為皇帝所忌。「小黃門李閏與帝乳母王聖常共譖太后兄執金吾悝等，言欲廢帝，立平原王翼，帝每忿懼」〔註 88〕。因此，在鄧太后死後，安帝便借機廢掉了平原王：

> 安帝乳母王聖與中常侍江京等譖鄧騭兄弟及翼，云與中大夫趙

〔註 84〕《後漢書》卷 23《竇融傳》，第 813 頁。
〔註 85〕《後漢書》卷 50《孝明八王傳》，第 1669 頁。
〔註 86〕《後漢書》卷 50《孝明八王傳》，第 1671 頁。
〔註 87〕《後漢書》卷 55《章帝八王傳》，第 1798 頁。
〔註 88〕《後漢書》卷 78《宦者傳》，第 2514 頁。

王謀圖不軌，窺覦神器，懷大逆心。貶爲都鄉侯，遣歸河間。〔註 89〕

在東漢時期，竟然出現了四起諸侯王受誣謀反的事件，其中只有一人被洗刷清白，一人被赦免，一人被貶爲侯，一人自殺。這與西漢時宗室地位大不相同。

此外，東漢時期宗室王侯的整體氣質都發生了極大改變。這其中有社會環境變化的影響。西漢初建之時，社會處於一種輕急、狂放的風氣之中。人們輕悍好鬥，「大江之南，五湖之內，其人輕心。」〔註 90〕「閭巷少年，攻剽椎埋，劫人作姦，掘冢鑄幣，任俠併兼，借交報仇，篡逐幽隱，不避法禁，走死地如騖」〔註 91〕。文帝時吳太子被皇太子毆殺，導致吳王怨恨朝廷，其起因不過是二人遊戲起了爭執。正是西漢時特有的好勇鬥狠，激進輕狂的時代風尚，才使得西漢時代的宗室王侯中多有蔑視法令，狂易殺人者。但是到了西漢晚期，隨著文明的演進和儒學觀念深入人心，社會的風俗趨向於深沉謹厚。揚雄的《法言》有「修身」篇，便明確指出人們應該「去」輕「取」重。「或問：『何如斯謂之人？』曰：『取四重，去四輕，則可謂之人。』曰：『何謂四重？』曰：『重言、重行、重貌、重好。言重則有法，行重則有德，貌重則有威，好重則有觀。』『敢問四輕。』曰：『言輕則招憂，行輕則招辜，貌輕則招辱，好輕則招淫。』」〔註 92〕社會風尚發生了變化，使得宗室王侯也多具備謹厚的品行。如東海孝王劉臻，史書稱其「有篤行……性敦厚有恩。〔註 93〕」東平王劉蒼，「少好經書，雅有智思」。〔註 94〕沛獻王劉 輔亦「矜嚴有法度，好經書，善說《京氏易》、《孝經》、《論語》傳及圖讖，作《五經論》，時號之曰《沛王通論》。在國謹節，終始如一，稱爲賢王」。〔註 95〕任城王劉博，因「有孝行」，受到朝廷褒獎。清河孝王劉慶「小心恭孝，每朝謁陵廟」，「約敕官屬不得與諸王車騎競驅」。〔註 96〕東漢時的諸侯王注重個人修養，謙良恭謹，這便大大降低了犯罪幾率。

〔註 89〕《後漢書》卷 55《章帝八王傳》，第 1809 頁。
〔註 90〕《漢書》卷 63《武五子傳》，第 2759 頁。
〔註 91〕《史記》卷 129《貨殖列傳》，第 3271 頁。
〔註 92〕（漢）楊雄：法言義疏，汪榮寶撰，陳仲夫點校，中華書局，1987 年版，第 96 頁。
〔註 93〕《後漢書》卷 42《光武十王傳》，第 1426 頁。
〔註 94〕《後漢書》卷 42《光武十王傳》，第 1433 頁。
〔註 95〕《後漢書》卷 42《光武十王傳》，第 1427 頁。
〔註 96〕《後漢書》卷 55《章帝八王傳》，第 1801 頁。

另外，自西漢武帝「罷黜百家，獨尊儒術」開始。朝廷便有意識的確立儒家思想在意識形態領域的統治地位。東漢之時，儒學大盛，在皇帝的倡導下，皇太子，諸侯王，功臣子弟，「莫不受經」。〔註 97〕，這樣的儒家道德教化網絡，使得倫理秩序得到了更好的遵循，貞潔觀念得到強化。兩漢節婦見諸歷史記載者有 54 人，其中西漢只有 2 人，東漢佔了絕大多數。〔註 98〕道德上的約束，體現在宗室犯罪方面，便是東漢時違反倫理的罪行遠遠少於西漢時，禽獸行更是銷聲匿迹了。

最後，東漢時期宗室犯罪數量的銳減，也可歸因於漢代政府宗室政策的成功。自春秋戰國至秦代統一之，經歷了巨大的社會變革，宗室的政治地位和對於帝國的作用也發生了變化。執政者開始尋找一種全新的對待宗室的方式，始皇帝認爲以子弟爲匹夫，不予分封的做法最符合帝國的利益，卻使帝國失去了重要的支持力量，於是，漢高帝反其道而行之，大肆分封宗室。七國之亂迫使漢景帝不得不重新考慮漢家宗室政策。此後，皇帝對宗室採取壓制的態度，盡量縮減其經濟、政治實力，但這只是一種較爲被動的防範控制措施。自東漢以後，帝國的統治者開始有意地引領爲宗室們走上一種模式化的人生道路。於是，一些符合皇帝道德要求的宗室事迹被大肆宣傳。而儒學的發展無疑也是一個良好的環境，它推動了宗室政策的有效執行。可以說，經過近兩個世紀的實驗，朝廷掌握了有效控制宗室的方法，即令其遠離政治生活，思想上的控制和制度上的監督也卓有成效，最終宗室不再成爲朝廷的威脅。通過多年探索而形成的這一控制機制，應被視作漢代對於後世的一大貢獻。

第五節　關於西漢時期宗室亂倫現象的思考

武帝至宣帝時期出現了較多宗室亂倫事件，朝廷對於這種違法倫理行爲的處罰極重，許多宗室諸侯王都被迫自殺。而且，宗室的亂倫問題似乎只多見於西漢時期，東漢時期便不再出現了。無論是宗室亂倫行爲本身，還是其發生和消亡的過程，都值得引起關注。

自古以來，對於亂倫的禁忌，尤其是自然親屬之間性行爲的禁忌，在許

〔註 97〕《後漢書》卷 2《顯宗孝明帝紀》注引袁弘《漢紀》，第 113 頁。
〔註 98〕劉增貴：《漢代婚姻制度》，臺灣華世出版社，1980 年，第 27 頁。

多文明當中都普遍存在著。觸犯這種禁忌，也必然會受到嚴厲的懲罰。比如印度阿薩姆邦的卡西人中若發現亂倫者，就會將其逐出氏族，因爲「其罪愆是無法贖清的」〔註 99〕。而南西里伯斯的望加錫人則會將亂倫者捆在袋子裏扔到海中溺死〔註 100〕。馬林諾夫斯基曾在澳洲對當地土著特洛布萊恩人的生活進行了長時間的的田野調查，他發現「兄弟與姐妹之間的關係用 luguta 這個詞來表達，如果男性說出來，它的意思就是姐姐或者妹妹，如果女性說出來，它的意思就是哥哥或者弟弟。〔註 101〕」這一詞彙顯然代表了這種非常親密的血緣關係，但它似乎也蘊含著這樣的一個標識，用馬林諾夫斯基的表述，便是「異性的或禁婚姻階層的某一個人」，因爲「luguta」這一詞彙也「經常用於驅除植物病蟲害或人的疾病的巫術咒語中〔註 102〕」，這就賦予了這一詞彙更複雜的含義，而這個詞彙的原初含義，恐怕也包含了一種禁忌或者神秘的成分。來自於語言學中得的證據更可以證明亂倫禁忌的歷史十分古老。

然而，到現在爲止，人們也不能說清亂倫禁忌的來源，弗洛伊德認爲人的本性中既有亂倫的衝動，因此要以禁忌來進行抑制。而韋斯特馬克所持觀點卻相反，他認爲自嬰兒時期一起長大的異性之間的吸引力會減低，這是因爲人類爲了避免亂倫現象的出現，而發展出的一種生物本能，而亂倫禁忌，是在社會關係中對這種本能的一種承認。不過，英國學者費雷德在觀察一些文明發展比較原始的部落中的生活狀況發現，那裡的人們似乎認爲亂倫會造成自然秩序的紊亂，導致打獵的失敗以及土地的荒蕪。這種思想在古希臘人和古羅馬人當中也是普遍存在的。他總結道：

> ……在許多民族的觀念中，不正當的性行爲，無論是已婚的還是未婚的，都不單純是僅僅影響到直接有關的幾個人的道德過失，人們相信它們能使整個民族捲入危險和災難之中，或是一種直接的神秘的影響，或是間接地通過激怒神祇而產生了危險和災難，因爲這些行爲是對神的冒犯。不盡如此，人們往往還認爲這些行爲會造成大地上的果實枯萎，切斷人們的食物供應，從而打擊了群體的生

〔註 99〕（英）弗雷澤：《魔鬼的律師：爲迷信辯護》，閻雲翔，龔小夏譯，東方出版社，1988 年出版，第 43 頁。

〔註 100〕《魔鬼的律師：爲迷信辯護》，第 49 頁。

〔註 101〕（英）馬林諾夫斯基：《原始的性愛》，王啓龍、鄧小詠譯，中國社會出版社，2000 年出版，第 523 頁。

〔註 102〕《原始的性愛》，第 523 頁。

存。無論這些迷信在什麼地方流行，顯而易見的是，在這些地方對性生活方面過失的公眾輿論和公眾裁判要比這樣的一些民族嚴厲得多，在後一類的民族——例如絕大多數的文明民族——裏，這類不端行爲被看作私人的而不是公眾的事情，看作過錯而不是罪行，它可能會影響犯錯誤者此後一生中永久的幸福，但是它不能以任何方式危害作爲一個整體而清白無辜的群眾的現世幸福。由此逆推，無論我們在何處發現亂倫、通姦和私通受到這個群體極爲嚴厲的處理，我們就能合乎情理地推斷，這樣處理的最初動機是迷信。〔註 103〕

在中國古代的典籍中也可發現類似的論述：

異姓則異德，異德則異類。異類雖近，男女相及，以生民也。同姓則同德，同德則同心，同心則同志。同志雖遠，男女不相及，畏黷敬也。黷則怨，怨亂毓災，災毓滅姓。是故娶妻避其同姓，畏亂災也。故異德合姓，同德合義。義以導利，利以阜姓。姓利相更，成而不遷，乃能攝固，保其土房。〔註 104〕

無論亂倫禁忌的起源爲何，其對於社會秩序的影響是巨大的。馬林諾夫斯基對亂倫的危害曾經做出過這樣的分析：「性衝動，總的來說是一種非常不安定的社會分裂力量。……如果允許情慾侵入家庭範圍，那麼，它不僅會造成忌妒和競爭因素，並致使家庭解體，而且也會攪亂最重要的親屬關係紐帶，而親屬關係乃是全部社會賴以進一步發展的基礎。〔註 105〕」即使在當今社會，也無法容忍亂倫帶來的道德失序，遑論以孝道治國的漢代。家庭倫理不僅僅是一個社會問題，更是一個重要的政治問題。人類自群婚制發展到族外婚制是一種文明的進步。在古代的中國，很早便有了「同姓不婚」的習俗。按照《白虎通・姓名》篇中記載：「人所以有姓者何？所以崇恩愛，厚親親，遠禽獸，別婚姻也。故紀事別類，使生相愛死相哀，同姓不得相娶，爲重人倫也。〔註 106〕」《周易・序卦》云：「有天地，然後有萬物；有萬物，然後有男女；有男女，然後有夫婦；有夫婦，然後有父子；有父子，然後有君臣；有君臣，

〔註 103〕《魔鬼的律師：爲迷信辯護》，第 59～60 頁。

〔註 104〕徐元誥撰：《國語集解》，王樹民、沈長雲點校，中華書局，2002 年版，第 337 頁。

〔註 105〕轉引自（美）L・A・懷特：《文化的科學：人類與文明研究》，山東人民出版社，1988 版，第 301 頁。

〔註 106〕（清）陳立撰：《白虎通疏證》，吳則虞點校，中華書局，1994 年，第 401 頁。

然後有上下；有上下，然後禮義有所措。夫婦之道不可以不久也。」可見，人們意識到了夫婦婚姻的關係是社會的基石，同時也發揮著重要的政治作用。亂倫行爲是對家庭倫理和秩序的徹底顛覆，因此也必定動搖和破壞社會秩序，這是政治家們無法忍受的。在周代，就很明確的規定了同姓不婚的原則。如《禮記・大傳》中說：「繫之以姓而弗別，綴之以食而弗殊，雖百世而昏姻不通者，周道然也。」

周人實行的同姓不婚制，在春秋時期已經有所破壞，不過，這種制度雖然遭到衝擊，卻依然影響著人們的思維模式。如春秋晚期魯昭公娶吳國公族之女，而吳國公族與魯國國君同爲姬姓，因此魯昭公便受到了指責，：「君而知禮，孰不知禮。」魯昭公顧忌輿論只好稱其夫人爲吳孟子，而不是按照慣例稱爲吳姬。鄭國公子子產也曾經批評晉侯娶同姓的做法：「內官不及同姓，其生不殖。美先盡矣，則相生疾，君子是以惡之。故志曰：『買妾不知其姓，則卜之』。違此二者，古之所愼也。男女辨姓，禮之大司也。今君內實有四姬焉，其無乃是也乎？若由是二者，弗可爲也已。四姬有省猶可，無則必生疾矣。〔註 107〕」齊國權臣崔杼也遇到過類似的問題，據《左傳》襄公二十五年：「齊棠公之妻，東郭偃之姊也。東郭偃臣崔武子。棠公死，偃御武子以弔焉。見棠姜而美之，使偃取之。偃曰：『男女辨姓，今君出自丁，臣出自桓，不可。』武子筮之。遇困之大過。史皆曰吉。示陳文子。文子曰。夫從風。風隕妻。不可娶也。且其繇曰。困於石。據於蒺梨。入於其宮。不見其妻。凶。困於石。往不濟也。據於蒺梨。可恃傷也。入於其宮。不見其妻。凶。無所歸也。崔子曰。嫠也何害。先夫當之矣。遂取之。」〔註 108〕春秋時代禮崩樂壞，雖然同姓不婚的原則並沒有完全被遺忘，但實際上它對人們的約束力已非常有限。

春秋時代烝報現象也並不罕見，如衛宣公烝於夷姜，晉獻公烝於齊姜等等。當時輿論對此頗有微詞，這種現象實際上也並沒有停止。爲了達成某種政治目的，烝報行爲還會成爲一種必要手段。據《左傳》閔公二年記載：「初，（衛）惠公之即位也少，齊人使昭伯烝於宣姜。不可，強之。生齊子、戴公、文公、宋桓夫人、許穆夫人。〔註 109〕」

〔註 107〕《春秋左傳注》，第 1220 頁。
〔註 108〕《春秋左傳注》，第 1095～1096 頁。
〔註 109〕《春秋左傳注》，第 266 頁。

在漢代，對於道德和倫理的要求更加嚴格，亂倫行爲是不可饒恕的，漢代的王尊便對姦後母者施用了異常嚴酷的處罰：

（王尊）轉守槐里，兼行美陽令事。春正月，美陽女子告假子不孝，曰：「兒常以我爲妻，妒笞我。」尊聞之，遣吏收捕驗問，辭服。尊曰：「律無妻母之法，聖人所不忍書，此經所謂造獄者也。」尊於是出坐廷上，取不孝子縣磔著樹，使騎吏五人張弓射殺之，吏民驚駭。〔註110〕

雖然律無妻母之法，但漢代通過法律明確禁止對亂倫行爲。而且將亂倫行爲分爲同產相姦與復親屬之妻兩種：

同產相與姦，若取以爲妻，及所取皆棄市。其強與姦，除所強。〔註111〕

復兄弟、孝（季）父、柏（伯）父之妻、御婢，皆黥爲城旦舂。復男弟兄子、孝（季）父、柏（伯）父子之妻、御婢，皆完爲城旦〔註112〕。

可見，漢代律令對於自然親屬之間的亂倫行爲，處罰更加嚴厲，而對於父系親屬的妻妾的不正當性行爲，則相對處罰較輕。犯有亂倫罪行的宗室，也會受到相當嚴重的處罰，其法律特權，在這類案件中難發揮作用。漢代一般將親屬之間的亂倫行爲稱作禽獸行。如匈奴有收繼婚制度，漢人便說「冒頓單于身殺其父代立，常妻後母，禽獸行也」〔註113〕。實際上，不論是與庶母相姦，還是血緣親屬相姦，在漢代可以被稱作禽獸行，甚至沒有親屬相姦，但卻極大的破壞了夫婦倫理的行爲也被視作禽獸行。如菑川王劉終古，命令「所愛奴與八子及諸御婢姦」，劉終古有時還要「參與被席」，命令他們「或白晝使裸伏，犬馬交接」，此後姬妾產子，劉終古因無法辨別孩子的父親，而將他們全部拋棄，這種行爲也被視作禽獸行〔註114〕。在漢武帝至宣帝時期，集中出現了一些宗室亂倫行爲，詳見表20。

〔註110〕《漢書》卷76《王尊傳》，第3227頁。
〔註111〕《張家山漢墓竹簡（第二四七號墓）》，第34頁。
〔註112〕《張家山漢墓竹簡（第二四七號墓）》，第34頁。
〔註113〕《漢書》卷94《匈奴傳》，第3780頁。
〔註114〕《漢書》卷38《高五王傳》，第2001頁。

表 20　漢代宗室王侯亂倫罪行一覽

封國	姓名	罪行	犯罪時間	刑罰
齊王	劉次昌	禽獸行	武帝時	自殺
燕王	劉定國	禽獸行	武帝時	自殺
梁王	劉立	禽獸行	成帝時	寢而不治
菑川王	劉終古	禽獸行，亂君臣夫婦之別，誖逆人倫	宣帝時	削四縣
清河王	劉年	禽獸行	宣帝時	廢徙房陵
趙國太子	劉丹	禽獸行，椎埋攻剽	武帝時	逮捕下獄，後赦出
廣川王	劉齊	禽獸行、誣罔，大不敬	武帝時	出征匈奴贖罪，病薨，國除
安城侯	劉壽光	與姊亂	宣帝時	下獄病死
東平侯	劉慶	與姊妹姦	武帝時	下獄瘐死
乘丘侯	劉外人	坐爲子時與後母亂	宣帝時	免
成陵侯	劉德	坐弟與後母亂，共殺兄，德知不舉，不道	成帝時	下獄瘐死

在歷史上的其他文明中，也存在同產亂倫的現象。曾經有一些皇室爲了保證血統純正，而要求皇室內部兄妹通婚，然而，這一行爲只局限於皇族內部。如埃及的法老、日本的天皇，以及朝鮮半島的新羅王朝等。不過，在中國歷史上，雖然偶而會出現兄妹媾和的現象，卻並沒有制度化的皇族血親通婚。漢代的宗室，雖然偶而出現的血親亂倫行爲，但並無證據表明是出於保持血統純正的目的。相反，兄妹甚至姑侄之間的亂倫行爲，只是一種情慾的衝動。如史書曾經記載梁王劉立與其姑園子亂倫：

> （梁）荒王女弟園子爲（劉）立舅任寶妻，寶兄子昭爲立後。數過寶飲食，報寶曰：「我好翁主，欲得之。」寶曰：「翁主，姑也，法重。」立曰：「何能爲。」遂與園子姦。〔註 115〕

宣帝時清河王劉年與其妹劉則私通，竟至生子，此時雖然被清河相得知而加以禁止，但劉年竟然想方設法繼續與劉則的亂倫行爲：

> 地節中，冀州刺史林奏年爲太子時與女弟則私通。及年立爲王

〔註 115〕《漢書》卷 47《文三王傳》，第 2217 頁。

后，則懷年子，其婿使勿舉。則曰：「自來殺之。」婿怒曰：「爲王生子，自令王家養之。」則送兒頃太后所。相聞知，禁止則，令不得入宮。年使從季父往來送迎則，連年不絕。有司奏年淫亂，年坐廢爲庶人，徙房陵，與湯沐邑百户。〔註116〕

親屬間的亂倫行爲，多是男性宗室成員，尤其是宗室王侯主動要求的結果，是一種發自扭曲情慾的個別行爲。亂倫現象似乎集中在武帝至宣帝時期，成帝時期有兩起，而至於東漢，則沒有再出現宗室亂倫行爲。這是一種值得注意的現象。若嘗試對此現象作出解釋，可以找到兩個理由。首先，漢代經過了文景之治，至武帝時，經濟發展趨勢良好，國力鼎盛，人們的經濟收入大大地增加，家境殷富。社會風氣開始逐漸崇尚奢華。而宗室貴族們在這樣的奢華生活中，一味追求物質享受，感官刺激，無視國法的約束，最終導致道德淪喪。反觀東漢時期，由於儒學的倫理道德逐漸成爲普遍認同的原則，社會風氣逐漸趨於厚重穩健，宗室的素質逐步提高，亂倫行爲便逐漸杜絕了。另外，可以再舉梁王劉立與姑母亂倫爲例，有司曾奏請皇帝將劉立處死，但太中大夫谷永卻上疏道：

臣聞『禮，天子外屏，不欲見外』也。是故帝王之意，不窺人閨門之私，聽聞中冓之言。《春秋》爲親者諱。《詩》云『戚戚兄弟，莫遠具爾。』今梁王年少，頗有狂病，始以惡言按驗，既亡事實，而發閨門之私，非本章所指。王辭又不服，猥強劾立，傅致難明之事，獨以偏辭成罪斷獄，亡益於治道，汚蔑宗室，以內亂之惡披布宣揚於天下，非所以爲公族隱諱，增朝廷之榮華，昭聖德之風化也。臣愚以爲王少，而父同產長，年齒不倫。梁國之富，足以厚聘美女，招致妖麗。父同產亦有恥辱之心。案事者乃驗問惡言，何故猥自發抒？以三者揆之，殆非人情，疑有所迫切，過誤失言，文吏躡尋，不得轉移。萌牙之時，加恩勿治，上也。既已案驗舉憲，宜及王辭不服，詔廷尉選上德通理之吏，更審考清問，著不然之效，定失誤之法，而反命於下吏，以廣公族附疏之德，爲宗室刷汚亂之恥，甚得治親之誼。〔註117〕

谷永這一番話顯然是爲劉立開脫，對其目的也並不諱言，便是要「爲親

〔註116〕《漢書》卷47《文三王傳》，第2212頁。
〔註117〕《漢書》卷47《文三王傳》，第2216頁。

者諱」，不要將「內亂之惡披布宣揚於天下」。由於漢代儒學在思想領域越來越佔據主導地位，「爲親者諱」的理念也爲朝廷所接受，以儒家的道德標準來判斷，宗室的亂倫行爲對朝廷的顏面損害太大。鑒於此，朝廷有意淡化對所謂「禽獸行」的關注，而處罰力度也隨之減輕，如宣帝時與後母姦的乘丘侯劉外人僅僅受到免爵處罰，而在此前，亂倫者幾乎都是被處死或者自殺謝罪。成帝時有禽獸行的梁王劉立甚至沒有受到處罰。也許正是秉承著這樣的發展趨勢，在後來的記載中，就不會再看到對宗室亂倫行爲的記載了。

第六節　漢代宗室王侯犯罪的特點

若以爵位衡量，漢代的宗室王侯似乎可以和先秦時期的諸侯相提並論。而從血緣關係來看，又與周王室的王族以及各諸侯國中的公族有相似之處。當然，經過了春秋時代的大變革，漢代諸侯的實際政治地位，以及宗室內部的家族結構，與春秋時期相比，都發生了極大的改變。若將其與先秦時期的諸侯以及王室、公族的犯罪相比較，也可從一較新穎角度來觀察秦漢以來發生的社會巨變。

一、與先秦時期諸侯犯罪相比較

自古以來，便有刑起於兵的說法。對不服從者給予處罰，是展示天子權威的最好途徑。大舜治罪防風氏，用意便在於此。據《國語・魯語下》記載：「昔禹致群神於會稽之山，防風氏後至，禹殺而戮之。」在以分封爲主的先秦時代，天子的權威無法滲透到諸侯國中，也不可能通過法律機構犯罪的諸侯進行處罰，戰爭手段稱爲唯一的選擇。不過，紂王囚西伯於羑里這一事件的出現，似乎表示天子已經開始嘗試採用國家的司法機構對諸侯進行管理。但是至少在西周時期，兵刑還是處罰諸侯、宗室的主要方式。如周初三監之亂，周公東征，就可以看做是討伐叛亂宗室諸侯：

> 成王少，周初定天下，周公恐諸侯畔周，公乃攝行政當國。管叔、蔡叔群弟疑周公，與武庚作亂，畔周。周公奉成王命，伐誅武庚、管叔，放蔡叔。〔註 118〕

> 武王既崩，成王少，周公旦專王室。管叔、蔡叔疑周公之爲不

〔註 118〕《史記》卷 4《周本紀》，第 132 頁。

利於成王，乃挾武庚以作亂。周公旦承成王命伐誅武庚，殺管叔，而放蔡叔，遷之，與車十乘，徒七十人從。〔註 119〕

周夷王烹殺齊哀公，似乎表明諸侯和天子的關係開始發生了微妙的變化。據史書記載「哀公時，紀侯譖之周，周烹哀公而立其弟靜，是爲胡公。」〔註 120〕齊侯被周天子處死，且並沒有經過征伐，這似乎可以被認爲是周天子的司法體系已經可以有效地約束並處罰諸侯的重要證據。不過，若繼續關注事態的繼續發展，就可以發現事情並不那麼簡單。就在胡公即位之後不久，齊國就產生了動亂，「哀公之同母少弟山怨胡公，乃與其黨率營丘人襲攻殺胡公而自立，是爲獻公。獻公元年，盡逐胡公子，因徙薄姑都，治臨菑。」〔註 121〕這是一起非常嚴重的反抗周天子的政治事件。此後，周宣王又曾經嘗試干預魯國，立魯君少子爲太子。周之大臣仲山甫勸諫宣王，認爲這種破壞禮制的做法會引起魯國的不滿，同時也必然會傷害周天子的威信。但宣王一意孤行，立戲爲魯君，九年之後，戲被殺，魯人力伯御爲君，十一年後，宣王又率兵伐魯，因其抗拒王命，而將伯御殺死，另立公子稱。從周夷王到周宣王的這些做法，都是維護天子權威的嘗試。不過，由於缺乏制度的支撐，對反抗者的烹殺和征伐，都帶有太強的隨意性。況且周天子雖號稱天下共主，僅可在王畿實施有效統治，對於各地諸侯的犯罪，並不能進行有效的監督，針對諸侯的行爲，法律調整的範圍也是非常有限的。

隨著周王室東遷，整個中原地區的政治格局發生了巨大的變化，自鄭莊公以後，逐漸形成了在霸主的倡導下扶助王室的趨勢，一種新型的權威開始出現，春秋時期的諸侯要同時對周天子和霸主負責。尤其是在周天子的實際政治地位逐漸下降，霸主實際上逐漸成爲了天下的共主。霸主存在的目的，就是爲維護周天子名義上天下共主的地位，以及維護諸侯國之間相對穩定的關係。因此，霸主權力的來源，是諸侯的推戴，以及周天子的承認。後世稱爲「小霸」的鄭莊公就借助其王室左卿的頭銜以周天子的名義討伐諸侯：

鄭共叔之亂，公孫滑出奔衛。衛人爲之伐鄭，取廩延。鄭人以王師、虢師伐衛南鄙。〔註 122〕

〔註 119〕《史記》卷 35《管蔡世家》，第 1565 頁。
〔註 120〕《史記》卷 32《齊太公世家》，第 1481 頁。
〔註 121〕《史記》卷 32《齊太公世家》，第 1482 頁。
〔註 122〕《春秋左傳注》，第 18～19 頁。

宋人取邾田。邾人告於鄭曰：「請君釋憾於宋，敝邑爲道」。鄭人以王師會之。伐宋，入其郛，以報東門之役。〔註 123〕

宋公不王，鄭伯爲王左卿士。以王命討之，伐宋。〔註 124〕

齊人、鄭人入郕，討違王命也。〔註 125〕

齊桓公作爲霸主，也遵奉王命誅討有罪諸侯：

王使召伯廖賜齊侯命，且請伐衛，以其立子頹也。〔註 126〕

齊侯伐衛，戰，敗衛師，數之以王命，取賂而還。〔註 127〕

在周室東遷之後，曾經在諸侯的擁戴之下，恢復了一定的權威，因此，在這段時間內，也出現了周王問罪諸侯的情況：

王奪鄭伯政，鄭伯不朝。秋，王以諸侯伐鄭，鄭伯御之。〔註 128〕

曲沃叛王，秋，王命虢公伐曲沃，而立哀侯於翼。〔註 129〕

鄭之入滑也，滑人聽命。師還，又即衛。鄭公子士、泄堵俞彌帥師伐滑。王使伯服、遊孫伯如鄭請滑。鄭伯怨惠王之入而不與厲公爵也，又怨襄王之與衛、滑也。故不聽王命，而執二子。王怒，將以狄伐鄭。〔註 130〕

諸侯還有朝覲霸主的義務，並向霸主獻上貢賦。在《左傳・襄公二十四年》便記載了一段子產請求晉國降低諸侯貢賦的事件：

范宣子爲政，諸侯之幣重，鄭人病之。二月，鄭伯如晉，子產寓書於子西，以告宣子，曰：「子爲晉國，四鄰諸侯不聞令德，而聞重幣，僑也惑之。僑聞君子長國家者，非無賄之患，而無令名之難。夫諸侯之賄，聚於公室，則諸侯貳；若吾子賴之，則晉國貳。諸侯貳，則晉國壞；晉國貳，則子之家壞。何沒沒也！將焉用賄？……」宣子說，乃輕幣。〔註 131〕

〔註 123〕《春秋左傳注》，第 47 頁。
〔註 124〕《春秋左傳注》，第 65 頁。
〔註 125〕《春秋左傳注》，第 70 頁。
〔註 126〕《春秋左傳注》，第 237 頁。
〔註 127〕《春秋左傳注》，第 238 頁。
〔註 128〕《春秋左傳注》，第 104 頁。
〔註 129〕《春秋左傳注》，第 45 頁。
〔註 130〕《春秋左傳注》，第 419～420 頁。
〔註 131〕《春秋左傳注》，第 1089～1090 頁。

諸侯對於霸主，還有會葬的義務：

鄭游吉如晉，至少姜之葬。梁丙與張趯見之。梁丙曰：「甚矣哉，子之為此來也！」子大叔曰：「將得已乎？昔文、襄之霸也，其務不煩諸侯。令諸侯三歲而聘，五歲而朝。有事而會，不協而盟。君薨，大夫弔，卿共葬事；夫人，士弔。大夫送葬；足以昭禮、命事、謀闕而已，無加命矣。今嬖寵之喪，不敢擇位。而數於守適。唯懼獲戾。豈敢憚煩？〔註 132〕

晉為盟主，已經對諸侯有了相當大的威懾力，諸侯不但對其負有朝覲義務，甚至晉君之妾死去，諸侯還要派卿大夫前往致哀。雖然越禮而引起不滿，但晉國對諸侯的權威由此亦可見一斑。霸主對於諸侯義務的履行狀況十分留意，任何挑戰霸主權威的行為，都可能招致討伐：

晉文公之季年，諸侯朝晉，衛成公不朝，使孔達侵鄭，伐綿、訾及匡。晉襄公既祥，使告於諸侯而伐衛，及南陽。先且居曰：「效尤，禍也。請君朝王，臣從師。」晉侯朝王於溫。先且居、胥臣伐衛。〔註 133〕

晉人以公不朝來討，公如晉。夏四月己巳，晉人使陽處父盟公以恥之。〔註 134〕

秋，諸侯盟。王使周公召鄭伯，曰：「吾撫女以從楚，輔之以晉，可以少安。」鄭伯喜於王命而懼其不朝於齊也，故逃歸不盟。孔叔止之曰：「國君不可以輕，輕則失親。失親患必至，病而乞盟，所喪多矣，君必悔之。」弗聽，逃其師而歸。〔註 135〕

夏，諸侯伐鄭，以其逃首止之盟故也。〔註 136〕

霸主有時也會將不服從命令的諸侯或諸侯派遣會盟的大臣抓捕起來，以示懲罰。如《左傳・昭公十三年》記載，晉國聽從邾、莒兩國的建議，「執季孫意如，以幕蒙之，使狄人守之」〔註 137〕。此後，魯國大夫子服惠伯向韓宣子說

〔註 132〕《春秋左傳注》，第 1232 頁。
〔註 133〕《春秋左傳注》，第 513 頁。
〔註 134〕《春秋左傳注》，第 522 頁。
〔註 135〕《春秋左傳注》，第 306 頁。
〔註 136〕《春秋左傳注》，第 313 頁。
〔註 137〕《春秋左傳注》，第 1359 頁。

明利害，晉人才將季孫意如釋放。而子服惠伯還要求晉人在盟會之上公開宣佈季平子無罪，「寡君未知其罪，合諸侯而執其老。若猶有罪，死命可也。若曰無罪而惠免之，諸侯不聞，是逃命也，何免之？爲請從君惠於會。〔註 138〕」儘管子服惠伯的本意是以一種巧妙的外交手段爲本國挽回顏面，但依然承認了晉國作爲盟主具有的司法權威。先秦時期的諸侯只因有不臣的罪行而受到處罰。這與漢代宗室王侯犯罪類型的多樣化有著鮮明差異。而從刑罰方面來考慮，由於先秦時期統一帝國尚未形成，無法按照一定的訴訟程序對犯罪諸侯進行審訊議罪，使用武力征伐不臣成爲主要的刑罰方式。及至漢代，大一統帝國的制度已經建立起來，以此爲保障，國家機構完全有能力利用法律程序對犯罪王侯進行處罰，一套相對嚴謹的訴訟程序也已經確立，保證了針對不同罪行可以有效施予相應的強制性處罰措施。

二、與先秦時期王族、公族相比

據《周禮・甸師》記載：「王之同姓有辠，則死刑焉」。又據《周禮・秋官》：「上罪梏拲而桎，中罪桎梏，下罪梏，王之同族拲，有爵者桎，以待弊罪。及刑殺，告刑於王，奉而適朝士；加明梏，以適士而刑殺之。凡有爵者與王之同族，奉而適甸師氏，以待刑殺」。雖然這並不一定反映了周代王族犯罪受刑的眞實狀況，但至少闡述了這樣一個原則：對於王族的違法行爲依然要進行處罰，兼顧王族應當享受的司法特權。

在先秦的典籍中，記錄著王室成員犯罪受罰的事實。據《左傳・桓公十八年》：「周公欲弒莊王而立王子克。辛伯告王，遂與王殺周公黑肩。王子克奔燕。〔註 139〕」這起未遂政變的主謀周公正是受到先王的囑託，來輔佐王子克的，結果他爲了讓王子克登上王位，不惜策劃叛亂，結果事發被殺，而身爲莊王弟弟的王子克也畏罪出奔。不久之後，周室又遭王子頹之亂，「秋，五大夫奉子頹以伐王，不克，出奔溫。蘇子奉子頹以奔衛。衛師、燕師伐周。冬，立子頹〔註 140〕」。雖然王子頹由於衛、燕的支持而暫時篡國，但不久之後鄭伯便扶助惠王平定叛亂，殺死了王子頹，「夏，同伐王城。鄭伯將王自圉門入，虢叔自北門入，殺王子頹及五大夫」〔註 141〕。類似的王族叛亂不斷上演

〔註 138〕《春秋左傳注》，第 1362 頁。
〔註 139〕《春秋左傳注》，第 154 頁。
〔註 140〕《春秋左傳注》，第 212～213 頁。
〔註 141〕《春秋左傳注》，第 216～217 頁。

著，僖公十一年（公元前 649 年），王子帶又召戎人作亂，次年，「王以戎難故，討王子帶。秋，王子帶奔齊。」〔註 142〕為了逃避罪責，王子帶選擇了出亡。後來，齊國還替王子帶向周王求情，「齊侯使仲孫湫聘於周，且言王子帶。事畢，不與王言。歸，覆命曰：『未可。王怒未怠，其十年乎。不十年，王弗召也。』」〔註 143〕這相當於遭到了放逐的處罰。十年之後，王子帶才在周王的召喚下返回京師：

富辰言於王曰：「請召大叔，詩曰：『協比其鄰。昏姻孔云。』吾兄弟之不協。焉能怨諸侯之不睦」。王說。王子帶自齊復歸於京師，王召之也。〔註 144〕

不久之後，王子帶又召狄人作亂，周襄王不得不出奔於鄭，但在晉文公的輔佐之下，「王入於王城。取大叔於溫，殺之於隰城。〔註 145〕」此後又有王子朝之亂，王子朝恃景王之寵，因悼王之短世，而勾結黨羽，釀成大禍，晉國作為霸主，再次出師平叛：

冬十月丙申，王起師於滑。辛丑，在郊，遂次於尸。十一月辛酉，晉師克鞏。召伯盈逐王子朝，王子朝及召氏之族、毛伯得、尹氏固、南宮嚚奉周之典籍以奔楚。陰忌奔莒以叛。召伯逆王於尸，及劉子、單子盟。遂軍圉澤，次於堤上。癸酉，王入於成周。甲戌，盟於襄宮。晉師成公般戍周而還。〔註 146〕

王子朝兵敗奔楚之後，吳楚交戰，楚國幾乎滅國，正逢楚國大亂之際，王人將王子朝殺死。由此可見，王族成員的犯罪行為，一般是直接威脅到周王統治的政變罪行，因此或是被處死，或是遭到放逐。

諸侯國中的公族如果獲罪。也無外乎遭遇上述兩種命運。正如宋國的華定、華亥所說：「亡愈於死，先諸？〔註 147〕」從行刑的方式來看，處死的方式多為勒令自盡。如魯莊公欲立公子般為嗣，但擔心弟弟叔牙擁立慶父，於是便將其賜死：

公疾，問後於叔牙。對曰：「慶父材。」問於季友，對曰：「臣

〔註 142〕《春秋左傳注》，第 341 頁。
〔註 143〕《春秋左傳注》，第 344 頁。
〔註 144〕《春秋左傳注》，第 395 頁。
〔註 145〕《春秋左傳注》，第 432 頁。
〔註 146〕《春秋左傳注》，第 1475 頁。
〔註 147〕《春秋左傳注》，第 1409 頁。

以死奉般。」公曰：「鄉者牙曰慶父材。」成季使以君命命僖叔待於鍼巫氏，使鍼季鴆之，曰：「飲此則有後於魯國，不然，死且無後。」飲之，歸及逵泉而卒，立叔孫氏。〔註 148〕

《史記》中對這段史實還補充了一些細節：

莊公無適嗣，愛孟女，欲立其子斑。莊公病，而問嗣於弟叔牙。叔牙曰：「一繼一及，魯之常也。慶父在，可爲嗣，君何憂？」莊公患叔牙欲立慶父，退而問季友。季友曰：「請以死立斑也。」莊公曰：「曩者叔牙欲立慶父，奈何？」季友以莊公命命牙待於鍼巫氏，使鍼季劫飲叔牙以鴆，曰：「飲此則有後奉祀。不然，死且無後。」牙遂飲鴆而死，魯立其子爲叔孫氏。〔註 149〕

可見，魯莊公之時，國君權威尚存，公族不敢對他的指令做出反抗。昭公二年（公元前 559 年），鄭國公孫黑欲發動政變，執掌國政的子產也是以嚴厲的措辭勒令其自殺：「不速死，大刑將至」。公孫黑尚不甘心就此自盡，引來子產的一再催促：「不速死，司寇將至」〔註 150〕。公孫黑這才自縊而死。但鑒於公族擁有武裝，爲實施懲罰，也不得不調用軍隊。如魯昭公與郈昭伯和臧昭伯等人聯合，「謀去季氏」，便是起兵討伐，據史書記載：

伐季氏，殺公之於門，遂入之。平子登臺而請曰：「君不察臣之罪，使有司討臣以干戈，臣請待於沂上以察罪。」弗許。請囚於費，弗許。請以五乘亡，弗許。子家子曰：「君其許之！政自之出久矣，隱民多取食焉。爲之徒者眾矣，日入慝作，弗可知也。眾怒不可蓄也，蓄而弗治，將蘊。蘊畜，民將生心。生心，同求將合。君必悔之。」弗聽。郈孫曰：「必殺之。」〔註 151〕

正在季平子苦苦支撐之際，同爲三桓的孟氏、叔孫氏出兵救援，魯昭公兵敗逃亡。其實，自魯宣公之世，三桓的實力就已經逐漸超越國君，魯昭公想要制裁季氏，何其困難。鄭莊公爲了處罰自己的弟弟，處心積慮，用盡權謀：

（姜氏）愛共叔段，欲立之。亟請於武公，公弗許。及莊公即位，爲之請製。公曰：「制，岩邑也，虢叔死焉。佗邑唯命。」請京，

〔註 148〕《春秋左傳注》，第 254 頁。
〔註 149〕《史記》卷 33《魯周公世家》，第 1532 頁。
〔註 150〕《春秋左傳注》，第 1231 頁。
〔註 151〕《春秋左傳注》，第 1463～1464 頁。

使居之，謂之京 城大叔。祭仲曰：「都，城過百雉，國之害也。先王之制：大都，不過參國之一； 中，五之一；小，九之一。今京不度，非制也，君將不堪。」公曰：「姜氏欲之，焉闢害？」對曰：「姜氏何厭之有？不如早爲之所，無使滋蔓！蔓，難圖也。蔓草猶不可除，況君之寵弟乎？」公曰：「多行不義，必自斃，子姑待之。」既而大叔命西鄙、北鄙貳於己。公子呂曰：「國不堪貳，君將若之何？欲與大叔，臣請事之；若弗與，則請除之，無生民心。」公曰：「無庸，將自及。」大叔又收貳以爲己邑，至於廩延。子封曰：「可矣，厚將得眾。」公曰：「不義 不暱，厚將崩。」大叔完聚，繕甲兵，具卒乘，將襲鄭，夫人將啓之。公聞其期，曰：「可矣！」命子封帥車二百乘以伐京。京叛大叔段，段入於鄢，公伐諸鄢。五月辛丑，大叔 出奔共。書曰：「鄭伯克段於鄢」。段不弟，故不言弟；如二君，故曰克；稱鄭伯，譏失教也。謂之鄭志。不言出奔，難之也。〔註152〕

共叔段的叛亂罪行其實是鄭莊公故意放縱的結果。共叔段兵敗之後，選擇出奔，這是一種自我流放，這種出奔現象在春秋時期是比較普遍的。前文提到的王子克、王子帶、王子朝等人叛亂後兵敗出奔。公族成員因罪而出奔者更是不勝枚舉。如春秋時鄭國兩位公族子南和子皙相爭，執掌國政的子產便裁決子南有罪，並將其流放，據史書記載其原委如下：

鄭徐吾犯之妹美，公孫楚聘之矣，公孫黑又使強委禽焉。犯懼，告子產。子產曰：「是國無政，非子之患也。唯所欲與。」犯請於二子，請使女擇焉。皆許之，子皙盛飾入，布幣而出。子南戎服入。左右射，超乘而出。女自房觀之，曰：「子皙信美矣，抑子南夫也。夫夫婦婦，所謂順也。」適子南氏。子皙怒，既而櫜甲以見子南，欲殺之而取其妻。子南知之，執戈逐之。及沖，擊之以戈。子皙傷而歸，告大夫曰：「我好見之，不知其有異志也，故傷。」

大夫皆謀之。子產曰：「直鈞，幼賤有罪。罪在楚也。」乃執子南而數之，曰：「國之大節有五，女皆姦之：畏君之威，聽其政，尊其貴，事其長，養其親。五者所以爲國也。今君在國，女用兵焉，不畏威也。姦國之紀，不聽政也。子皙，上大夫，女，嬖大

〔註152〕《春秋左傳注》，第10～14頁。

夫，而弗下之，不尊貴也。幼而不忌，不事長也。兵其從兄，不養親也。君曰：『餘不女忍殺，宥女以遠。』勉，速行乎，無重而罪！」〔註153〕

實際上，由於子皙的勢力強大，而子南家族勢力較弱，子產不得不在判決中傾向子皙。即便如此，子產做出裁決後，還去詢問了子南所屬的宗族族長，而身爲宗主的游吉說道：「彼，國政也，非私難也。子圖鄭國，利則行之，又何疑焉？周公殺管叔而蔡蔡叔，夫豈不愛？王室故也。吉若獲戾，子將行之，何有於諸遊？」〔註154〕從子產的這一舉動來看，在雖然執政者可以對公族成員進行處罰，但無論是出於禮節還是必要的程序，這一處罰的實施有時還可能需要得到其所屬小宗宗主的首肯。對於公族來說，國君及以國君爲首的國家機構並不是唯一的裁決者，這與漢代宗室的情況相比，便有了巨大的差異。在漢代宗室犯罪案件的審理過程中，看不到其他任何力量可以干預皇帝對犯罪宗室做出判決。但春秋之世的執法者，缺乏強大的國家機器支持，在對公族成員執行處罰時也就不得不心存顧忌。

此外，漢代的司法部門對於宗室王侯開始逐漸建立起犯罪行爲的規範性評價，即明確認定某種行爲爲犯罪並將其與刑罰關聯起來。而春秋時期對於公族的行爲明顯缺乏這種評價，如魯莊公殺叔牙、魯昭公伐季平子，均沒有明確指出其罪行。季平子被魯君率兵圍困之後，還提出「君不察臣之罪，使有司討臣以干戈，臣請待於沂上以察罪」，這實際上在控訴魯君的討伐師出無名。在漢代，這種情況便不會發生。司法機關在制裁宗室王侯之前，均要對其罪行進行確認：

詔下公卿，皆議曰：「定國禽獸行，亂人倫，逆天，當誅。」〔註155〕

詔有司曰：「濟北王背德反上，詿誤吏民，爲大逆。〔註156〕

公卿治，奏以爲不孝，請誅王及太后。〔註157〕

議皆曰：「建失臣子道，積久，輒蒙不忍，遂謀反逆。所行無道，

〔註153〕《春秋左傳注》，第1211～1213頁。

〔註154〕《春秋左傳注》，第1213頁。

〔註155〕《史記》卷51《荊燕世家》，第1998頁。

〔註156〕《史記》卷10《孝文帝紀》，第426頁。

〔註157〕《史記》卷47《文三王傳》，第2215頁。

雖桀紂惡不至於此。天誅所不赦，當以謀反法誅。」〔註 158〕

議者皆以爲去詩虐，聽後昭信讒言，燔燒亨煮，生割剝人，距師之諫，殺其父子。凡殺無辜十六人，至一家母子三人，逆節絕理，其十五人在赦前，大惡仍重，當憂顯戮以示眾。〔註 159〕

由此可見，漢代對於宗室犯罪有著一套嚴格的認定程序，並以此來議定刑罰。賈誼曾經徵引古制說道：「古者大臣有坐不廉而廢者，不謂不廉，曰『簠簋不飾』。坐污穢淫亂男女亡別者，不曰污穢，曰『帷薄不修』。坐罷軟不勝任者，不謂罷軟，曰『下官不職』。故貴大臣定有其罪矣，猶未斥然正以謼之也，尚遷就而爲之諱也。〔註 160〕」在賈誼看來，在議定貴族的罪行時用詞應當含蓄，以示避諱。但漢代的司法機構爲宗室王侯議罪時絕無忌諱，僅按照律文規定議定其罪。對待宗室案件，皇帝也認爲「經有正義，律有明刑」〔註 161〕，明確指出其所犯罪行違反了國家法度。正因爲如此，宗室王侯的犯罪行爲才會受到國家司法機構的嚴厲監管，使得「諸侯王獲罪京師，罪惡輕重，縱不伏誅，必蒙遷削貶黜之罪，未有但已者也」〔註 162〕。

另外，從刑罰上來說，漢代宗室王侯與先秦的王族、公族也有著很大的不同。如《周禮・秋官》中說：「凡殺人者，踣諸市，肆之三日，刑盜於市。凡罪之麗於法者亦如之。唯王之同族與有爵者，殺之於甸師氏。」刑人於市，即帶有侮辱的意味。但對於王族和貴族要秘密處死，這就體現了一種司法特權。先秦時期，確實少有王族、公族遭到顯戮，他們受到的懲罰一般是放逐或者賜死。賈誼也說：「廉恥節禮以治君子，故有賜死而亡戮辱」〔註 163〕。不過，秦自商鞅變法，開始了對貴族法律特權的剝奪。商鞅因太子犯法。而將其師傅公子虔及公孫賈處以肉刑。至秦二世時，宗室貴族的法律特權更是蕩然無存，據史書記載秦二世「乃更爲法律，於是群臣諸公子有罪，輒下高，令鞠治之。殺大臣蒙毅等，公子十二人僇死咸陽市，十公主矺死於杜」〔註 164〕。劉邦建國之後，法律承襲秦代。在皇帝面前，宗室貴族的法律特權可被任意

〔註 158〕《漢書》卷 53《景十三王傳》，第 2417 頁。
〔註 159〕《漢書》卷 53《景十三王傳》，第 2432 頁。
〔註 160〕《漢書》卷 48《賈誼傳》，第 2258 頁。
〔註 161〕《後漢書》卷 42《光武十王傳》，第 1445 頁。
〔註 162〕《漢書》卷 80《宣元六王傳》，第 3317 頁。
〔註 163〕《漢書》卷 48《賈誼傳》，第 2255 頁。
〔註 164〕《史記》卷 87《李斯列傳》，第 2552 頁。

剝奪。因此，漢代也出現過王子侯被棄市乃至腰斬的情況。因此賈誼曾經說到：「今而有過，帝令廢之可也，退之可也，賜之死可也，滅之可也。若夫束縛之，繫緤之，輸之司寇，編之徒官，司寇小吏詈罵而榜笞之，殆非所以令眾庶見也。夫卑賤者習知尊貴者之一旦吾亦乃可以加此也，非所以習天下也，非尊尊貴貴之化也。」〔註 165〕這其實便是要求皇帝在處理貴族犯罪問題是要充分考慮到他們的法律特權。但在統一的帝國建立以後，皇帝更希望能把自己之外的天下臣民全部納入到法律管轄當中，因此，比起先秦時期，漢代宗室王侯的法律特權遭到了削弱。

總之，在春秋時期對公族進行處罰，一般都是基於政治鬥爭的需要，且對於公族的犯罪，也沒有有效的防範措施。處罰的方式，也局限在死刑和流放。在應對叛亂之時，則往往需動用軍隊。而漢代的情況就發生了很大變化，帝國官僚機構的有效監督使得宗室王侯稍有不法舉動便被會被舉報，帝國的司法程序也會隨之啓動，並很快做出對宗室的處罰決定。相比來說，漢帝國對宗室王侯司法適用範圍更爲廣泛，漢代宗室王侯的政治犯罪、刑事犯罪等等都會受到司法機關的制裁。且司法訴訟程序也相較先秦時期完備得多。除此之外，相比於王子侯，諸侯王保留了更多的法律特權，在犯罪之後受到的處罰一般是自殺和廢遷或者削地，更多地保有了前代「刑不上大夫」的古意，但人數更多的王子侯卻有可能被剝奪類似的特權，受到勞役刑甚至棄市、腰斬等刑罰。最後要強調的是，漢代的宗室王侯無論面對何種懲罰，都無力反抗，這與先秦諸侯和公族又有極大不同。

〔註 165〕《漢書》卷 48《賈誼傳》，第 2256 頁。

第四章　漢代政府對宗室王侯的思想規訓

若將法律視爲統治階級的意志的體現，便易於解釋漢代政府在法律上賦予宗室的特權，比如有罪先請等制度，以及犯罪後能夠取得刑罰方面的減免。但法律賦予宗室的特權似乎又不是宗室王侯在犯罪後所仰仗的唯一幫助，當皇帝提出不忍置之於法的時候，他們還能得到超越法律的庇護。諸如針對宗室諸侯王的廢遷之刑，便是漢律上沒有明文規定的，尤其是廢遷的宗室諸侯王還被保障物質享受，這都彰顯了皇帝施予的法外之恩。也令我們認識到：在具體的法律案件中，宗室的命運並不取決於律文的規定，而僅繫於皇帝一念之間。針對宗室的某種處罰，也不是僅僅出於懲罰犯罪、預防犯罪的目的，無論皇帝加諸於犯罪宗室的恩典或是懲罰，都是爲了使這些天潢貴冑認識到，其命運被牢牢掌控在皇帝手中，需要借助這種方式，對其產生強大的支配力量。實際上，處罰宗室的犯罪行爲畢竟是一種極端措施，約束控制宗室最爲有效的手段，是馴服其思想。漢代政府制定了一整套行之有效的管理手段，這些可被視爲一種較爲主動的預防犯罪的手段，也可被當做一種思想控制方式。其目的，是爲了使宗室王侯能夠按照朝廷的設計來成長、生活，從而達成朝廷對宗室的有效管理。

在本章中，將主要以下幾個方面來討論帝國針對宗室思想的規訓手段：第一是宗室的教育，第二是帝國官僚集團的監督管理，第三是朝廷對宗室的褒賞，這包括了常例的賞賜以及對有特殊表現的宗室賜予更多的榮譽。第四是策戒的約束，第五是諡法的警示作用。在這幾種規訓手段中，教育顯然起著十分關鍵的作用，對宗室的人格塑成發揮著決定性的作用。諸侯國中的官員在規訓宗室的行爲方面作用重大，他們在距離上與宗室較爲接近，輔導國君、替朝廷管理宗室更是其職責，這使得他們可以對宗室王侯施加影響，防止犯罪，並規範宗室王侯的行爲，使其更加符合朝廷的預期。此外，褒賞措施也是非常有效的，它具有更爲積極地意義，在宗室群體中樹立出帝國承認的「模範」，並展示天子的親親友愛之義，具有著很強的宣傳教化作用。此外，分封諸侯時的策戒也可以作爲一個禮節性的措施，它以一種莊嚴神聖的形式對宗室諸侯提出了警告，也成爲日後對犯罪宗室進行懲罰的法律依據。最後，朝廷爲宗室制定諡號，則是以一種評價死者品行的方式，對生者起到警示作用，成爲了一項規訓宗室行爲的有效補充。

第一節　宗室王侯的教育

良好的教育是一種培養宗室的完善人格，從根本上預防犯罪的方式。不過，由於史料的限制，很難系統地梳理大多數宗室所受教育的具體狀況，但從史書中有關皇太子、諸侯王學業的一些隻言片語的記載，可以瞭解到宗室貴族受到教育的大致面貌。

提到宗室的教育，師傅的人選至關重要，因爲他們師傅擔任著教育者以及監管者的雙重身份。據《通典》記載：

> 太子師、保、二傅，殷周已有。二傅爲太傅、少傅。逮乎列國，秦亦有之。漢高帝以叔孫通爲太子太傅，位次太常後，亦有少傅。漢高帝以叔孫通爲太子太傅，位次太常後，亦有少傅。後漢太傅禮如師，不領官屬，而少傅主太子官屬。漢魏故事，太子於二傅執弟子禮，皆爲書不曰令。少傅稱臣，而太傅不臣。〔註1〕

漢高帝劉邦登上皇位之後不久，便先後爲太子劉盈選擇了叔孫通和張良擔任師傅。其中叔孫通爲太子太傅。〔註2〕張良則「行少傅事」。〔註3〕這兩人一位是當世通儒，學識淵博，並主導制定了漢朝禮儀制度，一個是劉邦創業謀臣，最爲皇帝信任。此後，漢文帝爲太子選擇師傅，則是選用了恭謹質樸的石奮，

〔註1〕《通典》卷30《職官十二》，第821頁。
〔註2〕《史記》卷99《劉敬叔孫通列傳》，第2724頁。
〔註3〕《史記》卷55《留侯世家》，第2046頁。

「奮積功勞，孝文時官至太中大夫。無文學，恭謹，舉無與比。東陽侯張相如爲太子太傅，免。選可爲傅者，皆推奮爲太子太傅。」〔註 4〕

同樣以謹慎著稱，被譽爲「醇謹無他」的衛綰，也曾被漢景帝選爲了太子太傅，輔佐教導剛剛從膠東王躍升爲太子的劉徹。皇帝希望這些忠厚長者們能夠以身作則，爲國家的儲君引領一條正確的人生道路。不過，作爲皇族的師傅，僅僅是德行出眾還並不足夠，他們還應該有出眾的文學素養，在文化素質方面對弟子們產生積極影響。而且，以博學明經的學者充任師傅，也漸漸成爲了趨勢，正像人們提到的，「昭宣以後，多係名儒碩士，或者是通才，或者是某一專門學問的專家（如《詩》、《書》、《春秋》、《論語》以及律令等等）」。〔註 5〕品德與才華不可偏廢，精通律令的丙吉「爲人深厚，不伐善」〔註 6〕，而以好學見稱的蕭望之也是被認爲「素高節，不詘辱」，正是因其剛直不阿，才與權姦弘恭、石顯等人不和，最終被陷害致死。〔註 7〕此外，韋玄成、夏侯勝、師丹、匡勝，以至漢景帝時的王臧，都是明經篤行，德才兼備的突出人物，他們都曾被選爲太子太傅、少傅，在皇太子的成長道路中起到了重要的作用。

漢初王國制度比擬中央，因此諸侯國中也設有太傅之職，漢初赫赫有名的賈誼便先後被任命爲長沙王太傅和梁王太傅。在職責方面，諸侯國中的王太傅不予國政，只是輔佐教導諸王，堪比太子太傅所起到的作用。此外，太傅還有一個非常重要的職責，即代替政府監督諸侯王的言行，若履職不稱，可能還會受到處罰。

總之，諸侯國中的太傅一直保留且發揮著重大的作用。爲諸王選擇的師傅，除了要有一定的文學素養外，嚴格也成爲了一個重要的標準，這無疑是爲防止諸侯王誤入歧途而做出的必要選擇。比如袁盎便就此問題發表過一番評論：「上素驕淮南王，弗爲置嚴傅相，以故至此。且淮南王爲人剛，今暴摧折之。臣恐卒逢霧露病死。陛下爲有殺弟之名，奈何。」〔註 8〕而品行、才華都出色的人，依然是師傅的最好人選：

> 師丹字仲公，琅邪東武人也。治《詩》，事匡衡。舉孝廉爲郎。元帝末，爲博士，免。建始中，州舉茂材，復補博士，出爲東平王

〔註 4〕《漢書》卷 46《石奮傳》，第 2193 頁。
〔註 5〕安作璋、熊鐵基：《秦漢官職史稿》，中華書局，2007 年，第 313 頁。
〔註 6〕《漢書》卷 74《丙吉傳》，第 3144 頁。
〔註 7〕《漢書》卷 78《蕭望之傳》，第 3287 頁。
〔註 8〕《史記》卷 118《淮南衡山列傳》，第 3079 頁。

太傅。丞相方進、御史大夫孔光舉丹論議深博，廉正守道，徵入爲光祿大夫、丞相司直。數月，復以光祿大夫給事中，由是爲少府、光祿勳、侍中，甚見尊重。成帝末年，立定陶王爲皇太子，以丹爲太子太傅。〔註9〕

後歲餘，文帝思誼，徵之。至，入見，上方受釐，坐宣室。上因感鬼神事，而問鬼神之本。誼具道所以然之故。至夜半，文帝前席。既罷，曰：「吾久不見賈生，自以爲過之，今不及也。」乃拜誼爲梁懷王太傅。懷王，上少子，愛，而好書，故令誼傅之，數問以得失。〔註10〕

當然，除太傅之外，偶而還會出現有關「中傅」的記載，如《漢書・武帝紀》中提到：「濟川王明坐殺太傅、中傅廢遷防陵。」據應劭注曰：「中傅，宦者也。」想必是朝廷派遣的宦官擔任了類似師傅的職位〔註11〕實際上，皇太子、甚至皇帝本人都有可能配有中傅。王莽篡漢之際，孺子嬰禪讓帝位，身份轉爲臣子，其實孺子嬰年幼，一切行動亦有中傅引導：「讀策畢，莽親執孺子手，流涕歔欷，……中傅將孺子下殿，北面而稱臣。」〔註12〕東漢時宦官的在政治生活中非常活躍，中傅出現的頻率更高，這其中有太子中傅，也有諸侯國的中傅：

是日遂廢太子爲濟陰王。時監太子家小黃門籍建、中傅高梵等皆以無罪徙朔方。〔註13〕

太子朝夕遣中傅問病，賜以珍羞、帷帳、奴婢，謂曰：「如有不諱，無憂家室也。」〔註14〕

永平初，舉孝廉爲郎，補楚太僕。月餘，自劾去。楚王英馳遣官屬追之，遂不肯還。復使中傅贈送，辭不受。〔註15〕

帝將誅竇氏，欲得《外戚傳》，懼左右不敢使，乃令慶私從千乘王求，夜獨內之。又令慶傳語中常侍鄭眾求索故事。及大將軍竇憲

〔註9〕《漢書》卷86《師丹傳》，第3503頁。
〔註10〕《漢書》卷48《賈誼傳》，第2230頁。
〔註11〕《漢書》卷6《武帝紀》，第158頁。
〔註12〕《漢書》卷69《王莽傳》，第4099頁。
〔註13〕《漢書》卷15《來歷轉》，第591頁。
〔註14〕《後漢書》卷37《桓榮傳》，第1250頁。
〔註15〕《後漢書》卷39《江革傳》，第1302頁。

誅，慶出居邸，賜奴婢三百人，輿馬、錢帛、帷帳、珍寶、玩好充仞其第，又賜中傅以下至左右錢帛各有差。〔註16〕

在東漢之時，由於中傅是受朝廷委派的宦官，這一特殊身份使其與中央政府的聯繫更爲緊密，有時甚至充當了朝廷和諸侯之間的聯絡員，或者朝廷對諸侯所下達指示的直接受理者：

……詔令天下死罪皆入縑贖。英遣郎中令奉黃縑白紈三十匹詣國相曰：「託在蕃輔，過惡累積，歡喜大恩，奉送縑帛，以贖愆罪。」國相以聞。詔報曰：「楚王誦黃老之微言，尚浮屠之仁祠，絜齋三月，與神爲誓，何嫌何疑，當有悔吝？其還贖，以助伊蒲塞桑門之盛饌。」因以班示諸國中傅。〔註17〕

蒼與諸王朝京師。月餘，還國。帝臨送歸宮，淒然懷思，乃遣使手詔國中傅曰：「辭別之後，獨坐不樂，因就車歸，伏軾而吟，瞻望永懷，實勞我心，誦及《采菽》，以增歎息。日者問東平王處家何等最樂，王言爲善最樂，其言甚大，副是要腹矣。今送列侯印十九枚，諸王子年五歲已上能趨拜者，皆令帶之。」〔註18〕

蒼還國，疾病，帝馳遣名醫，小黃門侍疾，使者冠蓋不絕於道。又置驛馬千里，傳問起居。明年正月薨，詔告中傅，封上蒼自建武以來章奏及所作書、記、賦、頌、七言、別字、歌詩，並集覽焉。〔註19〕

可見，東漢時代的中傅，承擔了更多的管理諸侯事務的任務，其作爲教育者的功能有所淡化。實際上，在諸侯國中，並不是只有師傅擔任著教導監管的任務，與傅同樣負有教育及監督責任的，還有諸侯國中的實際行政長官——相。漢初諸侯國中設有相國，「高帝以長子肥爲齊王，而以參爲齊相國。」〔註20〕此後，諸侯國相的名稱又不斷改變，「孝惠帝元年，除諸侯相國法，更以參爲齊丞相。」〔註21〕七國之亂後，漢景帝又「更命諸侯丞相曰相」。〔註22〕由相國而丞相，

〔註16〕《後漢書》卷55《章帝八王傳》，第1800頁。
〔註17〕《後漢書》卷42《光武十王傳》，第1428頁。
〔註18〕《後漢書》卷42《光武十王傳》，第1436頁。
〔註19〕《後漢書》卷42《光武十王傳》，第1441頁。
〔註20〕《史記》卷54《曹相國世家》，第2028頁。
〔註21〕《史記》卷54《曹相國世家》，第2028頁。
〔註22〕《史記》卷11《孝景本紀》，第445頁。

丞相又成爲了相，官名的變化，顯示著這一職官地位的不斷降低，以突顯中央官職的尊貴。諸侯國相也同傅一樣，受到朝廷的任命。對於皇帝來說，諸侯國相的選任，也需愼重考慮，在保護、監督諸侯的責任方面，國相和太傅的職能有所重疊。因此，在涉及到諸侯的事件中，傅與相總是被相提並論。傅、相除了作爲宗室的教育者和管理者，有時還會充當保護者的角色。漢初時選擇諸侯的相，還含有託孤之意，如劉邦害怕自己死後愛子趙王如意不容於呂后，因此選擇「堅忍質直」的周昌爲保護者：

> 趙堯進請問曰：「陛下所爲不樂，非爲趙王年少而戚夫人與呂后有郤邪？備萬歲之後而趙王不能自全乎？」高祖曰：「然。吾私憂之，不知所出。」堯曰：「陛下獨宜爲趙王置貴強相，及呂后、太子、群臣素所敬憚乃可。」高祖曰：「然。吾念之欲如是，而群臣誰可者？」堯曰：「御史大夫周昌，其人堅忍質直，且自呂后、太子及大臣皆素敬憚之。獨昌可。」高祖曰：「善。」於是乃召周昌，謂曰：「吾欲固煩公，公強爲我相趙王。」周昌泣曰：「臣初起從陛下，陛下獨奈何中道而棄之於諸侯乎？」高祖曰：「吾極知其左遷，然吾私憂趙王，念非公無可者。公不得已強行。」於是徙御史大夫周昌爲趙相。〔註23〕

在受到委任之時周昌雖然心中略有不平，但承擔著託孤重任，他非常忠於職守：

> 呂后最怨戚夫人及其子趙王，乃令永巷囚戚夫人，而召趙王。使者三反，趙相建平侯周昌謂使者曰：「高帝屬臣趙王，趙王年少。竊聞太后怨戚夫人，欲召趙王並誅之，臣不敢遣王。王且亦病，不能奉詔。」呂后大怒，乃使人召趙相。〔註24〕

> 高祖崩，呂太后使使召趙王，其相周昌令王稱疾不行。使者三反，周昌固爲不遣趙王。於是高后患之，乃使使召周昌。周昌至，謁高后，高后怒而罵周昌曰：「爾不知我之怨戚氏乎？而不遣趙王，何？」昌既徵，高后使使召趙王，趙王果來。至長安月餘，飲藥而死。周昌因謝病不朝見，三歲而死。〔註25〕

〔註23〕《史記》卷96《張丞相列傳》，第2678頁。
〔註24〕《史記》卷9《呂太后本紀》，第397頁。
〔註25〕《史記》卷96《張丞相列傳》，第2679頁。

周昌確實忠誠地履行著自己的使命，多次保護了趙王。但呂后最終還是設計使用藥酒害死趙王。周昌因此非常不滿，稱病不朝，自責沒有完成高帝劉邦交付的使命，最後抑鬱而終。實際上，作爲幼子的保護者，太傅顯得更爲名正言順，如漢文帝時，賈誼被任命爲文帝愛子梁懷王的太傅，後來梁懷王不慎墜馬而死，賈誼也爲此抑鬱而終：「賈生自傷爲傅無狀，哭泣歲餘，亦死。賈生之死時年三十三矣。」〔註 26〕其自傷自怨的心境，恐怕正與周昌相同。在春秋時期也可以看到國君將幼子託付給師傅的情況：

> 初，獻公使荀息傅奚齊，公疾，召之，曰：「以是藐諸孤，辱在大夫，其若之何？」稽首而對曰：「臣竭其股肱之力，加之以忠貞。其濟，君之靈也；不濟，則以死繼之。」公曰：「何謂忠貞？」對曰：「公家之利，知無不爲，忠也。送往事居，耦俱無猜。貞也。」及里克將殺奚齊，先告荀息曰：「三怨將作，秦、晉輔之，子將何如？」荀息曰：「將死之。」里克曰：「無益也。」荀叔曰：「吾與先君言矣，不可以貳。能欲復言而愛身乎？雖無益也，將焉辟之？且人之欲善，誰不如我？我欲無貳而能謂人已乎？」〔註 27〕

> 冬十月，里克殺奚齊於次。書曰：「殺其君之子。」未葬也。荀息將死之，人曰：「不如立卓子而輔之。」荀息立公子卓以葬。十一月，里克殺公子卓於朝，荀息死之。君子曰：「詩所謂『白圭之玷，尚可磨也；斯言之玷，不可爲也，』荀息有焉。」〔註 28〕

最終，荀息用自己的生命履行了保護者的責任。這種保護者的角色，無疑也會增加傅、相與宗室之間的感情紐帶，使得前者可以更好地發揮監督、管理職能。昌邑王劉賀爲天子時日益驕淫，行動不合禮制，帝位岌岌可危，有人便建議已經遷任爲長樂宮衛尉的昌邑王故相安樂勸阻劉賀的違制舉動：「君，陛下故相，宜極諫爭。」〔註 29〕這顯然是認爲已經卸任的國相，既有道義上的責任，也有事實上的可能，對昌邑王施加影響。

西漢最爲著名的碩儒董仲舒也因才學出眾被任命爲江都相，「天子以仲舒爲江都相，事易王。易王，帝兄素驕，好勇。仲舒以禮誼匡正，王敬重焉。」

〔註 26〕《史記》卷 84《屈原賈生列傳》，第 2503 頁。
〔註 27〕《春秋左傳注》，第 328～329 頁。
〔註 28〕《春秋左傳注》，第 329～330 頁。
〔註 29〕《漢書》卷 89《循吏傳》，第 3638 頁。

〔註 30〕江都易王劉非是景帝愛子，漢武帝之兄，據史書記載：「吳楚反時，（易王）非年十五，有材氣，上書自請擊吳。景帝賜非將軍印，擊吳。吳已破，徙王江都，治故吳國，以軍功賜天子旗。元光中，匈奴大入漢邊，非上書願擊匈奴，上不許。非好氣力，治宮館，招四方豪桀，驕奢甚」。〔註 31〕這樣具有驕奢之氣，而又武勇過人的諸侯王，顯然令漢武帝比較擔心，因此派遣董仲舒擔任江都國相，以開導安撫劉非，果然，終劉非一生，沒有出現重大的過錯。

自漢武帝時代，儒學開始興盛，選舉人才的標準也開始向具備才華的文化精英靠攏，「將相公卿皆軍吏」的格局逐漸改變。但武帝朝不拘一格的用人方式，也使得各類人物均有晉升的可能。如上書「願輸家財半助邊」的卜式，迎合了漢武帝斂財對匈奴作戰的願望，深得武帝的好感，也被任命爲諸侯的保護者，甚至先後擔任了傅、相職務。史載「上以式樸忠，拜爲齊王太傅，轉爲相」。〔註 32〕

自武帝朝之後，具有較高儒學素養的人較多地擔負起教導皇族、陪伴皇族讀書的任務。如蕭望之、夏侯勝、師丹等人，也包括諸侯國中的董仲舒等人。不過，也有許多飽學之士並不擔任傅、相一類的官職，但是依然承擔著師傅的教育職責，以他們的學識對皇族成員們施加著積極的影響，如漢宣帝時的孔光，是孔子十四世孫，其先祖便曾在漢惠帝時做過長沙王太傅，他以太中大夫之職，被委任「選授皇太子經」的任務，此後又升任詹事，隨即又遷爲高密相，教導諸侯王。〔註 33〕和孔光具有類似經歷的，還有漢元帝時的張禹，據史書記載：「初元中，立皇太子，而博士鄭寬中以《尚書》授太子，薦言禹善《論語》。詔令禹授太子《論語》，由是遷光祿大夫數歲，出爲東平內史。」〔註 34〕借助這兩人的仕途，可以很清晰地看到漢代政府宗室教育政策的連續性，孔光、張禹兩人均曾在宮中輔佐太子，隨後出任諸侯國中的重要職位。這樣的用人方法顯然包含著中央政府對諸侯國中的官員輔佐教導好宗室的熱切期盼。在《漢書・儒林傳》中，亦記載了很多碩學鴻儒成爲王者之師的情況：

〔註 30〕《漢書》卷 56《董仲舒傳》，第 2523 頁。
〔註 31〕《漢書》卷 53《景十三王傳》，第 2414 頁。
〔註 32〕《漢書》卷 58《卜式傳》，第 2626 頁。
〔註 33〕《漢書》卷 81《孔光傳》，第 3352 頁。
〔註 34〕《漢書》卷 81《匡衡傳》，第 3347 頁。

臨學精孰，專行京房法。琅邪王吉通《五經》，聞臨說，善之。時宣帝選高材郎十人從臨講，吉乃使其子郎中駿上疏從臨受《易》。臨代五鹿充宗君孟爲少府，駿御史大夫，自有傳。充宗授平陵士孫張仲方、沛鄧彭祖子夏、齊衡咸長賓。張爲博士，至揚州牧，光祿大夫給事中，家世傳業。彭祖，眞定太傅。〔註35〕

昌邑群臣皆下獄誅，唯中尉王吉、郎中令龔遂以數諫減死論。式繫獄當死，治事使者責問曰：「師何以亡諫書？」式對曰：「臣以《詩》三百五篇朝夕授王，至于忠臣孝子之篇，未嘗不爲王反覆誦之也。至於危亡失道之君，未嘗不流涕爲王深陳之也。臣以三百五篇諫，是以亡諫書。」〔註36〕

後上以（轅）固廉直，拜爲清河太傅，疾免。〔註37〕

韓嬰，燕人也。孝文時爲博士，景帝時至常山太傅。〔註38〕

（匡）衡授琅邪師丹、伏理斿君、潁川滿昌君都。君都爲詹事，理高密太傅，家世傳業。〔註39〕

（丁）姓至中山太傅，授楚申章昌曼君，爲博士，至長沙太傅，徒眾尤盛。〔註40〕

東漢時代，儒學更加興盛，統治者的大力提倡，使得宗室教育中儒學色彩極爲濃厚，其實這種風尚在西漢末年已有體現，朝廷甚至開始限定宗室閱讀範圍，禁止其學習諸子書：

（東平王劉宇）後年來朝，上疏求諸子及《太史公書》，上以問大將軍王鳳，對曰：「臣聞諸侯朝聘，考文章，正法度，非禮不言。今東平王幸得來朝，不思制節謹度，以防危失，而求諸書，非朝聘之義也。諸子書或反經術，非聖人，或明鬼神，信物怪。《太史公書》有戰國從橫權譎之謀，漢興之初謀臣奇策，天官災異，地形厄塞：皆不宜在諸侯王。不可予。不許之辭宜曰：『《五經》聖人所制，萬

〔註35〕《漢書》卷88《儒林傳》，第3600頁。
〔註36〕《漢書》卷88《儒林傳》，第3610頁。
〔註37〕《漢書》卷88《儒林傳》，第3612頁。
〔註38〕《漢書》卷88《儒林傳》，第3613頁。
〔註39〕《漢書》卷88《儒林傳》，第3613頁。
〔註40〕《漢書》卷88《儒林傳》，第3618頁。

事靡不畢載。王審樂道，傅相皆儒者，旦夕講誦，足以正身虞意。夫小辯破義，小道不通，致遠恐泥，皆不足以留意。益於經術者，不愛於王。』」對奏，天子如鳳言，遂不與。〔註41〕

劉宇求諸子書而遭到拒絕，體現了兩個重要的信息，第一，漢代政府已經將儒家經典視作治國安身的圭臬，至少對於宗室成員來說，學習的內容，應該限於儒學正宗，第二，中央政府這時已經形成了對學術資源的壟斷，諸侯王對自己感興趣的書，只能通過朝廷的賜予才能得到，這與武帝時以博學聞名的淮南王劉安和河間獻王劉德形成了巨大的差別，據史書記載：

河間獻王德以孝景前二年立，修學好古，實事求是。從民得善書，必爲好寫與之，留其眞，金帛賜以招之。繇是四方道術之人不遠千里，或有先祖舊書，多奉以奏獻王者，故得書多，與漢朝等。是時，淮南王安亦好書，所招致率多浮辯。獻王所得書皆古文先秦舊書，《周官》、《尚書》、《禮》、《禮記》、《孟子》、《老子》之屬，皆經傳說記，七十子之徒所論。其學舉六藝，立《毛氏詩》、《左氏春秋》博士。修禮樂，被服儒術，造次必於儒者。山東諸儒多從而遊。」〔註42〕

到了漢元帝時代，帝國的優秀人才已經流向中央政府，從諸侯遊的士人已經日漸減少。壟斷了學術資源的中央政府，當然也由此牢牢把握住了教育的發言權。東漢的皇帝對於儒學更加推崇，如漢明帝「崇尚儒學，自皇太子、諸侯王及功臣子弟，莫不受經。此外還有元初六年（公元119年）臨朝稱制的鄧太后下詔：「詔徵和帝弟濟北、河間王子男女年五歲以上四十餘人，又鄧氏近親子孫三十餘人，並爲開邸第，教學經書，躬自監試。尙幼者，使置師保，朝夕入宮，撫循詔導，恩愛甚渥」。在選擇教師時，儒學修養深厚者稱爲了當之無愧的第一選擇，這些飽學之士也以其學識贏得了皇家的尊重：

車駕幸大學，會諸博士論難於前，（桓）榮被服儒衣，溫恭有蘊籍，辯明經義，每以禮讓相猒，不以辭長勝人，儒者莫之及，特加賞賜。又詔諸生雅吹擊磬，盡日乃罷。後榮入會庭中，詔賜奇果，受者皆懷之，榮獨舉手捧之以拜。帝笑指之曰：「此眞儒生也。」以是愈見敬厚，常令止宿太子宮。積五年，榮薦門下生九江胡憲侍講，

〔註41〕《漢書》卷80《宣元六王傳》，第3325頁。
〔註42〕《漢書》卷53《景十三王傳》，第2410頁。

乃聽得出，旦一入而已。榮嘗寢病太子朝夕遣中傅問病，賜以珍羞、帷帳、奴婢，謂曰：「如有不諱，無憂家室也。」後病瘉，復入侍講。〔註 43〕

正是在這樣的環境之下，才誕生了符合政府的道德標準，堪稱賢王典範的東平憲王劉蒼。甚至連後世政治家也將其視作楷模：

太宗嘗問群臣曰：「朕子弟孰賢？」魏徵曰：「臣愚不盡知其能，唯吳王（李元軌）數與臣言，未嘗不自失。」帝曰：「朕亦器之，然卿以爲前代孰比？」對曰：「經學文雅，漢河間、東平也。〔註 44〕

帝念名臣，俄召拜禮部尚書兼魏王泰師。王見之，爲先拜，珪亦以師自居，王問珪何以爲忠孝，珪曰：「陛下，王之君，事思盡忠。陛下，王之父，事思盡孝。忠孝可以立身，可以成名。」王曰：「忠孝既聞命矣，願聞所習。」珪曰：「漢東平王蒼稱『爲善最樂』，願王志之。」帝聞，喜曰：「兒可以無過矣。」〔註 45〕

慶曆四年，宗室王者四人，以（趙）德文屬尊且賢，方漢東平王蒼，進封東平郡王，加兼侍中。〔註 46〕

劉蒼的文學素養頗高，據史書記載：「帝以所作《光武本紀》示蒼，蒼因上《光武受命中興頌》。帝甚善之，以其文典雅，特令校書郎賈逵爲之訓詁。」其本傳更是對他大肆稱讚：「『孔子稱貧而無諂，富而無驕，未若貧而樂，富而好禮者也。』若東平憲王，可謂好禮者也。」〔註 47〕正是東漢統治者的倡導，以及宗室內部儒學教育的推廣，才產生了如東平王這類人物，這不可不說是東漢宗室教育的成功。

第二節　帝國官吏對宗室王侯的監督責任

諸侯國中地位尊貴且與國君最爲接近的傅、相，在監督規訓宗室方面起著重要作用：

〔註 43〕《後漢書》卷 37《桓榮傳》，第 1250 頁。

〔註 44〕（宋）歐陽修、宋祁撰：《新唐書》卷 79《高祖諸子傳》，中華書局，1975 年版，第 3550 頁。

〔註 45〕《新唐書》卷 98《王珪傳》，第 3885 頁。

〔註 46〕（元）脫脫等撰：《宋史》卷 244《宗室》，中華書局，1985 年版，第 8674 頁。

〔註 47〕《後漢書》卷 42《光武十王傳》，第 1442 頁。

建初八年，肅宗復還所削地，康遂多殖財貨，大修宮室，奴婢至千四百人，廄馬千二百匹，私田八百頃，奢侈恣欲，遊觀無節。永元初，國傅何敞上疏諫康曰：「蓋聞諸侯之義，制節謹度，然後能保其社稷，和其民人。大王以骨肉之親，享食茅土，當施張政令，明其典法，出入進止，宜有期度，輿馬臺隸，應爲科品。而今奴婢廄馬皆有千餘，增無用之口，以自蠶食。宮婢閉隔，失其天性，惑亂和氣。又多起内第，觸犯防禁，費以鉅萬，而功猶未半。夫文繁者質荒，木勝者人亡，皆非所以奉禮承上，傳福無窮者也。故楚作章華以凶，景公千駟，民無稱焉。今數遊諸第，晨夜無節，又非所以遠防未然，臨深履薄之法也。願大王修恭儉，遵古制，省奴婢之口，減乘馬之數，斥私田之富，節遊觀之宴以禮起居，則敞乃敢安心自保。惟大王深慮愚言。」康素敬重敞，雖無所嫌忤，然終不能改。〔註48〕

皇帝也持續提醒傅相能夠擔負責任，引導諸侯向善：

詔書又敕傅相曰：「夫人之性皆有五常，及其少長，耳目牽於耆欲，故五常銷而邪心作，情亂其性，利勝其義，而不失厥家者，未之有也。今王富於春秋，氣力勇武，獲師傅之教淺，加以少所聞見，自今以來，非《五經》之正術，敢以遊獵非禮道王者，輒以名聞。」〔註49〕

對於一些驕橫無度、犯有罪行的諸侯王，朝廷在選擇傅、相會更加愼重：

趙相奏乾居父喪私娉小妻，又白衣出司馬門，坐削中丘縣。時郎中南陽程堅素有志行，拜爲乾傅。堅輔以禮義，乾改悔前過，堅列上，復所削縣。〔註50〕

（河間王）政慠佷，不奉法憲。順帝以侍御史吳郡沈景有強能稱，故擢爲河間相。景到國謁王，王不正服，箕踞殿上。侍郎贊拜，景峙不爲禮。問王所在，虎賁曰：「是非王邪？」景曰：「王不服，常人何別。今相謁王，豈謁無禮者邪。」王慚而更服，景然後拜。出住宮門外，請王傅責之曰：「前發京師，陛下見受詔，以王不恭，

〔註48〕《後漢書》卷42《光武十王傳》，第1431頁。
〔註49〕《漢書》卷80《宣元六王傳》，第　3323頁。
〔註50〕《後漢書》卷14《宗室四王三侯傳》，第59頁。

使相檢督。諸君空受爵祿，而無訓導之義。」因奏治罪。詔書讓政而詰責傅。景因捕諸姦人上案其罪，殺戮尤惡者數十人，出冤獄百餘人。政遂爲改節，悔過自修。〔註51〕

宗室中確實有人難以約束，朝廷會將委任較爲強勢的人物來擔任傅相之職，以使得傅相管理機制不會因人員的孱弱而失靈。如東平王犯罪後，前任傅相連坐，王尊被任命爲東平相，據史書記載：

是時，東平王以至親驕奢不奉法度，傅相連坐。及尊視事，奉璽書至庭中，王未及出受詔，尊持璽書歸舍，食已乃還。致詔後，謁見王，太傅在前說《相鼠》之詩。尊曰：「毋持布鼓過雷門。」王怒，起入後宮。尊亦直趨出就舍。先是王數私出入，驅馳國中，與後姬家交通。尊到官，召敕廄長：「大王當從官屬，鳴和鸞乃出，自今有令駕小車，叩頭爭之，言相教不得。」後尊朝王，王復延請登堂。尊謂王曰：「尊來爲相，人皆弔尊也，以尊不容朝廷，故見使相王耳。天下皆言王勇，顧但負貴，安能勇？如尊乃勇耳。」王變色視尊，意欲格殺之，即好謂尊曰：「願觀相君佩刀。」尊舉掖，顧謂傍侍郎：「前引佩刀視王，王欲誣相拔刀向王邪？」王情得，又雅聞尊高名，大爲尊屈，酌酒具食，相對極歡。太后徵史奏尊「爲相倨慢不臣，王血氣未定，不能忍。愚誠恐母子俱死。今妾不得使王復見尊。陛下不留意，妾願先自殺，不忍見王之失義也。」尊竟坐免爲庶人。大將軍王鳳奏請尊補軍中司馬，擢爲司隸校尉。〔註52〕

出色的完成任務的王尊，卻受到了王太后的譖毀而被免除了國相之職。由此可見傅相堅守職務的難度。爲避免傅相知難而退，轉而與諸侯結成勾結串聯，漢代設有 「阿黨」之法，《漢書．高五王傳》引張晏的注釋「諸侯有罪，傅相不舉奏，爲阿黨。〔註53〕」諸王如犯法，傅相有可能爲其分謗，受到指責，甚至遭到朝廷嚴懲：

哀帝建平中，立復殺人。天子遣廷尉賞、大鴻護由持節即訊至，移書傅、相、中尉曰：「王背策戒，誖暴妄行，連犯大辟，毒流吏民。

〔註51〕《後漢書》卷55《章帝八王傳》，第1808頁。
〔註52〕《漢書》卷76《王尊傳》，第3230頁。
〔註53〕《漢書》卷38《高五王傳》注引張晏曰，第2002頁。

比比蒙恩，不伏重誅，不思改過，復賊殺人。幸得蒙恩，丞相長史、大鴻臚丞即問。王陽病抵讕，置辭驕嫚，不首主令，與背畔亡異。丞相、御史請收王璽綬，送陳留獄。明詔加恩，復遣廷尉、大鴻臚雜問。今王當受詔置辭，恐復不首實對。《書》曰：『至於再三，有不用，我降爾命。』傅、相、中尉皆以輔正爲職，『虎兕出於匣，龜玉毀於匵中，是誰之過也？』書到，明以諠曉王。敢復懷詐，罪過益深。傅、相以下，不能輔導，有正法。」〔註 54〕

漢使者視憲王喪，棁自言憲王病時，王后、太子不侍，及薨，六日出舍，太子勃私姦、飲酒、博戲、擊筑，與女子載馳，環城過市，入獄視囚。天子遣大行騫驗問，逮諸證者，王又匿之。吏求捕，勃使人致擊笞掠，擅出漢所疑囚。有司請誅勃及憲王后脩。上曰：「脩素無行，使棁陷之罪。勃無良師傅，不忍致誅。」〔註 55〕

（東平思王宇）壯大，通姦犯法，上以至親貰弗罪，傅相連坐。〔註 56〕

正因爲法度森嚴，傅、相才會在諸侯國與朝廷中，將後者作爲效忠對象。不過，諸侯並不甘心受制於傅、相，有時甚至會採取一些措施對傅、相的監督進行干擾：

（梁王）鈞立，多不法，遂行天子大射禮。性隱賊，喜文法，國相二千石不與相得者，輒陰中之。〔註 57〕

每相二千石至，（趙王）彭祖衣帛布單衣，自行迎除舍，多設疑事以詐動之，得二千石失言，中忌諱，輒書之。二千石欲治者，則以此迫劫。不聽，乃上書告之，及污以姦利事彭祖立。六十餘年，相二千石無能滿二歲，輒以罪去，大者死，小者刑。以故二千石莫敢治，而趙王擅權。〔註 58〕

相二千石至者，奉漢法以治，（膠西王）端輒求其罪告之，亡罪者詐藥殺之。所以設詐究變，強足以距諫，知足以飾非。相二千石

〔註 54〕《漢書》卷 47《文三王傳》，第 2218 頁。
〔註 55〕《漢書》卷 53《景十三王傳》，第 2434～2435 頁。
〔註 56〕《漢書》卷 80《宣元六王傳》，第 3320 頁。
〔註 57〕《後漢書》卷 50《孝明八王傳》，第 1668 頁。
〔註 58〕《漢書》卷 53《景十三王傳》，第 2420 頁。

從王治，則漢繩以法。故膠西小國，而所殺傷二千石甚眾。〔註59〕

可見，作宗室諸侯的師傅是一件頗爲艱險的任務。賈誼也曾對傅相在履行監督諸侯王責任時面臨的困難表示出自己的擔心：

大國之王幼弱未壯，漢之所置傅相方握其事。數年之後，諸侯之王大抵皆冠，血氣方剛，漢之傅相稱病而賜罷，彼自垂尉以上偏置私人，如此，有異淮南、濟北之爲牙陽此時而欲爲治安，雖堯舜不治。〔註60〕

在履行職責時，如與諸侯王矛盾激化，傅、相甚至要付出生命的代價：

（楚王）戊與吳王合謀反，其相張尚、太傅趙夷吾諫，不聽。戊則殺尚、夷吾。起兵與吳西攻梁，破棘壁。〔註61〕

王戊稍淫暴，二十年，爲薄太后服私姦，削東海、薛郡，乃與吳通謀。二人諫，不聽，胥靡之，衣之赭衣，使杵臼雅舂於市。〔註62〕

吳楚反，趙王遂與合謀起兵。其相建德、內史王悍諫，不聽。遂燒殺建德、王悍。〔註63〕

郎中令祝午、中尉魏勃陰謀發兵。齊相召平聞之，乃發卒衛王宮。魏勃紿召平曰：「王欲發兵，非有漢虎符驗也。而相君圍王，固善。勃請爲君將兵衛衛王。」召平信之，乃使魏勃將兵圍王宮。勃既將兵，使圍相府。召平曰：「嗟乎。道家之言『當斷不斷，反受其亂』，乃是也。」遂自殺。〔註64〕

初（廣川王）去年十四五，事師受《易》，師數諫正去，去益大，逐之。內史請以爲掾，師數令內史禁切王家。去使奴殺師父子，不發覺。〔註65〕

爲避免與諸侯的直接衝突，有時傅相會比較注意勸諫的方式：

魯相初到，民自言相，訟王取其財物百餘人。田叔取其渠率二

〔註59〕《史記》卷59《五宗世家》，第2097頁。
〔註60〕《漢書》卷48《賈誼傳》，第2233頁。
〔註61〕《史記》卷50《楚元王世家》，第1988頁。
〔註62〕《漢書》卷36《楚元王劉交傳》，第1924頁。
〔註63〕《史記》卷50《楚元王世家》，第1990頁。
〔註64〕《史記》卷52《齊悼惠王世家》，第2001頁。
〔註65〕《漢書》卷53《景十三王傳》，第2431頁。

十人，各笞五十，餘各搏二十，怒之曰：「王非若主邪？何自敢言若主。」魯王聞之大慚，發中府錢，使相償之。相曰：「王自奪之，使相償之，是王爲惡而相爲善也。相毋與償之。」於是王乃盡償之。〔註 66〕

不過，在漢景帝七國之亂後，情況發生了巨大的變化，宗室諸侯王的權力一落千丈，諸侯王封土而不治民，諸侯王與王國傅、相強弱之勢互易。傅相對於諸侯王的不法行爲，可以當即制止：

地節中，冀州刺史林奏年爲太子時與女弟則私通。及年立爲王后，則懷年子，其婿使勿舉。則曰：「自來殺之。」婿怒曰：「爲王生子，自令王家養之。」則送兒頃太后所。相聞知，禁止則，令不得入宮。〔註 67〕

武帝時齊國有帷幕不修之事，亦派遣主父偃前往嚴加督責，齊王畏懼主父偃的到來，竟然自殺謝罪。「元朔二年，主父言齊王內淫佚行僻，上拜主父爲齊相。……乃使人以王與姊姦事動王，王以爲終不得脫罪，恐效燕王論死，乃自殺。有司以聞。」〔註 68〕到東漢時期，甚至有諸侯的師傅貪贓枉法，而諸侯王不敢舉奏的情況：

後中傅衛訢私爲臧盜千餘萬，詔使案理之，並責（清河王）慶不舉之狀。慶曰：「訢以師傅之尊，選自聖朝，臣愚唯知言從事聽，不甚有所糾察。」帝嘉其對，悉以訢臧財賜慶。〔註 69〕

西漢時，在趙敬肅王劉彭祖、膠西於王劉端這樣詭詐的諸侯王治下，某些王國大臣無罪還會遭到陷害，然而到了東漢，清河王劉慶卻不敢舉奏貪贓枉法的王國官員了，這無疑是傅相權力完全凌駕於諸侯之上的明證。可以說，在諸侯國中威福自專的傅相，也理所當然地不受阻礙的履行規訓、監督諸侯的任務了。

不過，傅相併不一定總是與宗室尖銳對立的，身爲輔弼，他們也可以講宗室的美行上報：

（東平王）敞喪母至孝，國相陳珍上其行狀。永寧元年，鄧太

〔註 66〕《史記》卷 104《田叔列傳》，第 2777 頁。
〔註 67〕《漢書》卷 47《文三王傳》，第 2212 頁。
〔註 68〕《史記》卷 112《平津侯主父列傳》，第 2926 頁。
〔註 69〕《後漢書》卷 55《章帝八王傳》，第 1802 頁。

后增邑五千户，又封蒼孫二人爲亭侯。〔註 70〕

可見，傅相在諸侯國的事務中發揮著無可替代的作用。不過，並不意味著諸侯國中的其他官吏不具備監督責任：

> 龔遂字少卿，山陽南平陽人也。以明經爲官，至昌邑郎中令，事王賀。賀動作多不正，遂爲人忠厚，剛毅有大節，内諫爭於王，外責傅相，引經義，陳禍福，至於涕泣，蹇蹇亡已。面刺王過，王至掩耳起走，曰「郎中令善媿人。」及國中皆畏憚焉。王嘗久與騶奴宰人遊戲飲食，賞賜亡度，遂入見王，涕泣膝行，左右侍御皆出涕。王曰：「郎中令何爲哭？」遂曰：「臣痛社稷危也。願賜清閒竭愚。」王闢左右，遂曰：「大王知膠西王所以爲無道亡乎？」王曰：「不知也。」曰：「臣聞膠西王有諛臣侯得，王所爲似於桀紂也，得以爲堯舜也。王説其諂諛，嘗與寢處，唯得所言，以至於是。今大王親近群小，漸漬邪惡所習，存亡之機，不可不愼也。臣請選郎通經術有行義者與王起居，坐則誦《詩》《書》，立則習禮容，宜有益。」王許之。〔註 71〕

> 初（廣川王）去年十四五，事師受《易》，師數諫正去，去益大，逐之。内史請以爲掾，師數令内史禁切王家。〔註 72〕

廣川王劉去將師傅逐走，而內史卻可以「請以爲掾」，將其置於保護之中，且在其指引之下對諸侯王進行限制。

可見，諸侯國中的官吏，其實都具有監督、管理諸侯的職責，一旦諸侯犯罪，他們都可能被追究責任。如漢靈帝時渤海王劉悝犯法，被迫自殺，結果渤海國「傅、相以下，以輔導王不忠，悉伏誅。〔註 73〕」對諸侯的言行進行監督，亦是地方官員們的分內事，前文中已經提到地方官吏，如刺史、太守等奏報諸侯犯罪情況的事實，此處不在贅述。不過，作爲監督者，地方官有時還會充當耳目，向皇帝不斷彙報情況。如漢宣帝對被廢黜帝位的劉賀一直不放心，於是便有官員秉承上意，將劉賀的情況上報：

> 大將軍光更尊立武帝曾孫，是爲孝宣帝。即位，心内忌賀，元

〔註 70〕《後漢書》卷 42《光武十王傳》，第 1442 頁。

〔註 71〕《漢書》卷 89《循吏傳》，第 3638 頁。

〔註 72〕《漢書》卷 53《景十三王傳》，第 2431 頁。

〔註 73〕《後漢書》卷 55《章帝八王傳》，第 1798 頁。

康二年遣使者賜山陽太守張敞璽書曰：「制詔山陽太守：其謹備盜賊，察往來過客。毋下所賜書。」敞於是條奏賀居處，著其廢亡之效，曰：「臣敞地節三年五月視事，故昌邑王居故宮，奴婢在中者百八十三人，閉大門，開小門，廉吏二人爲領錢物市買，朝內食物，它不得出入。督盜一人別主徼循，察往來者。以王家錢取卒，迾宮清中備盜賊。臣敞數遣丞吏行察。四年九月中，臣敞入視居處狀，故王年二十六七，爲人青黑色，小目，鼻末銳卑，少鬚眉，身體長大，疾痿，行步不便。衣短衣大絝，冠惠文冠，佩玉環，簪筆持牘趨謁。臣敞與坐語，中庭閱妻子奴婢。臣敞欲動觀其意，即以惡鳥感之，曰：『昌邑多梟。』故王應曰：『然。前賀西至長安，殊無梟。復來，東至濟陽，乃復聞梟聲。』臣敞閱至子女持轡，故王跪曰：『持轡母，嚴長孫女也。』臣敞故知執金吾嚴延年字長孫，女羅紨，前爲故王妻。察故王衣服言語跪起，清狂不惠。妻十六人，子二十二人，其十一人男，十一人女。昧死奏名籍及奴婢財物簿。臣敞前書言：『昌邑哀王歌舞者張修等十人，無子，又非姬，但良人，無官名，王薨當罷歸。太傅豹等擅留，以爲哀王園中人，所不當得爲，請罷歸。」故王聞之曰：『中人守園，疾者當勿治，相殺傷者當勿法，欲令亟死，太守柰何而欲罷之？』其天資喜由亂亡，終不見仁義如此。後丞相御史以臣敞書聞，奏可，皆以遣。」上由此知賀不足忌。〔註 74〕

若宗室的行爲違背漢法，則帝國的官吏均有權阻止，文帝朝名臣張釋之，在仕宦之初便敢於對太子和梁王的違法行爲提出彈劾：

頃之，太子與梁王共車入朝，不下司馬門，於是釋之追止太子、梁王無得入殿門。遂劾不下公門不敬，奏之。薄太后聞之，文帝免冠謝曰：「教兒子不謹。」薄太后乃使使承詔赦太子、梁王，然後得入。文帝由是奇釋之，拜爲中大夫。〔註 75〕

張釋之此時的職務爲公車令，據史書記載：「宮衛令『諸出入殿門公車司馬門，乘軺傳者皆下，不如令，罰金四兩』。〔註 76〕」張釋之的舉奏，可以看作其分

〔註 74〕《漢書》卷 63《武五子傳》，第 2768 頁。
〔註 75〕《史記》卷 102《張釋之馮唐列傳》，第 2753。
〔註 76〕《史記》卷 102《張釋之馮唐列傳》注引如淳曰，第 2753。

內之事。不過，也有朝廷特意派遣使者對宗室進行監督的事例，如漢章帝時阜陵王劉延犯法，被貶爵爲侯，朝廷便派出使者對宗室進行嚴密監管：

> 建初中，復有告延與子男魴造逆謀者，有司奏請檻車徵詣廷尉詔獄。肅宗下詔曰：「王前犯大逆，罪惡尤深，有同周之管、蔡，漢之淮南。經有正義，律有明刑。先帝不忍親親之恩，枉屈大法，爲王受愆，群下莫不惑焉。今王曾莫悔悟，悖心不移，逆謀內潰，自子魴發，誠非本朝之所樂聞。朕惻然傷心，不忍致王於理，今貶爵爲阜陵侯，食一縣。獲斯辜者，侯自取焉。於戲誡哉。」赦魴等罪勿驗，使謁者一人監護延國，不得與吏人通。〔註77〕

以上種種，都表明宗室諸侯受到了帝國官吏嚴格監督，官員們按照朝廷的意圖將宗室們的行爲納入到朝廷允許的範圍之內，宗室一旦違反禁令，便受到彈劾和告發。這一嚴密的監督機制使得宗室不得時刻謹言慎行。武帝時中山靖王劉勝的一番話，可謂道出了在朝廷官員監管之下困苦不堪的宗室的心聲：

> 建元三年，代王登、長沙王發、中山王勝、濟川王明來朝，天子置酒，勝聞樂聲而泣，問其故，勝對曰：臣聞悲者不可爲絫欷，思者不可爲歎息。故高漸離擊築易水之上，荊軻爲之低而不食。雍門子壹微吟，孟嘗君爲之於邑。今臣心結日久，每聞幼眇之聲，不知涕泣之橫集也。夫眾喣漂山，聚蟁成雷，朋黨執虎，十夫橈椎。是以文王拘於牖裏，孔子阨於陳、蔡。此乃烝庶之成風，增積之生害也。臣身遠與寡，莫爲之先，眾口爍金，積毀銷骨，叢輕折軸，羽翮飛肉，紛驚逢羅，潸然出涕。臣聞白日曬光，幽隱皆照。明月曜夜，蚊蝱宵見。雲蒸列布，杳冥晝昏。塵埃抪覆，昧不見泰山。何則？物有蔽之也，今臣雍閼不得聞，讒言之徒蜂生。道遼路遠，曾莫爲臣聞，臣竊自悲也。臣聞社鼷不灌，屋鼠不熏。何則？所託者然也。臣雖薄也，得蒙肺附。位雖卑也，得爲東藩，屬又稱兄。今群臣非有葭莩之親，鴻毛之重，群居黨議，朋友相爲。斯伯奇所以流離，比干所以橫分也。《詩》云「我心憂傷，惄焉如擣。假寐永歎，唯憂用老。心之憂矣，疢如疾首」，臣之謂也。〔註78〕

〔註77〕《後漢書》卷42《光武十王傳》，第1444頁。
〔註78〕《漢書》卷53《景十三王傳》，第2424頁。

雖然漢武帝在聽完了劉勝一席話之後，「厚諸侯之禮，省有司所奏諸侯事」〔註 79〕，但是，宗室諸侯們的生活，已經不可避免地越來越受到朝廷的左右。

第三節　朝廷對宗室王侯的褒賞

《禮記・祭統》云：「古者明君爵有德而祿有功。」《春秋左傳》中有許多天子賞賜褒獎諸侯的記載。如周平王東遷，秦穆公、晉文侯、鄭武公、衛武公等拱衛護送，有勤王之功，便受到了天子的賞賜。春秋五霸之首，倡導尊王的齊桓公，也曾受到天子賞賜，據史書記載：

> 王使宰孔賜齊侯胙，曰：「天子有事於文武，使孔賜伯舅胙。」齊侯將下拜。孔曰：「且有後命。天子使孔曰：『以伯舅耋老，加勞，賜一級，無下拜』」。對曰：「天威不違顏咫尺，小白余敢貪天子之命無下拜？恐隕越於下，以遺天子羞。敢不下拜？」下，拜；登，受。〔註 80〕

不過，漢代的宗室王侯不治民，不理政，基本沒有立功的機會。在漢代，朝廷對宗室進行賞賜，對表現出眾的宗室給予獎勵，可以視爲一種加強宗室與天子的感情紐帶，藉以對他們進行控制的方式。以褒賞的形式，確立了朝廷在宗室面前的權威。當然，這種做法也遵循了親親之義。漢代對於宗室成員，尤其是近支宗室，一般都有常規的賞賜，在每年正月諸侯王及其他宗室成員朝覲皇帝之時，皇帝即作爲天下臣民的領袖，又以大宗的身份，賞賜諸侯宗室，以示親親之意。「（後元）二年春正月，朝諸侯王於甘泉宮，賜宗室。」〔註 81〕在新君登基後，也要對宗室進行物質賞賜。如漢昭帝即位時，「賜長公主及宗室昆弟各有差。」〔註 82〕

此外，漢代皇帝重視祥瑞，在國家出現祥瑞的時候，政府往往會有一系列的後續工作，其中就包括對宗室成員的賞賜。如「始元元年春二月，黃鵠下建章宮太液池中」，於是漢昭帝「賜諸侯王、列侯、宗室金錢各有差。」〔註 83〕

〔註 79〕《漢書》卷 53《景十三王傳》，第 2425 頁。
〔註 80〕《春秋左傳注》，第 326～327 頁。
〔註 81〕《漢書》卷 6《武帝紀》，第 211 頁。
〔註 82〕《漢書》卷 7《昭帝紀》，第 218 頁。
〔註 83〕《漢書》卷 7《昭帝紀》，第 218 頁。

漢武帝也曾因獲麟而下詔曰：「有司議曰，往者朕郊見上帝，西登隴首，獲白麟以饋宗廟，渥窪水出天馬，泰山見黃金，宜改故名。今更黃金爲麟趾褭蹄以協瑞焉。因以班賜諸侯王。」〔註 84〕皇帝大婚，或者冊立太子，對於整個宗族，整個帝國，都是一件大事，因此要大赦天下，並對包括宗室在內的臣民進行賞賜。如漢昭帝立上官氏爲皇后，便在謁見高廟後「賜長公主、丞相、將軍、列侯、中二千石以下及郎吏宗室錢帛各有差」〔註 85〕。宣帝「立皇太子，大赦天下。賜廣陵王黃金千斤，諸侯王十五人黃金各百斤，列侯在國者八十七人黃金各二十斤。」〔註 86〕又如安帝「立皇子保爲皇太子，改元永寧，大赦天下。賜王、主、三公、列侯下至郎吏、從官金帛」。〔註 87〕統治者在去世之前，有時還會在遺詔中賞賜宗室諸侯，呂后和景帝都曾這樣做過。「甲子，（景）帝崩於未央宮。遺詔賜諸侯王列侯馬二駟」。〔註 88〕「高后崩，遺詔賜諸侯王各千金」。〔註 89〕

宗室成員中，最受皇帝重視，受賞最頻繁、最豐厚的要算諸侯王，「五年春正月，廣陵王來朝，益國萬一千戶，賜錢二千萬，黃金二百斤，劍二，安車一，乘馬二駟」。「十二月辛巳，賜王、主、貴人、公卿以下布各有差」。〔註 90〕

除了賞賜金錢財物，皇帝有時還會賜予諸侯王一些特殊的禮儀上的優待，如將几杖賜予年老的諸侯王，免除其每年朝請義務。如吳王劉濞因對兒子被殺懷恨而「詐病不朝」，文帝爲了安撫劉濞而賜其几杖。不過，眾所周知，漢文帝給予吳王濞這樣的特殊禮遇，並不是出於獎勵或鼓勵的目的，而是爲了安撫其心，以防止吳王破釜沉舟，引發政局動蕩。漢武帝賜予淮南王、淄川王幾仗，並且特別優待准許他們不再來京師朝覲，則顯然是對自己叔父輩的宗室諸侯王的尊禮了。對待宗室中地位最高，君臨一國的諸侯王，這些豐厚的賞賜，崇高的禮儀待遇，不單具有團結宗族的作用，更是一種政治手段，加強諸侯王的向心力。與文帝賜劉濞几杖相似，漢宣帝時廣陵厲王劉胥

〔註 84〕《漢書》卷 6《武帝紀》，第 206 頁。
〔註 85〕《漢書》卷 7《昭帝紀》，第 221 頁。
〔註 86〕《漢書》卷 8《宣帝紀》，第 249 頁。
〔註 87〕《漢書》卷 5《孝安帝紀》，第 231 頁。
〔註 88〕《史記》卷 10《孝文本紀》，第 433 頁。
〔註 89〕《史記》卷 9《呂太后本紀》，第 406 頁。
〔註 90〕《後漢書》卷 6《孝順帝紀》，第 253 頁。

與楚王延壽謀反，楚王延壽被處死，而劉胥則沒有被治罪，不單如此，宣帝還「賜胥黃金前後五千斤，它器物甚眾。」〔註 91〕以此來安撫劉胥。我們知道，由於漢武帝在位時間頗長，而期間又發生了巫蠱之禍，導致太子被殺，引得諸子覬覦帝位。因為，武帝之後的昭、宣二帝都注意安撫武帝之子，這兩位皇帝在即位之後，便分別對廣川王劉胥和燕王劉旦施與賞賜，據史書記載：

> 帝崩，太子立，是為孝昭帝。賜諸侯王璽書。旦得書，不肯哭，曰：「璽書封小。京師疑有變。」遣幸臣壽西長、孫縱之、王孺等之長安，以問禮儀為名。王孺見執金吾廣意，問帝崩所病，立者誰子，年幾歲。廣意言待詔五莋宮，宮中讙言帝崩，諸將軍共立太子為帝，年八九歲，葬時不出臨。歸以報王。王曰：「上棄群臣，無語言，蓋主又不得見，甚可怪也。」復遣中大夫至京師上書言：「竊見孝武皇帝躬聖道，孝宗廟，慈愛骨肉，和集兆民，德配天地，明並日月，威武洋溢，遠方執寶而朝，增郡數十，斥地且倍，封泰山，禪梁父，巡狩天下，遠方珍物陳於太廟，德甚休盛，請立廟郡國。」奏報聞。時大將軍霍光秉政，褒賜燕王錢三千萬，益封萬三千户。〔註 92〕

> 昭帝初立，益封胥萬三千户，元鳳中入朝，復益萬户，賜錢二千萬，黃金二千斤，安車駟馬寶劍。及宣帝即位，封胥四子聖、曾、寶、昌皆為列侯，又立胥小子弘為高密王。所以褒賞甚厚。〔註 93〕

也許，這種做法含有著對近支宗室的親近，但其政治懷柔的意圖亦非常明顯。不過，對霍光的善意，燕王卻勃然大怒：「我當為帝，何賜也」。〔註 94〕因此，這種賞賜行為實際上蘊含著複雜的政治博弈，希望能彌平宗室的不滿，消除其野心，以達到預防犯罪的目的。至於能否收到預期的效果，則是難以準確評估的。如吳王劉濞、燕王劉旦、廣川王劉胥最終還是決意謀反了。

有時，皇帝心血來潮，也會對宗室進行恩賞，如昭帝「自建章宮徙未央宮」，便大擺酒宴，「賜郎從官帛，及宗室子錢，人二十萬。吏民獻牛酒者賜帛，人一匹。」〔註 95〕

〔註 91〕《漢書》卷 63《武五子傳》，第 2761 頁。
〔註 92〕《漢書》卷 63《武五子傳》，第 2751 頁。
〔註 93〕《漢書》卷 63《武五子傳》，第 2760 頁。
〔註 94〕《漢書》卷 63《武五子傳》，第 2751 頁。
〔註 95〕《漢書》卷 7《昭帝紀》，第 228 頁。

但是，隨著宗室繁衍越來越多，宗室這一群體漸漸龐大，政府的財力不可能令每個宗室都沐浴在皇帝的恩典之下，於是，朝廷對於宗室的賞賜便要進行特殊的規定了，如限定受賞的宗室必須要「有屬籍」。如史書所載：

賜宗室有屬籍者馬一匹至二駟，三老、孝者帛五匹，弟者、力田三匹，鰥寡孤獨二匹，吏民五十户牛酒。」〔註96〕

賜宗室子有屬籍者馬一匹至二駟，三老、孝者帛，人五匹，弟者、力田三匹，鰥寡孤獨二匹，吏民五十户牛酒。」〔註97〕

賜諸侯王、丞相、將軍、列侯、王太后、公主、王主、吏二千石黃金，宗室諸官吏千石以下至二百石及宗室子有屬籍者、三老、孝悌力田、鰥寡孤獨錢帛，各有差，吏民五十户牛酒。〔註98〕

四月丙午，太子即皇帝位，謁高廟。尊皇太后曰太皇太后，皇后曰皇太后。大赦天下。賜宗室王子有屬者馬各一駟，吏民爵，百户牛酒，三老、孝悌力田、鰥寡孤獨帛。〔註99〕

賜九卿已下至六百石、宗室有屬籍者爵。〔註100〕

這種做法其實也是一種無奈之舉，漢代政府還無力管理更爲龐大的宗室隊伍，因此，服外宗室、甚至是五服之內的遠支宗室都失去了宗室的待遇，但朝廷不希望放棄對屬籍之內的宗室的義務。實際上，將宗室牢牢控制住是朝廷所樂見的。政府對於宗室的賞賜，是隨著按親疏關係、封爵高低遞減的。與皇帝血緣關係近的，受賞多，血緣稍遠的，受賞少。爵位高的，如諸侯王，受賞動輒黃金千斤，爵位低或者無爵者，如普通在籍宗室，獲賜相對王侯就要少很多。但總體來說，在西漢前期，政府對普通宗室的賞賜是頗爲豐厚的，如在昭帝時，達到每人二十萬錢，這還不包括對宗室王侯、公主的賞賜。而從元帝時開始，便要強調只有在屬籍的宗室才能受賞，對受賞宗室進行了區分，且賞賜的財物也大幅減少，這一方面說明了政府財力的下降，無力支付對於眾多宗室過高的賞賜，也從另一個方面佐證了宗室人員的膨脹。

另外一點需要在注意的是，西漢時期政府對於宗室的賞賜，要比東漢豐

〔註96〕《漢書》卷9《元帝紀》，第279頁。
〔註97〕《漢書》卷9《元帝紀》，第285頁。
〔註98〕《漢書》卷10《成帝紀》，第303頁。
〔註99〕《漢書》卷11《哀帝紀》，第334頁。
〔註100〕《漢書》卷12《平帝紀》，第357頁。

厚的多。且不僅僅是限於宗室，西漢皇帝頒賞的次數，賞賜的金錢都要遠遠多於東漢。這大概是因爲東漢時豪強地主強盛，政府的財政汲取能力無法比擬西漢所致。當然，也有人認爲這是因爲黃金大量減少造成的，這一問題前人自有探討，筆者不再贅述。

除了上述針對在籍宗室進行大規模賞賜外，對德行出眾，足爲宗室表率者，朝廷要進行特別的褒揚。而東漢時期大名鼎鼎的賢王東平憲王劉蒼，作爲諸侯王，贏得了朝廷的極高禮遇，據《後漢書・光武十王傳》記載：「（東平王）蒼少好經書，雅有智思，爲人美鬚髯，要帶八圍，顯宗甚愛重之。」東平王儒學素養深厚，甚至可以參與到制定國家文物冕服制度的討論中：「是時中興三十餘年，四方無虞，蒼以天下化平，宜修禮樂，乃與公卿共議定南北郊冠冕車服制度，及光武廟登歌八佾舞數」，而其與漢明帝同母所生，因此最受信任：「帝每巡狩，蒼常留鎮，侍衛皇太后。」而且，東平王以諸侯王之尊，還擔任驃騎將軍之職，這在宗室中可稱爲異數，「明帝初即位，以弟東平王蒼有賢才，以爲驃騎將軍。以王故，位在公上」，這相當於又給於了東平王參與機樞政務的權力，且「置長史掾史員四十人」，也超過了規定的屬官人數，以示優待，而對於東平王本人的特賞，也是史不絕書：

> 五年，乃許還國，而不聽上將軍印綬。以驃騎長史爲東平太傅，掾爲中大夫，令史爲王家郎。加賜錢五千萬，布十萬匹。〔註 101〕
>
> 明年，皇太后崩。既葬，蒼乃歸國，特賜宮人奴婢五百人，布二十五萬匹，及珍寶服御器物。〔註 102〕
>
> 十五年春，行幸東平，賜蒼錢千五百萬，布四萬匹。〔註 103〕
>
> 帝報書曰：「……思惟嘉謀，以次奉行，冀蒙福應。彰報至德，特賜王錢五百萬。」〔註 104〕
>
> 六年冬，蒼上疏求朝。明年正月，帝許之。特賜裝錢千五百萬，其餘諸王各千萬。帝以蒼冒涉寒露，遣謁者賜貂裘，及太官食物珍果，使大鴻臚竇固持節郊迎。帝乃親自循行邸第，豫設帷床，其錢

〔註 101〕《後漢書》卷 42《光武十王傳》，第 1435 頁。
〔註 102〕《後漢書》卷 42《光武十王傳》，第 1436 頁。
〔註 103〕《後漢書》卷 42《光武十王傳》，第 1436 頁。
〔註 104〕《後漢書》卷 42《光武十王傳》，第 1436 頁。

帛器物無不充備。〔註 105〕

三月，大鴻臚奏遣諸王歸國，帝特留蒼，賜以秘書、列仙圖、道術秘方。至八月飲酎畢。有司復奏遣蒼，乃許之。手詔賜蒼曰：「骨肉天性，誠不以遠近爲親疏，然數見顏色，情重昔時。念王久勞，思得還休，欲署大鴻臚奏，不忍下筆，顧授小黄門，中心戀戀，惻然不能言。」於是車駕祖送，流涕而訣。復賜乘輿服御，珍寶輿馬，錢布以億萬計。〔註 106〕

東平王死後，朝廷爲他安排的葬禮規格極高：

詔告中傅，封上蒼自建武以來章奏及所作書、記、賦、頌、七言、別字、歌詩，並集覽焉。遣大鴻臚持節，五官中郎將副監喪，及將作使者凡六人，令四姓小侯諸國王主悉會詣東平奔喪，賜錢前後一億，布九萬匹。及葬，策曰：「惟建初八年三月己卯，皇帝曰：咨王丕顯，勤勞王室，親受策命，昭於前世。出作蕃輔，克慎明德，率禮不越，聞在下。昊天不弔，不報上仁，俾屏餘一人，夙夜煢煢，靡有所終。今詔有司加賜鸞輅乘馬，龍旗九旒，虎賁百人，奉送王行。匪我憲王，其孰離之。魂而有靈，保茲寵榮。嗚呼哀哉。」〔註 107〕

葬禮的隆重在漢代人看來有著十分重要的意義，因此，對死去的諸侯王賜予的恩典也是非常重要的內容。如漢安帝時，濟北惠王劉壽死去，按照當時慣例，「自永初已後，戎狄叛亂，國用不足，始封王薨，減賻錢爲千萬，布萬匹。嗣王薨，五百萬，布五千匹」，但由於劉壽「最尊親」，因此，皇帝「特賻錢三千萬，布三萬匹。〔註 108〕」而東平王享有的葬禮規格，更是成爲了一個標誌，爲後世王朝所效法，如果能夠獲得如同東平王劉蒼一樣的葬禮，是對宗室本人的巨大榮譽，也意味著朝廷對這位宗室的莫大恩寵：

黄初二年，進爵爲公。三年，立爲任城王。四年，朝京都，疾薨於邸，謚曰威。至葬，賜鑾輅、龍旂，虎賁百人，如漢東平王故事。〔註 109〕

封嶷諸子。舊例王子封千户，嶷欲五子俱封，啓減，人五百户。

〔註 105〕《後漢書》卷 42《光武十王傳》，第 1439 頁。
〔註 106〕《後漢書》卷 42《光武十王傳》，第 1441 頁。
〔註 107〕《後漢書》卷 42《光武十王傳》，第 1441 頁。
〔註 108〕《後漢書》卷 55《章帝八王傳》，第 1807 頁。
〔註 109〕《三國志》卷 19《任城威王彰傳》，第 556 頁。

其年疾篤，表解職，不許，賜錢五百萬營功德。薨，年四十九。其日上視疾，至薨乃還宮。詔斂以衮冕之服，溫明秘器，大鴻臚持節護喪事，太官朝夕送祭奠，大司馬、太傅二府文武悉停過葬。詔贈假黃鉞、都督中外諸軍事、丞相、揚州牧，綠綟綬，具九服錫命之禮，侍中、大司馬、太傅、王如故。給九旒鸞輅，黃屋左纛，虎賁班劍百人，輼輬車，前後部羽葆、鼓吹。喪葬送儀，並依漢東平王蒼故事〔註 110〕。

有魏貞士河內溫縣司馬孚，字叔達，不伊不周，不夷不惠，立身行道，終始若一。當以素棺單槨，斂以時服。」泰始八年薨，時年九十三。帝於太極東堂舉哀三日。詔曰：「王勳德超世，尊寵無二，期頤在位，朕之所倚。庶永百齡，咨仰訓導，奄忽殂隕，哀慕感切。其以東園溫明秘器、朝服一具、衣一襲、緋練百匹、絹布各五百匹、錢百萬、穀千斛以供喪事。諸所施行，皆依漢東平獻王蒼故事。〔註 111〕」

可以說，東平王成為後世賢王的典範，是皇帝與朝廷有意為之的，他們希望能夠在宗室中找到這樣一位在道德行為上符合朝廷的要求、堪為楷模的人，並對他進行宣傳，即顯現皇帝與宗室的親近，也彰顯宗室本人的德行，在宗室中產生示範效果。以此來帶動更多的宗室效法東平王，從而達到規訓宗室行為，對其進行管理的目的。

此外，獎勵孝行，也是漢代政府對儒家道德思想進行推廣的一個重要措施，宗室成員如有令人稱道的孝行，朝廷亦不吝賞賜。如哀帝因河間王居喪三年，孝行出眾而下詔曰：「河間王良喪太后三年，為宗室儀表，益封萬戶。」〔註 112〕在東漢時，因孝行而受到獎勵的宗室的人數更加可觀，桓帝時「(任城王）博有孝行，喪母服制如禮，朝廷也給予「增封三千戶」的獎賞〔註 113〕。此外還需注意的是，東漢時對於戴孝期間舉哀過禮的孝行也給予重賞，認為這是履行孝道的重要標誌，比起西漢，東漢時期對於孝行有著更加詳細的記錄。如濟北孝王劉次之父去世時剛剛九歲，他「以幼年守藩，躬履孝道，父

〔註 110〕（唐）李延壽撰：《南史》卷 42《荀丕傳》，中華書局，1975 年版，第 1065 頁。

〔註 111〕《晉書》卷 37《安平獻王孚傳》，第 1085 頁。

〔註 112〕《漢書》卷 11《哀帝紀》，第 336 頁。

〔註 113〕《後漢書》卷 42《光武十王傳》，第 1444 頁。

沒哀慟，焦毀過禮，草廬土席，衰杖在身，頭不枇沐，體生瘡腫。諒闇已來二十八月」，號稱「自諸國有憂，未之聞也」，於是，梁太后親自下詔「增次封五千戶，廣其土宇，以慰孝子惻隱之勞」〔註 114〕。東海孝王劉榛及其弟蒸鄉侯儉，也因孝行出眾，兄弟雙雙受到獎勵：

> 永建二年，封臻二弟敏、儉爲鄉侯。臻及弟蒸鄉侯儉並有篤行，母卒，皆吐血毀眥。至服練紅，兄弟追念初喪父，幼小，哀禮有闕，因復重行喪制。臻性敦厚有恩，常分租秩賑給諸父昆弟。國相籍褒具以狀聞，順帝美之，制詔大將軍、三公、大鴻臚曰：「東海王臻以近蕃之尊，少襲王爵，膺受多福，未知艱難，而能克己率禮，孝敬自然，事親盡愛，送終竭哀，降儀從士，寢苫三年。和睦兄弟，恤養孤弱，至孝純備，仁義兼弘，朕甚嘉焉。夫勸善厲俗，爲國所先。曩者東平孝王敞兄弟行孝，喪母如禮，有增户之封。《詩》云：『永世克孝，念茲皇祖。』今增臻封五千户，儉五百户，光啓土宇，以酬厥德。」〔註 115〕

除宗室王侯外，一些有資格擔任帝國官職的疏屬宗室如果任職勤勉，政績突出，也會受到朝廷的獎賞。如宗室劉愷爲官，「在位者莫不仰其風行」，且「愷性篤古，貴處士，每有徵舉，必先岩穴。論議引正，辭氣高雅。」在劉愷稱病致仕後，「有詔憂許焉，加賜錢三十萬，以千石祿歸養，河南尹常以歲八月致羊酒。時安帝始親政事，朝廷多稱愷之德，帝乃遣問起居，厚加賞賜。」此後，劉愷又受到尚書陳忠舉薦，被拜爲太尉，位居三公之位。三年後，「以疾乞骸骨，久乃許之，下河南尹禮秩如前」。劉愷死後，皇帝又「詔使者護喪事，賜東園秘器，錢五十萬，布千匹」〔註 116〕。可謂位極人臣，生榮死哀了。此外，漢代重視教育，對於通曉經典者十分尊重，善治儒經的宗室更加受到朝廷的推崇。如和帝初年執政的外戚竇憲因「宗正劉方，宗室之表，善爲《詩經》，先帝所褒」〔註 117〕，而任命劉方爲帝師，教導年輕的皇帝。政府也有出於激勵目的而對宗室進行賞賜，依漢制，無功不侯，且漢代秉承秦朝制度，對於軍功非常重視，沙場建功封侯成爲多數人們的追求。漢武帝

〔註 114〕《後漢書》卷 55《章帝八王傳》，第 1807 頁。
〔註 115〕《後漢書》卷 42《光武十王傳》，第 1426 頁。
〔註 116〕《後漢書》卷 39《劉愷傳》，第 1308 頁。
〔註 117〕《後漢書》卷 37《桓郁傳》，第 1256 頁。

時期，海常侯劉福因酎金不足，被奪爵，後來他從軍征討閩粵，官拜橫海校尉，後被封爲繚嫈侯。但實際上，劉福「從軍亡功」〔註 118〕，他當初失去侯爵，是因爲酎金不純所致，而酎金奪爵的起因，就是因武帝對列侯不助朝廷征討外夷不滿，因此，劉福的從軍，也是響應皇帝的詔令，向漢武帝認錯的一種表態，漢武帝當然對其進行獎勵，於是給與了他封侯的獎賞。

此外，對於獲罪諸侯的家屬進行獎賞，也是安撫宗室成員，顯示親親之義的一種重要方式：

> 帝幸彭城，見許太后及英妻子於內殿，悲泣，感動左右。建初二年，肅宗封英子種楚侯，五弟皆爲列侯，並不得置相臣吏人。元和三年，許太后薨，復遣光祿大夫持節弔祠，因留護喪事，賻錢五百萬。又遣謁者備王官屬迎英喪，改葬彭城，加王赤綬羽蓋華藻，如嗣王儀，追爵，諡曰楚厲侯。章和元年，帝幸彭城，見英夫人及六子，厚加贈賜。〔註 119〕

> 章和元年，行幸九江，賜延書與車駕會壽春。帝見延及妻子，愍然傷之，乃下詔曰：「昔周之爵封千有八百，而姬姓居半者，所以楨幹王室也。朕南巡，望淮、海，意在阜陵，遂與侯相見。侯志意衰落，形體非故，瞻省懷感，以喜以悲。今復侯爲阜陵王，增封四縣，並前爲五縣。」以阜陵下濕，徙都壽春，加賜錢千萬，布萬匹，安車一乘，夫人諸子賞賜各有差。明年入朝。〔註 120〕

朝廷給於宗室的褒賞，是爲了達到收族的效果，使宗族能夠團結在皇帝這個大宗的周圍。《白虎通・宗族》說：「大宗能率小宗，小宗能率群弟，通其有無，所以紀理族人者也。〔註 121〕」總體來說，朝廷對於宗室，尤其是有屬籍的宗室，是不吝厚賞的，因爲不干擾皇帝的統治秩序，安於做富家翁的宗室，是皇帝樂於見到的。

第四節　策戒的約束力

策戒是在分封諸侯王的時候書寫在策書上的告誡，這種形式並不是漢代

〔註 118〕《後漢書》卷 95《閩粵傳》，第 3863 頁。
〔註 119〕《後漢書》42《光武十王傳》，第 1430 頁。
〔註 120〕《後漢書》42《光武十王傳》，第 1430 頁。
〔註 121〕（清）陳立：《白虎通疏證》，中華書局，1994 年，第 394 頁。

始創，在西周時期的青銅器上，就可以在看到類似的警語。如現藏國家博物館的西周康王時期的大盂鼎，銘文中便提到了商代亡國的殷鑒，並要求盂能夠效法先祖南公，輔佐君王。宣王時代的毛公鼎上所刻銘文，被稱爲「抵得一篇尚書」的煌煌巨製，在文中也提到了對毛公的告誡和約束。《周禮・春官・內史》有「凡命諸侯及孤、卿、大夫，則策命之」的記載。在冊書之中，策戒是其中的一個重要部分。我們知道，策戒是在冊封諸侯王時由光祿勳宣讀的，《續漢書・禮儀志》記載了漢代冊封諸侯王時的程序：

> 拜諸侯王公之儀：百官會，位定，謁者引光祿勳前。謁者引當拜者前，當坐伏殿下。光祿勳前，一拜，舉手曰。「制詔其以某爲某。」讀策書畢，謁者稱臣某再拜。尚書郎以璽印綬付侍御史。侍御史前，東面立，授璽印綬。王公再拜頓首三。贊謁者曰：「某王臣某新封，某公某初除，謝。」中謁者報謹謝。贊者立曰：「皇帝爲公興。」重坐，受策者拜謝，起就位。供賜禮畢，罷。〔註122〕

不過，值得注意的是，西漢武帝時冊命三王時主持者是御史大夫，而東漢改由光祿勳主持。冊封諸侯王的時間要經過愼重的選擇：「擇良日，立諸子洛陽上東門之外，畢以爲王」〔註123〕。據《史記・三王世家》:「太常臣充言卜入四月二十八日乙巳，可立諸侯王。臣昧死奏輿地圖，請所立國名。禮儀別奏。臣昧死請。」〔註124〕又據同書同卷記載：「臣請令史官擇吉日，具禮儀上，御史奏輿地圖，他皆如前故事。」〔註125〕東漢時期，基本也是遵循著這樣的程序：「今皇子賴天，能勝衣趨拜，陛下恭謙克讓，抑而未議，群臣百姓，莫不失望。宜因盛夏吉時，定號位，以廣藩輔，明親親，尊宗廟，重社稷，應古合舊，厭塞眾心。臣請大司空上輿地圖，太常擇吉日，具禮儀。」〔註126〕而漢武帝時將冊命地點選在太廟之中〔註127〕，據《禮記・祭統》曰：「古者明君爵有德而祿有功，必賜爵祿於太廟，示不敢專也」。東漢時受封諸侯「坐伏殿下」，顯然是在朝堂之上受封，不過，分封諸王要在太廟中彙報給列祖列宗：「丁巳，使大司空融告廟，封皇子輔爲右翊公，英爲楚公，陽爲東海公，康

〔註122〕《後漢書・禮儀志中》，第3121頁。
〔註123〕《漢書》卷48《賈誼傳》，第2260頁。
〔註124〕《史記》卷60《三王世家》，第2110頁。
〔註125〕《史記》卷60《三王世家》，第2110頁。
〔註126〕《後漢書》卷1《光武帝紀》，第65頁。
〔註127〕《史記》卷60《三王世家》，第2113頁。

爲濟南公，蒼爲東平公，延爲淮陽公，荊爲山陽公，衡爲臨淮公，焉爲左翊公，京爲琅邪公。」〔註 128〕這一系列做法，都是爲了凸顯分封的神聖與威嚴，而這一套繁複的程序，似乎也使得戒策具有了更強的法律效力。據蔡邕《獨斷》中記載：

策書者，編簡也，其制長二尺，短者半之，篆書，起年月日，稱皇帝，以命諸侯王。三公以罪免亦賜策，而以隸書，用尺一木，兩行，唯此爲異也。〔註 129〕

《史記・三王世家》中記載了漢武帝冊命三子的冊書原貌，現抄錄於此：

維六年四月乙巳，皇帝使御史大夫湯廟立子閎爲齊王。曰：於戲，小子閎，。受茲青社。朕承祖考，維稽古建爾國家，封於東土，世爲漢藩輔。於戲念哉。恭朕之詔，惟命不於常。人之好德，克明顯光。義之不圖，俾君子怠。悉爾心，允執其中，天祿永終。厥有愆不臧，乃凶於而國，害於爾躬。於戲，保國艾民，可不敬與。王其戒之。

維六年四月乙巳，皇帝使御史大夫湯廟立子旦爲燕王。曰：於戲，小子旦，受茲玄社。朕承祖考，維稽古，建爾國家，封於北土，世爲漢藩輔。於戲。葷粥氏虐老獸心，侵犯寇盜，加以姦巧邊萌。於戲。朕命將率徂徵厥罪，萬夫長，千夫長，三十有二君皆來，降期奔師。葷粥徙域，北州以綏。悉爾心，毋作怨，毋俷德，《毋乃廢備。非教士不得從征。於戲，保國艾民，可不敬與。王其戒之。

維六年四月乙巳，皇帝使御史大夫湯廟立子胥爲廣陵王。曰：於戲，小子胥，受茲赤社。朕承祖考，維稽古建爾國家，封於南土，世爲漢藩輔。古人有言曰：『大江之南，五湖之間，其人輕心。揚州保疆，」。三代要服，不及以政。』於戲。悉爾心，戰戰兢兢，乃惠乃順，毋侗好軼，毋邇宵人，維法維則。《書》云：『臣不作威，不作福』，靡有後羞。於戲，保國艾民，可不敬與。王其戒之。」〔註 130〕

冊命中仿照先秦文風，頗具古意，除對諸侯王的義務做出了指示，也對諸侯

〔註 128〕《後漢書》卷 1《光武帝紀》，第 66 頁。
〔註 129〕《後漢書》卷 1《光武帝紀》注引《漢制度》，第 24 頁。
〔註 130〕《史記》卷 60《三王世家》，第 2111～2113 頁。

王做出了適當警告。這些冊命之中的告誡，借助著這一套繁複的冊命程序，以及頗具象徵性的儀式，具備了法律效力，且依傍於祖先的威嚴之下，變得神聖不可侵犯。清河王劉慶便曾經在到達自己的領國之後對屬官說到「寡人生於深宮，長於朝廷，仰恃明主，垂拱受成。……今官屬並居爵任，失得是均，庶望上遵策戒，下免悔咎。其糺督非枉，明察典禁，無令孤獲怠慢之罪焉。」〔註131〕違背策戒，也就成爲了朝廷對諸侯王的罪行進行判斷的依據，如漢哀帝時梁王劉立犯法，天子派遣廷尉和大鴻臚持戒即訊，他們在書面責問中便提到：「王背策戒，誖暴妄行，連犯大辟，毒流吏民。」〔註132〕可以看到，在冊命之時的策戒，並不是一紙空文，在冊命儀式上，它被賦予了法律效力，對受封諸侯起到約束的作用，這就成爲了規訓諸侯行爲的另一種有效方式。

第五節　賜諡及其意義

我們知道，諡號大致產生於西周以後，從禮器銘文中可以瞭解，周武王、成王、昭王、共王、懿王等並不是諡法，而是生時的美稱。而周初的諸侯也並沒有發現有諡號。據學者考察，周孝王時諡法開始確立，而春秋之時，死去的諸侯獲得諡法已經是比較普遍的事情了〔註133〕。至於賜諡的目的，則是對死去貴族的一生進行簡要的評價，據《白虎通》的記載：「諡之爲言引也，引烈行之迹也。所以進勸成德，使上務節也。」〔註134〕《白虎通》中的一些觀點反映了漢代人的觀點看法，對於諡法起到的作用，《白虎通》中是這樣記載的：「生時號令善，故有善諡，故搶文武王也。合言之，則上其諡，明別善惡，所以勸人爲善、戒人爲惡也。」可見，諡法的作用便是對符合當時社會道德的給予表彰，對惡行進行譴責。

漢代建國之初，即對死去的諸侯王賜予諡號。「漢五年，張耳薨，諡爲景王。〔註135〕」爲劉邦取得天下提供極大幫助的長沙王吳芮，被賜諡爲「文王」〔註136〕。第一位受賜諡號的宗室，是劉邦死去的兄長，劉邦追諡其爲「武哀

〔註131〕《後漢書》卷55《章帝八王傳》，第1802頁。
〔註132〕《漢書》卷47《文三王傳》，第2218頁。
〔註133〕汪受寬，《諡法研究》，上海古籍出版社，1995年，第16頁。
〔註134〕《白虎通疏證》，第67頁。
〔註135〕《史記》卷89《張耳陳餘列傳》，第2582頁。
〔註136〕《漢書》卷34《吳芮傳》，第1894頁。

侯」。〔註 137〕不過，此時諸事草創，還沒有形成一套嚴格的賜謚制度，隨著漢代政權的穩固，賜謚禮儀也逐漸形成了。《漢書·景帝紀》載：「(中元) 二年春二月，令諸侯王薨、列侯初封及之國，大鴻臚奏謚、誄、策。列侯薨及諸侯太傅初除之官，大行奏謚、誄、策」。應劭曰：「皇帝延諸侯王，賓王諸侯，皆屬大鴻臚。故其薨，奏其行迹，賜與謚及哀策誄文也〔註 138〕」。負責諸侯王謚法的官員是大鴻臚，而負責列侯謚法的則是大鴻臚的屬官行人，負責官員的不同也反映著死者的等級差異。不過，到了東漢時，諸侯賜謚的情況發生了變法。據《續漢書·禮儀志》記載：「諸侯王，傅、相、中尉、內史典喪事，大鴻臚奏謚，天子使者贈璧帛，載日命謚如禮〔註 139〕」。此處沒有記錄對於列侯的賜謚情況，因爲在東漢時期，除特殊情況外，列侯一般不予賜謚，普遍賜予謚號的，惟有諸侯王。有一點需要明確的是，賜謚的權力是掌握在皇帝手中的，皇帝的賜予是諸侯獲得謚號的唯一途徑。按照《白虎通》的記載：「諸侯薨，世子赴告於天子，天子遣大夫會其葬而謚之何？幼不誄長，賤不誄貴，諸侯相誄，非禮也。臣當受謚於君也〔註 140〕」。不過，在春秋時期各國諸侯的謚號，似乎並不是由天子賜謚，如魯昭公與季平子不合，後來逃離魯國，死在境外，死後遺體歸葬魯國，於是季平子對榮成伯說：「吾欲爲君謚，使子孫知之。」而榮成伯答道：「生弗能事，死又惡之，以自信也。將焉用之？〔註 141〕」顯見是季平子準備給魯昭公以惡謚，是以臣子爲君主議定謚號。楚國亦是如此，《左傳》對楚太子商臣弒成王的事件是這樣記錄的：

> 冬十月，(商臣) 以宮甲圍成王。王請食熊蹯而死。弗聽。丁未，王縊。謚之曰：「靈」，不瞑；曰：「成」，乃瞑。〔註 142〕

雖然事情的記述荒誕不經，但也體現了時人對謚號的重視。無疑，這種臣子議定君主謚號的方式有可能會對君王的行爲產生制約。正因如此，後來的始皇帝才評論道：「子議父，臣議君也，甚無謂，朕弗取焉。」〔註 143〕至於漢代，爲諸侯議定謚法的權力牢牢掌握在了皇帝手中，謚法所具有的揚善懲惡，協

〔註 137〕《漢書》卷 1《高帝紀》，第 51 頁。
〔註 138〕《漢書》卷 5《景帝紀》，第 145 頁。
〔註 139〕《後漢書》卷 96《禮儀志》，第 3153 頁。
〔註 140〕《白虎通疏證》，第 72 頁。
〔註 141〕《春秋左傳注》，第 1527 頁。
〔註 142〕《春秋左傳注》，第 515 頁。
〔註 143〕《史記》卷 6《秦始皇本紀》，第 236 頁。

助朝廷控制宗室的功用得到了凸顯。漢代賜予宗室諸侯的謚法，意在描述出宗室生前的行爲，對其進行褒貶，對善行卓著者賜予美謚，對爲惡亂法者賜予惡謚。以此勸誡生者，對宗室起到約束作用。不過，對於犯有謀反等重罪的宗室王侯，漢代的習慣做法似乎是不予賜謚，所以根本不涉及惡謚的問題。如漢文帝時造反的濟北王劉興居，以及吳楚七國之亂中造反的諸王及王子侯，武帝時代涉嫌謀反的淮南王劉安和衡山王劉賜沒有獲賜惡謚。這可能是由於這些犯有大逆的諸王的封國都被取消，甚至剝奪了宗室屬籍。因此，朝廷便不再對這些人賜予謚號。此外，犯有死罪並被除國的諸侯王一般也都沒有謚號，比如武帝時有亂倫行爲的燕王劉定國，被朝廷議定「當誅」，於是自殺謝罪。除國之後，失去王爵的劉定國不再被賜予謚號，因此，不賜謚這種做法本身也可視爲一種附加的懲罰措施。借助西漢末年的梁王劉立犯罪案可以比較清晰地看出端倪，漢平帝元始年間，劉立「坐與平帝外家中山衛氏交通，新都侯王莽奏廢立爲庶人，徙漢中。立自殺。」梁國就此取消，雖然兩年之後，王莽又「立孝王玄孫之曾孫沛郡卒史音爲梁王」〔註 144〕，恢復了梁國，但新梁王是「奉孝王後」，劉立已經被廢爲庶人，因此雖然他惡行累累，但並沒有被賜予惡謚。酎金奪爵後失去爵位的列侯，便不再享有獲得賜謚的權利。一般情況下，被廢黜爵位的宗室王侯死後不會獲得朝廷賜謚。若犯罪宗室的封國未被取消，或後世蒙恩復國，被奪爵的諸侯很有可能得到追謚。

第一位被賜予惡謚的諸侯王是漢文帝的幼弟——淮南厲王劉長。按照《逸周書・謚法》解釋：「暴慢無親曰厲」〔註 145〕。實際上，他的謚號即是在死後多年才被追賜，而案發後，他被廢黜了王爵，以列侯禮下葬。劉長受賜謚「厲」，還經過了一番波折。史書記載：「及孝文帝初即位，淮南王自以爲最親，驕蹇，數不奉法。上以親故，常寬赦之。三年，入朝。甚橫。從上入苑囿獵，與上同車，常謂上『大兄』。」〔註 146〕他在年幼之時即對辟陽侯審食其懷恨在心，後來居然將審食其禽獸傷害，而漢文帝則「傷其志，爲親故，弗治」。在漢文帝的驕縱之下，劉長更加目中無人，在回到自己封國之後「不用漢法，出入稱警蹕，稱制，自爲法令，擬於天子。」最終因涉嫌謀反而被廢徙蜀郡。劉長在廢徙途中絕食而死。漢文帝因此頗覺惋惜，因此「以列侯葬淮南王於雍，

〔註 144〕《漢書》卷 47《文三王傳》，第 2220 頁。

〔註 145〕如不特別注明，則本文中所提到之謚法解釋都引於《逸周書・謚法解》。

〔註 146〕《史記》卷 118《淮南衡山列傳》，第 3076 頁。

守家三十戶。」但是，劉長的自盡，依然使得文帝備受輿論指責，「民有作歌歌淮南厲王曰：「一尺布，尚可縫。一斗粟，尚可舂。兄弟二人不能相容。」爲了表明自己並非是「貪淮南王地」，漢文帝先是「徙城陽王王淮南故地」，接著「追尊謚淮南王爲厲王，置園復如諸侯儀」〔註 147〕。劉長犯罪身死是在文帝六年，而此時已經是文帝十二年了。這樣一來，通過賜謚的形式，本以侯禮下葬的劉長的身份在死後數年又發生了改變。不過，漢文帝賜謚劉長其實是在迫於輿論壓力下的一種被動行爲，他在聽到民間對他殺弟的譏諷時，曾經這樣說道：「堯舜放逐骨肉，周公殺管蔡，天下稱聖。何者？不以私害公。天下豈以我爲貪淮南王地邪？〔註 148〕」爲了表明劉長是丹朱管蔡之流，因此賜予惡謚，由此開啓了賜予諸侯惡謚的先例。與劉長被追賜謚號相似的情況在東漢也出現過，漢明帝時楚王英謀反，事敗後自殺謝罪，楚國國除，漢明帝加恩，「詔遣光祿大夫持節弔祠，贈賵如法，加賜列侯印綬」，不過，當時並沒有賜予謚號，兩年之後，「十五年，帝幸彭城，見許太后及英妻子於內殿，悲泣，感動左右。」此後，明帝之子漢章帝「遣謁者備王官屬迎英喪，改葬彭城，加王赤綬羽蓋華藻，如嗣王儀，追爵，謚曰楚厲侯。」〔註 149〕

由此看來，對於犯有重罪的諸侯王賜謚，其意圖並不是單純爲了彰顯其惡行，還可以視作是朝廷的一種恩遇。一旦賜謚，便意味著保留了死者的諸侯身份，這也屬於朝廷對於犯罪王侯的一種額外恩賜。通過漢昭帝時因謀反而自殺的燕剌王劉旦的例子，可以更清晰的說明這一問題。我們知道，劉旦在衛太子死後一直希冀繼承帝位，昭帝即位之後，劉旦兩次圖謀造反，最後事發自殺。按照漢代一般謀反自殺者的慣例，死者不被賜謚，但是，「天子加恩，赦王太子建爲庶人，賜旦謚曰剌王。」按照謚法：「不思忘愛曰剌，愎佷遂過曰剌」。同樣被賜謚「剌」的還有漢宣帝時的長沙王建德，據史書記載：「宣帝時坐獵縱火燔民九十六家，殺二人，又以縣官事怨內史，教人誣告以棄市罪，削八縣，罷中尉官。」〔註 150〕與劉旦命運相似的是廣陵厲王劉胥，他在漢宣帝時因祝詛事被發覺，受到即訊而自殺，死後，「天子加恩，赦王諸子皆爲庶人，賜謚曰厲王。」而和廣陵厲王共同謀反的楚王劉延壽，則在事發後自殺，國除之後，

〔註 147〕《史記》卷 118《淮南衡山列傳》，第 3081 頁。
〔註 148〕《史記》卷 118《淮南衡山列傳》，第 3080 頁。
〔註 149〕《後漢書》卷 42《光武十王傳》，第 1430 頁。
〔註 150〕《漢書》卷 53《景十三王傳》，第 2427 頁。

沒有賜諡。雖然楚王與廣陵王同爲宗室諸侯，但親疏有別使得他們的際遇也差別極大。同樣獲得「厲」賜諡的還有齊厲王劉次昌，因禽獸行受到主父偃的舉奏而自殺身死。由於兄妹亂倫，以「暴慢無親曰厲」，因此獲得賜諡爲厲王。前文提到，身死國除的諸侯王一般都不予賜諡，而齊王次昌死後，齊國就此絕嗣，造成了極壞的政治影響，爲了安撫輿論，漢武帝聽從公孫弘的建議，殺死了一手逼死齊王的主父偃，「以塞天下之望。〔註 151〕」恐怕也是基於同樣的原因，又給劉次昌賜予了諡號。東漢時屢次犯法的廣陵王劉荊，是漢明帝的同母弟，因爲這種親密關係，漢明帝多次原宥劉荊的犯罪行爲，不過劉荊怙惡不悛，最終還是因祝詛事發而自殺。而「帝憐傷之，賜諡曰思王，所謂「追悔前過曰思」。賜諡爲思，雖然不算美諡，但也並沒有太多彰顯劉荊的罪行。東漢時賜予惡諡的諸侯王極少，也算是一種對死者的優待。對於犯有類似嚴重政治罪行者賜予諡號，也應視爲天子的恩典。漢武帝時的廣川王劉齊，被賜諡「繆」，按照顏師古引用諡法的解釋，蔽仁傷善曰繆〔註 152〕。「繆」可算作惡諡。劉齊生前被告有「大不敬」，他上書欲協助武帝征伐匈奴，以此贖罪，本來已經獲得武帝允准，無奈因病死去，未能成行，死後國除。數月後，漢武帝下詔：「廣州惠王於朕爲兄，朕不忍絕其宗廟，其以惠王孫去爲廣川王。」〔註 153〕而實際上，劉去即是劉齊之子，被廢黜的廣川國又得以恢復，而此時賜予劉齊諡號便也順理成章了。但劉去後來因殺害姬妾等多人，被廢徙上庸，途中自殺，廣川國再次「國除」。劉去也最終沒有得到諡號。不過，廣川國並沒有就此告別歷史舞臺，漢宣帝後來又將劉去之兄劉文立爲王，廣川國再次復國，劉文因「素正直，數諫王去」，而受到了宣帝的信任，死後被賜諡爲「戴」，所謂「愛民好治曰戴」，可算作是廣川國諸王中少數被賜予美諡者。不過劉文之子劉海陽再次犯罪，被廢徙房陵後封國廢除，雖然漢平帝時期王莽又立廣川王一脈的「戴王弟襄隄侯子瘉爲廣德王」，不過，史書中明言令劉瘉「奉惠王後」〔註 154〕，可見劉海陽的王號是被廢黜了，因此不再賜諡。同樣，武帝時的江都王劉建罪行頗多，朝臣廷議其罪時稱「建失臣子道，積久，輒蒙不忍，遂謀反逆。所行無道，雖桀紂惡不至於此。天誅所不赦，當以謀反法誅。」劉建自殺謝罪，國

〔註 151〕《漢書》卷 38《高五王傳》，第 2001 頁。
〔註 152〕《漢書》卷 53《景十三王傳》注引師古曰，第 2427 頁。
〔註 153〕《漢書》卷 53《景十三王傳》，第 2427 頁。
〔註 154〕《漢書》卷 53《景十三王傳》，第 2433 頁。

除，沒有賜謚。據史書記載，江都國絕一百二十一年後，平帝時秉政的王莽「立建弟盱眙侯子宮爲廣陵王，奉易王後」。〔註 155〕不過，劉建並沒有獲得賜謚，可見，這位被廢黜封號的獲罪宗室已經不再被視爲諸侯王了。不過，劉建死後一百二十一年，其弟之子還在世的可能性應該不大，《漢書》中此處記載似乎值得商榷。漢宣帝之子東平思王劉宇屢屢犯罪，皇帝多次下詔勸誡，使得「宇慚懼，因使者頓首謝死罪，願灑心自改。〔註 156〕」劉宇得以善終，不過依然賜謚爲「思」，以表明其生前有過。不過劉宇的兒子便沒有這麼幸運，繼任的東平王劉雲在漢哀帝時期由於祝詛之罪而被廢徙房陵，途中自殺，東平國除，不過，不久劉雲之子又被封爲東平王，因此，劉雲依然獲賜謚「煬」，而「去禮遠眾曰煬，好內遠禮曰煬，好內怠政曰煬，肆行勞神曰煬」。

總之，在漢代對於犯有重罪，受到國除處罰的諸侯，則一般不再賜謚，但是，如果謝罪自殺的宗室諸侯與皇帝族屬較近，則天子可能加恩賜謚，其謚號一般會反映宗室諸侯生前所犯罪行，被賜予惡謚，如燕王劉旦賜謚爲「刺」、淮南王劉長受賜爲「厲」、廣川王劉齊受賜爲「繆」等等。

也有一些犯有重罪的諸侯王，在死後沒有獲得惡謚。漢宣帝之子淮陽王劉欽，在元帝時因與其叔父「非毀政治，謗訕天子」，其叔父張博兄弟三人都被處以棄市之刑，妻子徙邊。但劉欽卻得到了皇帝的赦免，而「至成帝即位，以淮陽王屬爲叔父，敬寵之，異於它國。〔註 157〕」淮陽王上書皇帝，聲稱當初獲罪是受到了石顯的誣陷，於是，漢元帝將連坐遷徙邊疆的張博家人赦免。這樣，淮陽王一案似乎得以平反，因此，淮陽王劉欽死後被賜謚「憲」，所謂「博聞多能曰憲」。這一謚號已經完全不會反映出其生前有過重大罪責了。東漢時的淮陽王劉延，數次犯法，也屢屢受到懲罰，最後被貶爵爲阜陵侯，但漢章帝後來巡幸九江，「賜延書與車駕會壽春。」見到劉延及其家人之後，章帝又動了惻隱之心，說道「朕南巡，望淮、海，意在阜陵，遂與侯相見。侯志意衰落，形體非故，瞻省懷感，以喜以悲。今復侯爲阜陵王，增封四縣，並前爲五縣。」於是恢復劉延王爵，且「徙都壽春，加賜錢千萬，布萬匹，安車一乘，夫人諸子賞賜各有差。明年入朝。」劉延死後，其子劉沖嗣位，漢和帝又下詔「下詔盡削除前班下延事。」這樣一來，劉延的罪行以這種形

〔註 155〕《漢書》卷 53《景十三王傳》，第 2417 頁。
〔註 156〕《漢書》卷 80《宣元六王傳》，第 3323 頁。
〔註 157〕《漢書》卷 80《宣元六王傳》，第 3318 頁。

式就此一筆抹去，因此，他受賜諡號為「質」，按照諡法：「名實不爽曰質」，這可算作一美諡了。

不過，一些宗室諸侯並無明顯劣迹被記錄在案，但依然被賜予惡諡。梁荒王劉嘉，按照諡法：「外內從亂曰荒，好樂怠政曰荒」。泗水戾王劉駿，依諡法解釋：「不悔前過曰戾」，長沙煬王劉旦，諡法解釋為「去禮遠眾曰煬，好內遠禮曰煬，好內怠政曰煬，肆行勞神曰煬」。雖然史書中沒有記載他們的惡行，不過根據其諡法，則這幾位宗室生前必然犯有嚴重罪行，可能並沒有被追究責任，但是在死後，懲罰在諡號中得以體現。

在漢代宗室王侯中，被賜予美諡者也很多，如雅好詩書的河間王劉德，他「從民得善書，必為好寫與之，留其眞，加金帛賜以招之。」對於詩書的熱愛，造就了劉德良好的學術修養，「武帝時，獻王來朝，獻雅樂，對三雍宮及詔策所問三十餘事。其對推道術而言，得事之中，文約指明。」因此，獻王死後獲賜諡「獻」，按照諡法「聰明睿知曰獻」。這樣的美諡，顯然是對河間王的一種誇獎。但實際情況並非如諡號體現的那般美好，劉德才能曾引起漢武帝的疑忌，據史書記載：「河間獻王經術通明，積德累行，天下雄俊眾儒皆歸之。孝武帝時，獻王朝，被服造次必於仁義。問以五策，獻王輒對無窮。孝武帝艴然難之，謂獻王曰：『湯以七十里，文王百里，王其勉之。』王知其意，歸即縱酒聽樂，因以終。〔註158〕」過於精明強幹的宗室諸侯對皇帝來說無疑是個威脅，河間獻王正因自己的鋒芒太盛而遭遇不幸。對於皇帝來說，宗室最恰當的行為便是安享榮華，對皇帝謙恭有禮，並以孝行來表現皇族的高尚品德。因此，兩漢時期獲得賜諡為「孝」及「恭」的諸侯王頗多。按照諡法，「五宗安之曰孝，慈惠愛親曰孝，協時肇享曰孝」，「敬事尊上曰恭，尊賢貴義曰恭，尊賢敬讓曰恭，既過能改曰恭，執事堅固曰恭，愛民長弟曰恭，執禮御賓曰恭，芘親之闕曰恭，尊賢讓善曰恭」，「敏以敬順曰頃，祗勤追懼曰頃，慈仁和民曰頃」。「孝」、「恭」以及「頃」這三個諡法都具有和睦宗族、恪守臣節的含義，因此，在諡法中出現最多。

總之，由皇帝頒賜給宗室諸侯的諡法，即朝廷的一種恩典，也是一種約束管理宗室的有效方式，通過諡法，朝廷將宗室王侯的一生進行評價，對畢恭畢敬者賜予美諡，對違背朝廷律令的給予惡諡，以此使得生者心懷顧慮，從而約束自己的行為，以符合朝廷的要求。而對於不予賜諡者，則是剝奪了

〔註158〕《史記》59《五宗世家》，第2094頁。

其王侯的貴族身份，是一種比賜予惡謚更爲嚴重的處罰。據筆者統計，西漢時共有諸侯王 192 位，46 人未得賜謚，其中 22 人是因犯罪國除而沒有獲得賜謚，24 人是因爲非犯罪原因，如無後、王莽篡位等原因沒有賜謚。美謚中出現頻率最高的是「孝」、「共（恭）」、「頃」。獲得賜謚「孝」的諸侯王有 13 人，賜謚「共」者 12 人，賜謚「頃者」15 人。而惡謚中比較常有的有「厲」、「剌」、「繆」、「思」等。賜謚「厲」，3 人，賜謚「剌」，2 人，賜謚「煬」，2 人，賜謚「繆」，4 人，賜謚「思」，5 人。受賜惡謚者要大大少於受賜美謚者。

至東漢時，則並不是所有的宗室王侯都享有賜謚，一般來說，諸侯王有賜謚，而列侯則沒有。據統計，東漢時有 152 爲諸侯王（不包含後來成爲皇帝者），共有 32 人未得賜謚，其中 9 人是因犯罪而沒有獲得賜謚，這其中還包括了楚王英，他雖然未被被賜謚爲王，但卻得賜謚爲「厲侯」。23 人沒有被賜謚是因非犯罪原因，如因宗室疏屬被降爲侯，或者無子國除，或者朝代更替之際被免除封國等等。東漢時賜謚爲「孝」者有 17 人，賜謚「頃」者 10 人，賜謚「恭」，8 人，賜謚「靖」，6 人，賜謚「獻」，3 人，以上均可算作美謚。而對於賜惡謚者相較西漢時則大大減少，惟有楚王英因謀反自殺後被廢爲庶人，但不久後又被追賜爲「厲侯」，可算是用了惡謚，賜謚「思」者 2 人，而其他如西漢時出現的「剌」、「煬」、「繆」等謚法已經不再使用，獲得惡謚者的銳減以及獲得美謚者的增加，說明東漢時宗室諸侯的行爲已經更加符合朝廷的要求，朝廷對於宗室規訓的效用在謚號中可以一覽無餘。

餘　論

中國的宗法制度由來已久，作爲天子的同姓親屬，宗室成員擁有著與生俱來的特別地位。裘錫圭先生認爲「帝」、「介」類似後世的「嫡」、「庶」，周人稱族長爲「子」或「宗子」，而商人也有「子」或「多子」、「小子」，它們是商王的小宗〔註1〕。可見，早在商代，人們就已經賦予宗室成員以特定的稱號以彰顯其地位。在西周時期，天子的宗族是分封的主體，也是建立分封制度，建立有效統治的關鍵。

自秦統一之後，情況發生了巨大的變化，秦始皇以天下紛爭由封建而起，拒絕再行分封。而漢高帝見秦二世而亡，又再次分封宗室，卻導致宗室諸王尾大不掉之勢。此後景、武二帝從制度入手，收回諸侯治民之權。自此，在這個以職業官僚實施管理的帝國中，宗室成員不再是權力的掌握者，國家也不再借助分封來行使統治。宗室在受到分封的同時，也要放棄政治權力，皇帝與宗室王侯已經達成了某種程度的默契。因此，自武帝之後的宗室分封，開始具有了一種象徵的意義，作爲一種傳統的延續被保存下來。

但並不意味著分封失去了實際作用，通過分封，保證了皇族在帝國中依然擁有著崇高的地位，使得宗室王侯在必要時依然具備一定號召力。但分封的意義還不僅於此，宗室在受到朝廷策名的同時也被納入到了整個國家的體系之中，帝國通過頒賜的爵位和財富來約束他們。

不過，如何保障針對宗室的管理運轉正常，依然是需要解決的問題。宗室王侯所犯的政治、倫理、刑事等三大類罪行，對於整個帝國的政治穩

〔註1〕裘錫圭：《關於商代的宗族組織與貴族和平民兩個階級的初步研究》，《文史》，第17輯。

定和社會秩序產生了極爲惡劣的影響，與此同時，也挑戰著帝國執政者的管理智慧。因此，朝廷不惜動用巨大的司法資源來處理宗室王侯的犯罪案件，在訴訟進行過程中，需要許多機構及人員的參與，以確保皇帝對於案件進度的有效掌控。可以說，朝廷爲宗室王侯設計出了一套特殊的司法程序，以此來確保皇帝本人決定犯罪宗室的生死榮辱。實際上，朝廷不過是在利用宗室的犯罪問題對宗室進行進一步的強化管理。對犯罪的宗室王侯施加處罰，與維護法律的威嚴沒有直接的關係，更談不上通過懲罰犯罪的宗室王侯來調整恢復被他們破壞的社會秩序，懲罰的作用僅是作爲宗室管理制度的補充。司法權力是展示權力支配的最好方式，朝廷借助審判宗室的罪行來彰顯其管轄權，以及皇帝在宗室王侯面前的絕對權威。當然，懲罰手段並不足夠，思想上的訓誡對於規範宗室王侯的行爲同樣至關重要，它們一起發揮著作用，將宗室王侯納入到帝國的秩序中來。若破壞這一秩序，則由皇帝決定最終處罰。

這樣一來，既保證了宗室相對於國民的威懾，起到守衛皇權的效用，又將宗室對皇權的危害降到了最低。正向三國時期魏國宗室曹冏總結分封的意義時所說的:「臣聞古之王者，必建同姓以明親親，必樹異姓以明賢賢。故《傳》曰『庸勳親親，昵近尊賢』。《書》曰『克明俊德，以親九族』。《詩》云『懷德維寧，宗子維城』。由是觀之，非賢無與興功，非親無與輔治。夫親親之道，專用則其漸也微弱。賢賢之道，偏任則其弊也劫奪。先聖知其然也，故博求親疏而並用之。近則有宗盟藩衛之固，遠則有仁賢輔弼之助，盛則有與共其治，衰則有與守其土，安則有與享其福，危則有與同其禍。夫然，故能有其國家，保其社稷，歷紀長久，本枝百世也。〔註2〕」親親、賢賢，兩者不可偏廢，在家天下的時代，恐怕確是顛撲不破的眞理。不過，儘管漢代的宗室管理政策取得了相當的成功，宗室的問題卻並沒有獲得最終解決，在後來的歷史中，宗室分封及其管理所帶來的問題依然層出不窮，曹魏時對宗室「或任而不重，或釋而不任」〔註3〕，致使魏晉鼎革之際，曹魏宗室無力拱衛天子，司馬氏稱帝後，又矯枉過正，讓宗室充任國家的重要官職，掌握了帝國的權力樞紐，使其得以利用手中的行政權力威福自專，掀起八王之亂，及至明朝，又因朱元璋分封太侈，才有靖難之役，使得天

〔註2〕《三國志》卷20《武文世王公傳》注引《魏氏春秋》，第592頁。
〔註3〕《三國志》卷20《武文世王公傳》注引《魏氏春秋》，第597頁。

下易主。這樣看來，漢代遺留下來的殷鑒，似乎並沒有受到後世的重視。也許，人們總是傾向於吸取距離自己較近時代的教訓，才使得宗室分封及其所導致的危機屢屢出現。

參考文獻

（一）古籍類

1. 鄭玄注，賈公彥疏，《周禮注疏》，北京大學出版社，1999 年。
2. 鄭玄注，賈公彥疏，《儀禮注疏》，北京大學出版社，1999 年。
3. 鄭玄注，孔穎達疏，《禮記正義》，北京大學出版社，1999 年。
4. 楊伯峻《春秋左傳注》，中華書局，1981 年。
5. 司馬遷《史記》，中華書局，1959 年。
6. 班固《漢書》，中華書局，1962 年。
7. 范曄《後漢書》，中華書局，1965 年。
8. 陳壽《三國志》，中華書局，1959 年。
9. 房玄齡等撰《晉書》，中華書局，1974 年版。
10. 劉昫等撰《舊唐書》，中華書局，1975 年版。
11. 歐陽修、宋祁撰《新唐書》，中華書局，1975 年版。
12. 脫脫等撰《宋史》，中華書局，1985 年版。
13. 桓寬著、王利器校注《鹽鐵論校注》，中華書局，1992 年。
14. 王符著、汪繼培箋《潛夫論箋校正》，中華書局，1985 年。
15. 孫星衍輯、周天遊典校《漢官六種》，中華書局，1990 年。
16. 周天遊輯注《八家後漢書輯注》，上海古籍出版社，1986 年。
17. 睡虎地秦墓竹簡整理小組《睡虎地秦墓竹簡》，文物出版社，1990 年。
18. 張家山二七四號漢墓竹簡整理小組《張家山漢墓竹簡二四七號墓》，文物出版社，2001 年。

（二）專著類

1. 熊方等撰、劉祐人點校《後漢書三國志補表三十種》，中華書局，1984 年。
2. 王先謙《漢書補注》，中華書局，1993 年。
3. 王鳴盛編、黃曙輝點校《十七史商榷》，上海書店出版社，2005 年。
4. 趙翼《廿二史札記》，中華書局，1963 年。
5. 楊樹達《漢書管窺》，中華書局，2006 年。
6. 後漢書三國志補表三十種，中華書局，1984 年。
7. 陳直《漢書新證》，天津人民出版社，1979 年。
8. 錢穆《秦漢史》，三聯書店，2004 年。
9. 呂思勉《秦漢史》，上海古籍出版社，2005 年。
10. 張維華《漢史論集》，齊魯書社，1980 年。
11. 翦伯贊《秦漢史》，北京大學出版社，1983 年。
12. 程樹德《九朝律考》，中華書局，1963 年。
13. 沈家本《歷代刑法考》，中華書局，1985 年。
14. 安作璋、熊鐵基《秦漢官制史稿》（上、下），1985、1986 年。
15. （日）堀毅《秦漢法制考論》，法律出版社，1988 年。
16. 孔慶明《秦漢法律史》，陝西人民出版社，1992 年。
17. 高恒《秦漢法制論考》，廈門大學出版，1994 年。
18. 柳春藩《秦漢封國食邑賜爵制》，遼寧人民出版社，1984 年。
19. 王恢《漢王國與侯國之演變》，國立編譯館，1984 年。
20. （英）弗雷澤：《魔鬼的律師：爲迷信辯護》，閻雲翔，龔小夏譯，東方出版社，1988 年。
21. （英）馬林諾夫斯基《原始的性愛》，王啓龍，鄧小詠譯，中國社會出版社，1990 年。
22. 謝維揚《周代家庭形態》，中國社會科學出版社，1990 年。
23. 汪受寬《謚法研究》，上海古籍出版社，1995 年。
24. 宋傑《先秦戰略地理研究》，首都師範大學出版社，1997 年。
25. 王子今《秦漢區域文化研究》，四川人民出版社，1998 年。
26. 李小樹《秦漢魏晉南北朝監察史綱》，社會科學文獻出版社，2000 年。
27. 卜憲群《秦漢官僚制度》，社會科學文獻出版社，2002 年。
28. 瞿同祖《中國法律與中國社會》，中華書局，2003 年。
29. 朱紅林著《張家山漢簡〈二年律令〉集釋》，社會科學文獻出版社，2005 年。

30 曹旅寧《張家山漢律研究》，中華書局，2005年。
31.（美）賈志揚 天潢貴胄：宋代宗室史，趙冬梅譯，江蘇人民出版社，2005年。
32.（法）涂爾幹，亂倫禁忌及其起源，汲喆等譯，上海人民出版社，2006年。
33. 管東貴《從宗法封建制到皇帝郡縣制的演變》，中華書局，2010年。

（三）論文類

1. 田餘慶《吳楚七國之亂》，《百科知識》，1982年第2期。
2. 張南《養士之風與淮南獄》，《安徽史學》，1984年第2期。
3. 李衡梅《試論「刑始於兵」》，《遼寧師範大學學報》，1985年第1期。
4. 岳慶平《東漢在政治上對宗室的限制與利用》，《山東師大學報》，1987年第2期。
5. 姚國旺《兩漢官制尊右尊左考》，《歷史研究》，1987年第3期。
6. 程維榮《兩漢贖刑考》，《西北政法學院學報》，1988年第1期。
7. 胡澍《「秦無分封制」質疑》，《西北大學學報》，1988年第3期。
8. 朱弘《關於秦漢分封制的歷史反思》，《中國史研究》，1989年第1期。
9. 賀潤坤《論秦的宗法制：兼談胡亥篡位與秦朝滅亡的根本原因》，《文博》，1990年第5期。
10. 吳榮曾《兩漢王國官制考實》，《北京大學學報》，1990年第3期。
11. 金眉《兩漢法律儒家化散論》，《江海學刊》，1991年第4期。
12. 王連升《秦漢時期中央與地方關係新論》，《歷史教學》，1991年第1期。
13. 陳乃華《秦漢「不道」罪考述》，《中國史研究》，1991年第2期。
14. 李桂海《論兩漢「非劉氏莫王」的社會心理》，《山東社會科學》，1991年第6期。
15. 宋傑《論秦漢刑法中的「遷」，「徙」》，《北京師範學院學報》，1992年第1期。
16. 蔡光慧《秦漢政權合法性的研究》，《史學會刊》，1992年第6期。
17. 王健文《西漢律令與國家正當性——以律令中的「不道」爲中心》，《新史學》，1992年第3期。
18. 趙文靜《從權宜之計到立國之策：劉邦分封思想研究》，《錦州師範學院學報》，1992年第4期。
19. 羅慶康《劉邦前後期分封諸侯王之區別淺析》，《武陵學刊》，1993年第1期。
20. 曹家齊《劉邦分封與西漢統一政權的建立和鞏固》，《徐州師範學院學報》，1993 年第 1 期。

21. 岳慶平《西漢景武時期的削藩極其後果》，《社會科學輯刊》，1993 年第 6 期。
22. 劉敏《簡論吳王劉濞之反》，《南開學報》，1994 年第 1 期。
23. 曹金華《論東漢前期的「諸王之亂」》，《史學月刊》，1996 年第 5 期。
24. 張彥修《春秋「出奔」考述》，《史學月刊》，1996 年第 6 期。
25. 高敏《試論西漢前期政治上的安定方針》，《史學月刊》，1996 年第 6 期。
26. 劉敏《關於漢初封王的兩個問題》，《南都學壇》，1997 年第 1 期。
27. 崔大唐《濟北王陵發掘成果的學術意義》，《山東大學學報》，1997 年第 2 期。
28. 任相宏《雙乳山一號漢墓墓主考略》，《考古》，1997 年第 3 期。
29. 崔向東《論西漢刺史制度的產生及對郡國的監察》，《錦州師範學院學報》1997 年第 4 期。
30. 張秀榮《對燕王盧綰叛漢原因的初探》，《北京文博》，1998 年第 2 期。
31. 袁祖亮《略論先秦秦漢時期的制土分民思想》，《鄭州大學學報》，1998 年第 3 期。
32. 劉運興《由漢平帝之名看兩漢末皇室宮廷權力的鬥爭》，《聊城師範學院學報》，1998 年第 4 期。
33. 湯其領《漢初封國制探析》，《史學月刊》，1998 年第 6 期。
34. 韋正、李虎仁、鄒厚本《江蘇徐州市獅子山西漢墓的發掘與收穫》，《考古》，1998 年第 8 期。
35. 王健《楚王劉英之獄探析》，《中國史研究》，1999 年第 2 期。
36. 沈星棣《兩漢郡守「重於古諸侯」的因果探微》，南昌大學學報，1999 年第 2 期。
37. 田延峰《漢代諸侯官吏的自殺現象剖析》，《寶雞文理學院學報》，1999 年第 3 期。
38. 趙凱《論漢初趙、代二國政治地位的沉浮》，《河北學刊》，1999 年第 4 期。
39. 王宜霞《論漢初分封制的作用》，《社會科學家》，1999 年第 5 期。
40. 吳仰湘《漢初「誅呂安劉」之眞相辨》，《湖南師範大學社會科學學報》，1998 年第 1 期。
41. 唐德榮《略論劉邦的分封思想》，《求索》，2000 年第 5 期。
42. 周永衛《略論漢代的皇家教育》，《江蘇社會科學》，2000 年第 4 期。
43. 譚景玉《西漢前期諸侯王國經濟的發展與影響》，《濟南大學學報》，2001 年第 1 期。

44. 魏明樞《秦漢之際的裂土分封思想》,《嘉應大學學報》,2001 年第 1 期。
45. 沈驊《論分封制與漢初學術繁榮》,《蘇州大學學報》,2001 年第 2 期。
46. 姚治中《淮南獄辯證》,《安徽史學》,2001 年第 4 期。
47. 沈剛《漢代宗正考述》,《社會科學戰線》,2002 年第 1 期。
48. 劉梅《東漢奢侈腐敗之風》,《湖南社會科學》,2001 年第 3 期。
49. 勾承益《西漢前期劉氏諸侯王的「相」》,《四川師大學報》,2002 年第 5 期。
50. 史雲貴《西漢郡國並行制探略》,《廣西社會科學》,2003 年第 4 期。
51. 董平均《西漢王國分封制度探源》,《首都師範大學學報》,2003 年第 4 期。
52. 臧知非《張家山漢簡所見漢初中央與諸侯王國關係論略》,《陝西歷史博物館館刊》,第十輯,三秦出版社,2003 年。
53. 張遠福《西漢吳楚七國之亂原因辨析》,《人文雜誌》,2003 年第 5 期。
54. 石榮傳《兩漢諸侯王墓出土葬玉及葬玉製度初探》,《中原文物》,2003 年第 5 期。
55. 秦進才《漢初與皇帝「共天下」的諸侯王》,《歷史教學》,2004 年第 4 期。
56. 董平均《西漢諸侯「惟得衣食租稅」考疑》,《首都師範大學學報》,2004 年第 4 期。
57. 高葉青《漢代的罰金和贖刑——〈二年律令〉研讀札記》,《南都學壇》,2004 年第 6 期。
58. 臧知非《張家山漢簡所見漢初馬政及相關問題》,《史林》,2004 年第 6 期。
59. 孫家洲《論漢代之法思想中的理性因素》,《南都學壇》,2005 年第 1 期。
60. 溫樂平《試說秦漢社會消費觀念由「尚儉」向「崇奢」的演變》,《中國經濟史研究》,2005 年第 2 期。
61. 康清蓮《淮南王劉安謀反案之再分析研究》,《江西社會科學》,2005 年第 6 期。
62. 羅慶康《略論定王劉發封於長沙過的原因及歷史作用》,《長沙大學學報》,2005 年第 3 期。
63. 余琦《試論秦漢時期的監察制度》,《南方文物》,2005 年第 4 期。
64. 彭華《燕國的政治度:戰國時期的官僚機構和封君制度》,《宜賓學院學報》,2005 年第 5 期。
65. 魯力《「八王之亂」成因新見》,《武漢大學學報》,2005 年第 7 期。
66. 李振宏《兩漢時期的社會公正思想》,《東嶽論叢》,2005 年第 5 期。
67. 樊麗、潘明娟《試析漢文帝優容諸侯王的眞正原因》,《唐都學刊》,2006 年第 6 期。

68. 晁天義、衛崇文《先秦亂倫禁忌與家庭組織之間的共變關係》,《山西師大學報（社會科學版）》,2008 年第 4 期
69. 郝建平《漢代的皇族教育芻議》,《河南科技大學學報（社會科學版）》,2009 年第 6 期。
70. 李皛《試析封建刑法姦非罪的倫理學基礎》,《山西高等學校社會科學學報》,2010 年第 5 期。
71. 劉尊志《徐州兩漢諸侯王墓研究》,《考古學報》,2011 年第 1 期。

後記

古人說「泥融飛燕子，沙暖睡鴛鴦」，雖然現在鮮有機會去欣賞這幅美景，但看著整個城市都在被日益增加的綠色裝點著，也會引得人的心情逐漸舒暢起來。而博士論文的完成，無疑讓這個春天變得更加可愛。

靜坐於電腦桌前，在首都師範大學求學六年來的點滴一幕幕映現在眼前，有太多需要感激的人，太多值得回憶的事。首先要感謝我的恩師宋傑先生，是他在六年前將愚鈍笨拙的我收入門牆，引領我走上治史求眞的學術道路，使我對歷史的這份熱情，終於有所依歸。宋老師對我的影響，還不僅僅限於學術方面，他對於生活的熱愛，以及豁達大度的胸懷，都是值得我一生去傚仿的品質。同樣要感謝歷史學院的陶文牛老師，我在考取首師大之前，就常常在陶文牛老師的班上聽課，課後還多次向他提問，許多問題如今想來實在是幼稚可笑，而陶文牛老師耐心一一作答，也逐步開啓了我這個門外漢對於歷史學科的眞正瞭解。歷史學院中還有一位不得不提的老師就是孫文泱老師，我有幸聽過孫老師一個學期的課，孫老師廣博的知識和他機智風趣的談吐讓我記憶猶新，尤其是他對書籍的熱愛，更是令人感佩不已。有時候覺得要是有一部屬於中國的《查令十字街八十四號》，那書中的主人公，就該是孫老師。

在我學習歷史的六年時光裏，還得到許多外校老師的幫助，社科院民族所的聶鴻音老師和孫伯君老師，讓我在學術道路上，觀賞到了更多奇妙而又美麗的景觀。他們作爲學者的勤勉和對於學術的認眞態度，更給我留下了極爲深刻的影響。北京外國語大學漢學研究中心的李雪濤老師，也曾給予我很大啓發，他的風度也同樣令人折服。我有時覺得自己頗爲幸運，能夠在研究生學習期間裏結識這些老師，聆聽他們的教誨。

在求學期間，我的同窗邱志誠也對我有極大的幫助，我已記不清有多少次讓他幫我查找資料，他的耐心幫助，實在讓我獲益良多。我一直非常享受和他交談的時光，他的睿智與學識，不僅僅開拓了我的視野，也激勵我在治學的道路上腳踏實地的不斷前行。自碩士研究生時代就和我同班的付亮，也曾經給我在生活中提供了很多的幫助，在此對他也表示眞誠的感謝。同樣也感謝所有首都師範大學歷史學院 06 級的碩士研究生和 09 級的博士研究生，我非常有幸能認識這些可愛的朋友。

感謝我的諸位同門，在宋老師門下我們有過很多美好的回憶，這是我一生中非常值得回味的美好片段。

感謝我現在的單位領導張力偉老師，我在論文寫作的收尾階段不得不多次請假，他們都表示理解和支持，使我能夠有充裕的時間順利完成了論文。

感謝我的女友張文洋，在論文寫作期間，她給予了我極大的幫助，同時在我求學的道路上提供了有力的精神支持。

最後，我要感謝我的父母，七年前我任性地辭職考研，幾年來不但沒能爲父母分憂，反而累得他們爲我擔心，然而他們始終默默支持著我，才能使我有勇氣走到今天。

在首都師範大學學習的這六年中，有過歡樂，也有過辛酸，這篇博士論文，雖然並不是什麼高明之作，但一字一句，也都凝注了我的心血。我很慶幸的是，經過了這六年，我還如當初一樣，保持著對歷史的熱情，以及對學術的尊敬。最後，我想引用一首由西夏學家聶鴻音先生所做題爲《西夏學自警》的詩，與閱讀本文的老師、同學分享，同時也作爲自己將來治學的鞭策：

夢回霜雪正闌干，風角城荒曉月殘。

一世浮生三夏暖，十年學術九秋寒。

遊人不解征人苦，創業應知守業難。

賺得虛名腸已斷，榮華掃盡客衣單。